일본어학습 초보자를 위한

기 초 일 본 어 한 자
# 基礎日本語漢字
(읽기 · 쓰기 · 작문 활용)

林 相 倍 著

Academy House
學 士 院

# 머 리 말

처음으로 일본어를 배우는 사람은 학습자체를 아주 자신만만하게 생각한다. 그 까닭은 우리와 어순체계가 같고, 또 같은 한자문화권이기 때문이다. 그런 안이한 생각으로 학습을 게을리 하여 결국에는 발목을 잡히게 된다. 일본어를 배우는 데 있어 가장 어려운 것이 한자를 익히는 일이다. 일본어 문장에서 한자가 차지하는 비중이 대단히 크다.

즉 일본인의 일상생활 가운데는 한자가 거의 절반 이상을 차지하고 있다. 이와 같이 70% 이상의 한자단어를 사용해온 한국인에게는 처음 일본어를 학습할 때는 배우기 쉽다고 생각되던 것이, 중급이상으로 올라가면 대부분의 학습자가 일본식 한자읽기에 부딪친다. 그래서 일본어의 최종실력은 한자읽기에 있다는 말까지 생긴 것이다.

따라서 본 교재의 발간은 일본어 한자읽기에 어려움을 겪고 있는 초급학습자들을 위해 일본에서 발간된 소학교 대상 『漢字読みと書き(かんじよみとかき)』를 원본으로 하여, 우리 실정에 맞추어 많이 쓰이고 있는 필수한자들로 응용문장을 만들어 한자읽기는 물론, 일본어 학습전반의 활용을 도모하도록 하였다.

이 책의 구성은 2부로 나뉘어져 있는데, 제1부에서는 일본어 한자전래와 읽기도입의 정착화, 그 역사적 배경 등을 간략하게 정리하였고, 제2부에서는 일본어 한자 학습편에서는 일본 소학교에서 배우는 모든 교과서의 한자를 발췌하여 학년별로 편성하여 쉬운 한자에서 어려운 한자 순으로 체계적으로 배열하였다.

각 표제한자를 써보면서 충분히 외울 수 있도록 공간을 마련해 놓았으며, 아래와 같은 점에도 유의하였다.

① 표제한자와 함께 음독은 가타카나로, 훈독은 히라가나로 표제한자 아래에 제시하였다.
② 표제한자발음이 음(音), 또는 훈(訓)으로 읽혀지는 용례를 간단한 문장으로 제시하여, 일본어 문장의 해석연습과 역으로 일본어 작문에 응용할 수 있도록 하였다. 외국어는 용례문장을 외는 것만이 회화·독해·작문의 첩경이 되고, 자신의 실력으로 정립된다.
③ 일본어의 약자화된 글자는 쓰기 난에 우리식 한자(정자·번자)를 별도로 비교하도록 하였다.
④ 부록으로 읽기 어려운 日本語漢字, 人名用漢字一覧, 日本 全国 姓氏읽기, 日本 全国 地名읽기 자료들을 실었다.
⑤ 용례문에 나오는 한자읽기를 위해 「常用漢字音訓一覧表」를 실어두었다.
⑥ 본문의 표제한자찾기 색인을 우리말 「가나다순」으로 배열하여 찾아보기 쉽도록 하였다.
⑦ 본문 문장에 대한 용례를 대역하여 첨부하였으니 참조하기 바란다.
⑧ 본문 용례문 독해를 위한 文法을 첨부하였으니 활용하기 바란다.

아무쪼록 이 책만이 지닌 특성을 충분히 살려 일본어한자 학습향상에 진정 도움이 되었으면 한다.
끝으로 이 책이 나오기까지 애써주신 학사원 편집부 제위께 감사를 드리는 바이다.

2013년 3월
태전동산에서 저자 씀

# 目 次

## 第1部 日本語 漢字 概要

1. 漢字의 日本伝来 ································································································ 5
   1) 呉音 ······································································································· 5
   2) 漢音 ······································································································· 5
   3) 唐音 ······································································································· 6
2. 音読과 訓読 ··································································································· 6
   1) 音読 ······································································································· 6
   2) 訓読 ······································································································· 7
3. 日本漢字의 読法 ····························································································· 7
   1) 慣用音 ···································································································· 8
   2) 漢字熟語読法 ··························································································· 8
   3) 百姓読み ································································································· 9
   4) 当て字 ···································································································· 9
   5) 国字 ······································································································· 9

## 第2部 日本語 漢字 学習

・日本語 漢字의 発音과 文章用例, 쓰기練習 ······················································ 11

## 附録

1. 읽기 어려운 日本語 漢字 ············································································· 137
2. 人名用 漢字一覧 ·························································································· 142
3. 日本 全国 姓氏 읽기 ···················································································· 145
4. 日本 全国 地名 읽기 ···················································································· 151
5. 常用漢字音訓一覧表 ····················································································· 157
6. 文章用例의 漢字 찾아보기 ············································································ 171
7. 文章用例対訳 ······························································································· 177
8. 本文用例文 독해를 위한 文法 ········································································ 211

# 제1부 日本語 漢字 槪要

## 1. 漢字의 日本伝来

한자를 일본에 전한 사람은 왕인(王仁, AD 373년 3월 3일생~443년 ?, 현 전남 영암군 군서면 성기동 王旬의 아들, 일본에서는 '와니'로 부르며 학문의 신으로 모심)으로 알려져 있다. 왕인으로부터 「論語(10권)」와 「千字文(1권)」이 전해진 것은 日本 제15대 오우진천황(応神天皇) 16년(AD 285년)이었다는『日本書記(720년)』의 기록으로 보면 3세기 말이라고 말할 수 있으나, 실제는 백제의 제13대 근초고왕(近肖古王, 재위 346~375년) 때 먼저 사신으로 가서(374년) 활동했던 아직기(阿直岐, 일본명은 阿知吉師)가 천황의 부탁을 받고 왕인을 추천하여 초빙되었다. 17대 아신왕(阿莘王, 재위 392~405년) 때인 AD 405년 1월 29일에 당시 나이 32세였던 왕인을 비롯한 백제의 전지(腆支: 후일 백제 18대 전지왕)태자와 도공·야공·와공·직조공·화공 등 기술자 45명이 도일한 기록으로 보아 5세기 初가 확실하다. 일본서기 연대는 간지계산 잘못으로 120년이나 거슬러 올라가 기록된 것임을 일본역사학자들도 인정하고 있다.

왕인의 도일 이전에는 일본에 문자가 없었기 때문에 한자가 일본에 전해진 이후 계속된 도래인들에 의해 한자는 약 300여년 동안 모두 백제식(옛부여식)으로 발음하여 읽다가, AD 663년 백제멸망 이후 일본은 당과 교류하면서 중국식발음이 주류를 이루어 도입되었다. 일본에서 초기의 漢文(文章)을 쓰게 될 때 漢字가 사용되었으며, 점차로 한자와 한문을 일본어로 번역하는 것을 고안해 내고, 또 일본고유어(訓으로 읽음)도 한자로 표기하기 시작하였다. 따라서 일본어에 있어서의 한자는 외국문자의 개념보다도 일본문자의 근간으로 정착되어 일본어의 독특한 「音」과 「訓」으로 읽히게 되었다.

### 1) 呉音

고분·아스카시대(古墳·飛鳥時代)인 400~700여년경까지 중국 남방계(양자강 하류지역)의 한자음(呉音)이 한반도(백제)를 경유하여 일본에 들어간 것으로 8세기 초까지는 이 한자음 만으로 표기하였으며, 呉音이 일본 최초에 대마도로 건너왔다고 해서 이를 「대마음(対馬音)」이라고도 했다. 가장 이른 옛날 일본에 전해진 것으로 불교경전을 오음으로 읽으라는 뜻의 대마주기(対馬注記)라고 표현한 것으로 보아 불교용어를 비롯하여, 오랜 옛날부터 익숙해진 生活語(초목·약품·가축명), 国学, 万葉歌 등에 많이 쓰여졌다. 일본서기 제29권에 AD 675년 텐무천황(天武天皇, 재위 673~686년)이 칙령으로 육식금지령을 내렸고, AD 685년에는 "각 가정에는 부츠마(불간(仏間: 부처를 모신 방)에 불단을 만들고 불상과 경전을 비치하라"고 했다. 특히 일본 가나문자(仮名文字)는 불경의 영향을 절대적으로 받았다.

## 2) 漢音

呉音에 이어서 중국의 隋(581~618년)·唐(618~907년)시대와 비슷한 일본의 아스카시대(飛鳥時代, 593~710년) 후기에서 나라시대(奈良時代, 710~784년)를 거쳐 헤이안시대(平安時代, 794~1192년)를 연 간무천황(桓武天皇, 재위 781~806년)은 한음(漢音)을 장려하는 칙령을 내렸다. 漢音은 당시의 수도이던 중국 북방의 長安(西安, 일본 平城京의 모형) 부근의 음이 중국의 표준음이었다. 이로써 일본조정은 중국의 長安音을「正音」으로 보급에 노력했다. 이 漢音은 주로 학문분야에 많이 사용되었고, 특히 근대이후 일본에서 만들어진 새로운 漢字語에 사용되는 등 현대 일본어한자의 가장 일반적인 발음이 되었다.

## 3) 唐音

가마쿠라시대(鎌倉時代, 1192~1333년)부터 무로마치시대(室町時代, 1338~1573년), 아즈치모모야마시대(安土桃山時代, 1568~1600년)와 에도시대(江戸時代, 1603~1867년) 초반에 걸쳐 중국에 유학했던 선승(禅僧) 및 상인들이 전래한 발음으로 12세기에서 17세기까지인 중국의 宋·元·明시대에 도입된 漢字音을「唐音」·「宋音」, 또는「唐宋音」이라고 한다.

이 唐音은 주로 중국 남방음을 전한 것이며, 禅宗관계의 용어나 음식명, 그릇도구(器具) 등의 명칭에 보이고 있는 특수한 음으로 현재는 통용되지 않고 있는 것이 많아 呉音·漢音에 비해 그 수가 훨씬 적지만 현대 중국어음에 많이 가깝다.

※ 같은 글자라도 달리 쓰여지고 있는 발음의 예(呉音·漢音·唐音)

| 音＼例 | 京 | 経 | 頭 | 明 | 行 | 請 |
|---|---|---|---|---|---|---|
| ① 呉 音 | とうきょう 東京 | どきょう 読経 | ずつう 頭痛 | みょうねん 明年 | ぎょうれつ 行列 | しょうらい 請来 |
| ② 漢 音 | けいじょう 京城 | けいざい 経済 | とうはつ 頭髪 | めいげつ 明月 | こうどう 行動 | せいがん 請願 |
| ③ 唐 音 | なんきん 南京 | かんきん 看経 | まんじゅう 饅頭 | みんちょう 明朝 | あんぐう 行宮 | ふしん 普請 |

## 2. 音読과 訓読

### 1) 음독(音読)

음독은 옛날에 한자가 일본에 전해졌을 때, 그 한자가 가진 고대한국어(부여-백제어)인 한자발음이 일본어풍으로 변화한 것이다. 즉, 고대한국어의 원음을 일본어화한 것이다. 예를 들면「東」은 중국에서는 뚱(dōng)으로 발음되지만, 한국어로는 동(dong)으로 발음된 것이 일본에서는「토우(トウ)」로 종성자음(ㅇ)이 탈락되어 일본어화하여 발음된 현상을 말한다.

음독은 기본적으로 2자 이상의 한자어인 경우에 주로 쓰였고, 고대한국의 원래음과 비슷하게 읽히는 경우가 많았다. 그것은 한자의 중국음이 시대적으로 먼저 전래된 고대한국과도 비슷하게 발음되었고, 또 왕인박사가 일본에 전한 한자가 천자문이었기 때문에 고대한국음으로 음독되어 오다가 일본이 9세기에 이르러 한·중·일 공히 8모음 체제였던 발음이 일본은 가나문자(仮名文字) 제정으로 기본5모음(あ·い·う·え·お) 체제가 되므로 모음의 기본음가가 37.51% 정도 잃어버렸다. 이것은 부처님시대 인도의 평민들이 사용하던 팔리어(Pali)가 남방불교경전으로 기록된 바 팔리어는 5모음체제(a·i·u·e·o와 장음 i:, u:)의 영향을 받았기 때문이다. 한국에는 한글창제(훈민정음, 1446년 반포)로 인해 한글모음이 21음(기본 10모음과 중모음인 ㅐ·ㅒ·ㅔ·ㅖ·ㅘ·ㅙ·ㅚ·ㅝ·ㅞ·ㅟ·ㅢ 11음)으로 일본어 중모음(や·ゆ·よ) 대비 42.85%인 ㅑ·ㅠ·ㅛ 3음을 제하면 18모음이 되므로 한글은 225.00% 정도 음가가 늘어난 일자(一字) 일음(一音)으로 확장되었고, 또 일본에서 종성받침의 제한적 사용으로 일·한 양국의 발음이 이처럼 많이 달라져 버린 것이다. 그러나 천자문의 한국식 한자발음이 일본에 전해졌기 때문에 한자의 우리식 음을 알면 발음체계를 쉽게 유추할 수 있기 때문에 일본식 한자발음은 우리 한자음만 알면 읽기가 용이하다.

이러한 일본어의 한자음독에 있어서도 한 가지 음만 있는 것이 아니라, 2종 또는 그 이상의 것도 상당히 많이 있다. 예를 들면 중국의 「西(시·씨)」와 한국의 「서」에서 '어'모음의 발음가가 없는 일본어는 '아이·에이'인 「さい」·「ざい」·「せい」·「ぜい」 음으로 발음될 수 밖에 없다.

일본한자어 발음의 다양화현상은 도입당시, 중국 국내에서도 원래의 한자음이 각 지역에 따라 조금씩 다르고, 같은 지역에 있어서도 시대에 따라 변화를 가져왔기 때문이다. 이러한 특성은 중국 역사에서 수많은 왕조가 흥망성쇠를 거듭하면서 수도가 바뀌고 따라서 문화의 중심지도 바뀌었다. 그때마다 그 지방의 말이 공식적인 언어로 도입되어서 한자의 읽는 방법이 약간씩 다르기도 하고, 읽는 방법이 늘어나기도 하면서 장구한 세월을 거쳐 변천해왔기 때문이다.

그 대표적인 나라로서 「呉」, 「漢」, 「唐」, 「宋」 나라를 들 수가 있다. 이때 일본의 중국유학파인 승려나 국가고위 자제들이 배워온 한자가 시대에 따라 달리 도입된 까닭으로 음독의 기존발음가가 바뀌지 않은 채 그대로 사용되고 그 위에 새로 추가되어진 결과이다.

그래서 같은 한자에 몇 개의 읽는 방법이 있고, 그것이 현재까지도 남아 있는 것이다. 현재 남아 있는 한자음 중에 가장 오래된 것은 「呉音」이고, 다음이 「漢音」·「唐音」·「宋音」 등의 순이다.

2) 훈독(訓読)

훈독은 도입한자의 의미에 대응하는 와고(和語: 고유일본어) 가운데 점차로 그 대응관계가 고정되어 읽히게 된 것이다. 대체로 한자가 1음일 때는 훈독을 하는데, 우리의 한자음 「일(一)」이 한국고유어 「한(하나)」처럼, 일본어 한자음독 「이치(いち)」는 우리말 「일」의 종성 「ㄹ」받침이 일본어에는 「치·츠」로 발음되며, 일본고유어 「ひと(つ)」 처럼 일정한 일본어 훈독음으로 고정된 것이다.

다른 예로 「東」은 해(日: ひ)가 떠오르는 곳이 동쪽과 아침(朝: あさ)을 뜻하는 와고(和語)가 「ひが

し(동쪽)」·「あずま(해뜨는 동부지방)」라는 일본 고유어로 정착하여 발음된 현상이다.

## 3. 日本漢字의 読法

중국어나 한국어에서의 한자 읽는 법은 대개 1자 1음이 원칙이지만, 일본어에서는 대부분의 한자가「音」과「訓」의 두 가지 방법으로 읽는다. 또한, 音読에 있어서는「呉音」·「漢音」·「唐音」·「宋音」·「慣用音」 등이 있으며, 訓読에 있어서도「正訓(せいくん: 한자를 본디 용법대로 읽는 법)」·「国訓: 国字」·「人名訓」·「地名訓」 등이 있어 읽기가 매우 복잡하다.

예를들면「生」이란 한자는 중국어에서는「성·썽(sheng)」으로 발음되고, 한국어에서는「생(sæng)」으로 발음되지만, 일본어에서는 音読으로「しょう」·「じょう」·「せい」 등이 있으며, 訓読으로 いきる(生きる: 살다), おいたち(生いたち: 성장함), はえる(生える: 돋아나다), いかす(生かす: 살리다), いける(生ける: 꽃꽂이하다), うまれる(生まれる: 태어나다), うむ(生む: 낳다), おう(生う: 자라다), なす(生す: 낳다), はやす(生やす: 기르다), なる(生る: 열리다), き(生: 순수함), なま(生: 날것) 등으로 발음된다. 이외에도 弥生(やよい), 千生(せんなり), 芝生(しばふ), 生憎(あいにく), 生呑(まるのみ), 平生(ただい), 寄生木(やどりぎ) 등이 있으며, 지명의 경우에는 더욱 복잡한 양상을 띠는 바, 日生(ひなせ), 石生(いそう), 粟生(あお), 壬生(みふ) 등이 있다.

### 1) 慣用音

일본어 한자음에는 呉音·漢音·唐音·宋音 이외에 중국 한자음이 일본에 차용된 후에 일본에서 독자적인 음운변화를 한 것으로 足音化한 것, 清音化한 것, 濁音化한 것을 모두「慣用音」이라고 한다. 아래의 예는 한자음이 일본어음으로 변하여 굳어진 것이다.

예) 立(リュウ → リツ),　　話(クワ → ワ),　　院(エン → イン)

### 2) 漢字 熟語 読法

일본어 한자는 대개 1자일 때는 訓読을 하고, 2자이상의 숙어일 경우에는 音読을 한다. 그러나 실제에 있어서는 읽는 방법은 다음 예문과 같이 여러 종류가 있다.

① 音読み(音+音) : 学生、朝刊、白紙、人生、家庭
② 訓読み(訓+訓) : 夕方、相手、雪国、火花、夜店
③ 重箱読み(音+訓) : 本箱、役場、毎朝、台所、出立
④ 湯桶読み(訓+音) : 手本、身分、荷物、夕刊、係員
⑤ 熟字訓読み : 今日、明日、紅葉、昨日、大人、何時

※ ③ 重箱読み(じゅうばこよみ):　「重(じゅう)·箱(ばこ)」(찬합)처럼 2字로 된 한자숙어를 읽을 때 앞

의 글자를「音」으로 읽고, 뒤의 글자를「訓」으로 읽는 방법을 말한다.

※ ④ 湯桶読み(ゆとうよみ):「重箱読み」와는 반대로「湯(ゆ)・桶(とう)」(뜨거운 물통)처럼 2字로 된 한자숙어를 읽을 때 앞의 글자를「訓」으로 읽고, 뒤의 글자를「音」으로 읽는 것을 말한다.

※ ⑤ 熟字訓(じゅくじくん, 숙어훈):「今日(きょう: 오늘)」・「明日(あす: 내일)」처럼 한자로 쓰인 음을 한 자씩 읽지 않고, 전체를 하나의「訓」으로 읽는 것을 말한다.

### 3) 百姓読み(ひゃくしょうよみ)

한자의 음을 부수 따위에서 짐작하여 일본어음으로 잘못 읽게 되어져 정착된 음을 말한다.

예) 懶惰(らんだ: 나태) → らいだ    (懶: 게으를 란) → '라(ライ)'로 잘못 읽음
    撹乱(こうらん: 교란) → かくらん    (撹: 요란하게 할 교) → '각(가쿠)'으로 잘못 읽음
    口腔(こうこう: 구강) → こうくう    (腔: 속빌 강) → '공(코우)'으로 잘못 읽음

### 4) 当て字(あてじ)

일본어를 표기하기 위해 한자를 사용할 때 그 한자가 갖는 본래의 의미와는 무관하게「音」과「訓」만을 사용해서 나타내기도 했고, 한자가 가진 뜻을 살리기도 한 것을 말한다.

예) 丁度(ちょうど: 꼭, 마치)    呑気(のんき: 느긋함)    部屋(へや: 방)    珈琲(コーヒー: 커피)
    時計(とけい: 시계),    三味線(しゃみせん: 사미셍)

### 5) 国字(こくじ)

한자는 거의 중국에서 만들어진 문자이지만, 때때로 일본에서 자기들의 편의에 따라 만들어진 문자가 있고, 또 字形 그 자체도 중국에서 만들어졌지만 본래의 의미와는 다른 의미를 부여하여 사용하는 경우가 있다. 이렇게 일본에서 만들어진 한자를「国字」・「和字: 和製漢字」・「和俗字」라고 한다. 이런 현상은 우리나라 한자에서도 만들어진 바 畓(논 답), 巭(논배미 렬), 柶(윷 사), 椻(장승 생), 閪(잃을 서) 등이 있고, 加・巨・石 아래에 세을(乙)을 복자로 써서 '갈・걸・돌(㐌・㐭・㐞)'로 표기한 예와 같다.

또 일본의「国字」는 訓이 있으나 音이 없는 것이 대부분이며, 이를 달리 国訓(こっくん)이라고 부르며, 鋲(ビョウ: 대갈못, 징, 압정)・鱇(コウ: 아귀)처럼 음만 가진 것도 있다. 다음 예문은 일본 코쿠지(国字)를 우리 사전에서 찾을 때 편의상 우리말 음으로 편제시켜 놓았다.

예) 峠(とうげ: 고개)    한국어음: 상        畑(はたけ: 밭)    한국어음: 전
    働く(はたらく: 일하다) 한국어음: 동    辻(つじ: 네거리)    한국어음: 십
    鰯(いわし: 정어리)    한국어음: 약        榊(さかき: 비쭈기나무) 한국어음: 신

# 제2부 日本語 漢字 学習
## (小学校用 1008字)

표제 일본어 한자 「一」을 예로 들어 용례를 살펴본다.

(1) 표제어 「一」 아래에 [一 0]은 부수 한일(一)에서 획수를 숫자로 표시한 것이다.

(2) 가타카나는 음(音)을 나타내고, 히라가나는 훈(訓)을 나타낸 것이다.

(3) ①, ②, ③은 한자에 대한 문장용례를 보인 것이다.

(4) 한자쓰기 난에는 표제어를 써보면서 한자를 익히도록 하였으며, 마지막 칸에는 한자 뜻과 음을 표시하였고, 일본어 한자 가운데 약자화된 한자는 우리가 쓰고 있는 한자인 정자와 비교해 보도록 하였다.

(5) p.177부터 본문 ①, ②, ③의 용례문장을 대역하여 첨부하였으니 참고하기 바란다.

(6) p.211부터는 본문용례문 독해를 위한 문법을 실어두었으니 활용하기 바란다.

| 漢字 | 例文 | 漢字 | 例文 |
|---|---|---|---|
| 一<br>[一 0]<br>イチ, イツ,<br>ひと | ① わたしは 小学校の 一年生です。<br>② 金魚が 一ぴき 泳いで います。<br>③ 机の 上に りんごが 一つ あります。 | 五<br>[二 2]<br>ゴ, いつ | ① 家族は みんなで 五人です。<br>② 午後 五時に 公園で 会いましょう。<br>③ おとうとは 五つに 成ります。 |
| 二<br>[二 0]<br>ニ, ふた | ① えんぴつを 二本 買いました。<br>② 犬が 二匹 遊んで います。<br>③ みかんを 二つ たべました。 | 六<br>[八 2]<br>ロク, む,<br>むっ, むい | ① 六人が いっしょに 遊びます。<br>② かごに 梨が 六つ あります。<br>③ きょうは 一月 六日です。 |
| 三<br>[一 2]<br>サン, み,<br>みっ | ① 停留所に バスが 三台 あります。<br>② 家に 三毛ねこが います。<br>③ 籠の 中に バナナが 三つ あります。 | 七<br>[一 1]<br>シチ, なな,<br>なの | ① 七月 七日は 七夕祭りです。<br>② 本箱に 本が 七冊 あります。<br>③ 七転び 八起き。 |
| 四<br>[口 2]<br>シ, よ, よっ,<br>よん | ① 来月は 四月です。<br>② ぼくは 四人 兄弟です。<br>③ 毛筆は 四本しか ありません。 | 八<br>[八 0]<br>ハチ, や,<br>やっ, よう | ① 赤い りんごを 八つ 買いました。<br>② 八重桜が 咲いて います。<br>③ あしたは 八月 八日です。 |

| | | | | | | | | |
|---|---|---|---|---|---|---|---|---|
| 一 | | | | | | | | 한 일 |
| 二 | | | | | | | | 두 이 |
| 三 | | | | | | | | 석 삼 |
| 四 | | | | | | | | 넉 사 |
| 五 | | | | | | | | 다섯 오 |
| 六 | | | | | | | | 여섯 육 |
| 七 | | | | | | | | 일곱 칠 |
| 八 | | | | | | | | 여덟 팔<br>八 |

| 漢字 | 例文 | 漢字 | 例文 |
|---|---|---|---|
| 九 [乙1] キュウ, ク, ここの | ① 庭に にわとりが 九羽 います。<br>② 教室に 九人の 学生が います。<br>③ 彼は わたしより 九つも 年上です。 | 日 [日0] ニチ, ジツ, ひ, か | ① 兄は 日夜に べんきょうします。<br>② 日中は 日ざしが 強い。<br>③ 五月 五日は 子供の 祝日です。 |
| 十 [十0] ジュウ, ジッ, とお, と | ① 十五夜の 月が 雲の 中に 出た。<br>② この 本は 十回も 読みました。<br>③ 十月 十日は 体育の 日です。 | 月 [月0] ゲツ, ガツ, つき | ① 今月は 何月ですか。<br>② もう すぐ お正月です。<br>③ 今晩は 月の うつくしい 夜です。 |
| 百 [白1] ヒャク, ビャッ, ビャク, ピャク | ① 英語の テストで 百点を 取りました。<br>② お金が 三百円 あります。<br>③ あそこに 百貨店が あります。 | 火 [火0] カ, ひ, ほ | ① 月曜日の つぎは 火曜日です。<br>② 火のない 所に 煙は 立たぬ。<br>③ 遠くから 火かげが 幽かに 見えた。 |
| 千 [十1] セン, ち | ① 千円さつを 出して 買い物を する。<br>② 平和を 祈って 千羽鶴を 折る。<br>③ 千代紙で きれいな 箱を 作った。 | 水 [水0] スイ, みず | ① 水車は 水の 力で 回る。<br>② きょうは 四月 六日 水曜日です。<br>③ 水入りの 大ずもう。 |

| | | | | | | | | |
|---|---|---|---|---|---|---|---|---|
| 九 | | | | | | | | 아홉 구 |
| 十 | | | | | | | | 열 십 |
| 百 | | | | | | | | 일백 백 |
| 千 | | | | | | | | 일천 천 |
| 日 | | | | | | | | 날 일 |
| 月 | | | | | | | | 달 월 |
| 火 | | | | | | | | 불 화 |
| 水 | | | | | | | | 물 수 |

| 漢字 | 例文 | 漢字 | 例文 |
|---|---|---|---|
| 木 [木 0] ボク, モク, き, こ | ① 見上げる ような 大木が 立っている。<br>② 兄と いっしょに 木馬に のって 遊ぶ。<br>③ 風で 木の 葉が おちました。 | 右 [口 2] ウ, ユウ, みぎ | ① 左右を よく みて わたりなさい。<br>② 人は 右がわ, 車は 左がわ。<br>③ 左ききなのに 右手でボールを 投げる。 |
| 金 [金 0] キン, コン, かね, かな | ① 金色に 輝く 金閣寺を 眺た。<br>② おじいさんは 村 一番の お金持ちです。<br>③ 金物屋で はさみを かいました。 | 上 [一 2] ジョウ, ショウ, うえ, うわ, かみ, あ, のぼ | ① 亀が 頂上に 旗を 立てた。<br>② いすの 上に 上着が あります。<br>③ かいだんを 上って, 屋上に 上がる。 |
| 土 [土 0] ド, ト, つち | ① 建物の 土台を しっかり かためる。<br>② ひろい 土地を ひとりで 耕した。<br>③ 土から 植物が 芽を 出しました。 | 下 [一 2] カ, ゲ, した, しも, もと, さが, くだ, お | ① 下品な ことばは 使うな。<br>② 足下に 気を つけて 歩いている。<br>③ 下りの 列車に 乗る。 |
| 左 [エ 2] サ, ひだり | ① 左の ほうへ まがる ことを 左せつと いいます。<br>② 日本では 車が 左がわを 通ります。 | 大 [大 0] ダイ, タイ, おお | ① そうり大臣が 決まった。<br>② 彼は 科学者として 大成する。<br>③ 丘に 白くて 大きい 家が たった。 |

| | | | | | | | |
|---|---|---|---|---|---|---|---|
| 木 | | | | | | | 나무 목 |
| 金 | | | | | | | 쇠 금 |
| 土 | | | | | | | 흙 토 |
| 左 | | | | | | | 왼쪽 좌 |
| 右 | | | | | | | 오른쪽 우 |
| 上 | | | | | | | 위 상 |
| 下 | | | | | | | 아래 하 |
| 大 | | | | | | | 큰 대 |

| 漢字 | 例文 | 漢字 | 例文 |
|---|---|---|---|
| 中 [丨3] チュウ, なか | ① 町の 中心に こうえんが あります。<br>② 雨で やきゅうは 中止だ。<br>③ 森の中の ほそい道を 独りで 歩く。 | 口 [口0] コウ, ク, くち | ① せかいの 人口を しらべる。<br>② しっかりした 口調で 話す。<br>③ 口を 大きく あけて 笑う。 |
| 小 [小0] ショウ, ちい, こ, お | ① 月には 小の月と 大の月が ある。<br>② 小鳥が きれいな こえで なく。<br>③ きれいな 小川の 水が 流れた。 | 手 [手0] シュ, て, た | ① やきゅうの 選手に なりました。<br>② しごとの 手だてを 考える。<br>③ うまに のって 手綱を とる。 |
| 目 [目0] モク, ボク, め, ま | ① 夏休みの 目ひょうを たてる。<br>② あさ 早く 目を さました。<br>③ ぼうしを 目ぶかに かぶっている。 | 足 [足0] ソク, あし, た | ① あしたは たのしい 遠足だ。<br>② 足並を そろえて あるく。<br>③ これだけ あれば 足ります。 |
| 耳 [耳0] ジ, みみ | ① 耳が いたいので、耳鼻科の 先生に みてもらった。<br>② 道路から 耳障りな 音が する。 | 人 [人0] ジン, ニン, ひと | ① むかし、ふえの 名人が いた。<br>② 山田君は 人気者だ。<br>③ 旅行で 親切な 人に あった。 |

| | | | | | | | |
|---|---|---|---|---|---|---|---|
| 中 | | | | | | | 가운데 중 |
| 小 | | | | | | | 작을 소 |
| 目 | | | | | | | 눈 목 |
| 耳 | | | | | | | 귀 이 |
| 口 | | | | | | | 입 구 |
| 手 | | | | | | | 손 수 |
| 足 | | | | | | | 발 족 |
| 人 | | | | | | | 사람 인 |

| 漢字 | 例文 | 漢字 | 例文 |
|---|---|---|---|
| 子 [子 0] シ, ス, こ | ① 子供たちを 男子と 女子に わける。<br>② お金の ことを 金子とも いう。<br>③ かわいい 子ねこを 二ひき もらった。 | 生 [生 0] セイ, ショウ, い, う, お, は, き, なま | ① ともだちの 誕生日に プレゼント する。<br>② 子ねこが 五ひき 生まれた。<br>③ 生地を かって ふくを つくる。 |
| 女 [女 0] ジョ, ニョ, ニョウ, おんな, め | ① 女子の コーラスが きこえる。<br>② 彼女は 天女の ように まっている。<br>③ げきで 女神の やくを した。 | 学 [子 5] ガク, まな | ① 弟は 来年 小学校へ 入学します。<br>② よく 学び, よく あそべ。<br>③ 魚市場を 見学しました。 |
| 男 [田 2] だん, なん, おとこ | ① 男子と 女子で ドッジボールを する。<br>② ぼくは 長男です。<br>③ 男の子が やきゅうを する。 | 校 [木 6] コウ | ① 校庭に 花壇を 作って 種を 撒いた。<br>② みんなで 校歌を うたう。<br>③ とおくの 町から 転校してきた。 |
| 先 [儿 4] セン, さき | ① 先生の おはなしに 耳を かたむける。<br>② れつの 先頭に たちます。<br>③ 先に 行って じゅんびを する。 | 赤 [赤 0] セキ, シャク, あか | ① おいわいに 赤はんを たべた。<br>② 日に やけた 赤どういろの はだ。<br>③ 赤は とまれ, 青は すすめ。 |

| | | | | | | | | |
|---|---|---|---|---|---|---|---|---|
| 子 | | | | | | | | 아들 자 |
| 女 | | | | | | | | 계집 녀 |
| 男 | | | | | | | | 사내 남 |
| 先 | | | | | | | | 먼저 선 |
| 生 | | | | | | | | 날 생 |
| 学 | | | | | | | | 배울 학 / 學 |
| 校 | | | | | | | | 학교 교 |
| 赤 | | | | | | | | 붉을 적 |

| 漢字 | 例文 | 漢字 | 例文 |
|---|---|---|---|
| 青 [青0] セイ,ショウ,あお | ① 青年が あつまって 話し合って いる。<br>② どうの さびを ろく青と いう。<br>③ 青い 空、青い 海。 | 山 [山0] サン,やま | ① おとうさんと 富士山に のぼった。<br>② 一山 二百円の くだものを かった。<br>③ 山の いただきに 立つと 気が 晴れる。 |
| 白 [白0] ハク,ビャク,しろ,しら | ① 遠くの 空から 白鳥が とんで きた。<br>② 白組は 白い はちまきを しめる。<br>③ おとうさんの 白がを ぬく。 | 川 [川0] セン,かわ | ① 山川草木とは、山や 川と、はえて いる 草や 木の こと。<br>② 川下に 大きな 町が ある。 |
| 正 [止1] セイ,ショウ,ただ,まさ | ① ましかくを 正方形と いう。<br>② 君の いうことが 正しいと 思う。<br>③ 正しく わたしの なくした 時計だ。 | 林 [木4] リン,はやし | ① 森林に すむ どうぶつは 何ですか。<br>② 工場の えんとつが 林立する。<br>③ おかあさんと 林で くりひろいを した。 |
| 早 [日2] ソウ,サッ,はや | ① 早春の 風は まだ つめたい。<br>② 早そく しごとに とりかかった。<br>③ 出発の じかんを 早める。 | 森 [木8] シン,もり | ① 大きな 森の ことを 森林とも いう。<br>② 森に かこまれた 町に 住んでいる。<br>③ 森の 中の 小さな いえ。 |

| | | | | | | |
|---|---|---|---|---|---|---|
| 青 | | | | | | 푸를 청<br>青 |
| 白 | | | | | | 흰 백 |
| 正 | | | | | | 바를 정 |
| 早 | | | | | | 일찍 조 |
| 山 | | | | | | 뫼 산 |
| 川 | | | | | | 내 천 |
| 林 | | | | | | 수풀 림 |
| 森 | | | | | | 나무빽빽할 삼 |

| 漢字 | 例文 | 漢字 | 例文 |
|---|---|---|---|
| 田 〔田0〕 デン, た | ① 広々と した 水田が つづいて いる。<br>② のどかな 田園の けしき。<br>③ みんな 田うえで いそがしい。 | 犬 〔犬0〕 ケン, いぬ | ① 二匹の 番犬が わんわん ほえた。<br>② りょう犬を つれて 狩に 行く。<br>③ かわいい 子犬を 二ひき もらった。 |
| 竹 〔竹0〕 チク, たけ | ① 小さい ときからの 友だちを 竹馬の 友と いう。<br>② 竹馬に のって あそぶ。 | 貝 〔貝0〕 かい | ① 貝づかは 大むかしの 人が 貝がらを すてた あとです。<br>② はまべで 二まい貝や まき貝を ひろう。 |
| 草 〔艹6〕 ソウ, くさ | ① 草原を 馬の むれが はしる。<br>② ざっ草の ように つよく 生きる。<br>③ 草や 木を だいじに する。 | 虫 〔虫0〕 チュウ, むし | ① 虫には えき虫と がい虫とが あります。<br>② きものの 虫ぼしを する。 |
| 花 〔艹4〕 カ, はな | ① 花びんに ばらの 花が さして ある。<br>② おいわいに 花たばを もらった。<br>③ 四月八日は 花まつりです。 | 天 〔大1〕 テン, あめ, あま | ① 天に のぼるような 気もちだ。<br>② 天の 下に かくれもない 事実です。<br>③ 天の川が きれいに 見える。 |

| 田 | | | | | | 밭 전 |
|---|---|---|---|---|---|---|
| 竹 | | | | | | 대나무 죽 |
| 草 | | | | | | 풀 초 |
| 花 | | | | | | 꽃 화 |
| 犬 | | | | | | 개 견 |
| 貝 | | | | | | 조개 패 |
| 虫 | | | | | | 벌레 충 蟲 |
| 天 | | | | | | 하늘 천 |

| 漢字 | 例文 | 漢字 | 例文 |
|---|---|---|---|
| 空 [穴3]<br>クウ, そら, あ, から | ① 山の 空気は 澄んで いる。<br>② 空きかんを あつめる。<br>③ おかしの はこが 空に なる。 | 村 [木3]<br>ソン, むら | ① 村長さんが この村の 昔話を してくれた。<br>② 村はずれの おじぞうさん。 |
| 気 [气2]<br>キ, ケ | ① 重い びょう気が なおって 元気に なりました。<br>② 彼は 気高い 心の 人です。 | 町 [田2]<br>チョウ, まち | ① 町役場に 行って 町長さんに あいました。<br>② 明日は 町内の 運動会です。 |
| 夕 [夕0]<br>セキ, ゆう | ① けんこうな からだは, 一朝一夕に できる ものでは ない。<br>② 真っ赤な 夕日が 沈む。 | 石 [石0]<br>せき, シャク, コク, いし | ① 海辺で 貝の 化石を 見つけました。<br>② 磁石の 針は 何時も 北を 指す。<br>③ きれいな 小石を 拾った。 |
| 雨 [雨0]<br>ウ, あめ, あま, さめ | ① 雨の ふる 日の ことを 雨天と いう。<br>② 木の 下で 雨やどりを する。<br>③ 冷たい 氷雨が 降って きた。 | 車 [車0]<br>シャ, くるま | ① 電車の 車掌さんが きっぷを 調べに きました。<br>② 風車を 回して あそぶ。 |

| | | | | | | | 빌 공<br>空 |
|---|---|---|---|---|---|---|---|
| 空 | | | | | | | |
| 気 | | | | | | | 기운 기<br>氣 |
| 夕 | | | | | | | 저녁 석 |
| 雨 | | | | | | | 비 우 |
| 村 | | | | | | | 마을 촌 |
| 町 | | | | | | | 밭두둑 정 |
| 石 | | | | | | | 돌 석 |
| 車 | | | | | | | 수레 차 |

| 音<br>〔音 0〕<br>オン, イン,<br>おと, ね | ① 母音には 五つの 音が あります。<br>② 遠くから 太鼓の 音が きこえる。<br>③ 美しい 音色の 笛です。 | 力<br>〔力 0〕<br>リョク, リキ,<br>ちから | ① 運動会で 全力を 出して 走る。<br>② この 方は 幕内の 力士です。<br>③ 力を あわせて 火を けす。 |
|---|---|---|---|
| 本<br>〔木 1〕<br>ホン, もと | ① 本屋で 絵本を 二冊 かった。<br>② 本気になって 勉強する。<br>③ 本々 人は 真似が 好きだ。 | 名<br>〔口 3〕<br>メイ, ミョウ,<br>な | ① 名字と 名前を 合せて 氏名と いいます。<br>② 児童の 胸に 名札を 付ける。 |
| 字<br>〔子 3〕<br>ジ, あざ | ① 正しい 文字を かく。<br>② 字引で 漢字を 調べる。<br>③ ここは 山田町 字 山中です。 | 年<br>〔干 3〕<br>ネン, とし | ① 少年の サッカーの 試合が ある。<br>② 年が 明けると お正月です。<br>③ 年を 取った 人が 歩いて 来る。 |
| 文<br>〔文 0〕<br>ブン, モン,<br>ふみ(ふ) | ① 妹は 絵日記の 文を かいている。<br>② 一文なしに なってしまった。<br>③ 文読む 月日 重ねつつ 機会を 待つ。 | 入<br>〔入 0〕<br>ニュウ, い,<br>はい | ① 息子は 昨年 小学校に 入学した。<br>② ねこを はこの 中に 入れる。<br>③ 兄さんは 今年 中学に 入った。 |

| 音 | | | | | | | | 소리 음 |
|---|---|---|---|---|---|---|---|---|
| 本 | | | | | | | | 근본 본 |
| 字 | | | | | | | | 글자 자 |
| 文 | | | | | | | | 글월 문    文 |
| 力 | | | | | | | | 힘 력 |
| 名 | | | | | | | | 이름 명 |
| 年 | | | | | | | | 해 년 |
| 入 | | | | | | | | 들 입 |

| 漢字 | 例文 | 漢字 | 例文 |
|---|---|---|---|
| 出 〔凵3〕 シュツ, スイ, で, だ | ① 母は 山口けんの 出身です。<br>② 裏山に 狸が 出た。<br>③ 父は 腹が 立って 大きな 声を 出した。 | 円 〔円2〕 エン, まる | ① コンパスで 円を 書く。<br>② 空飛ぶ 円盤を 見た。<br>③ まん円い 月が 出ました。 |
| 立 〔立0〕 リッ, リュウ, た | ① みんな いっせいに 起立した。<br>② 焼けた 寺を 新たに 建立する。<br>③ 赤ちゃんが やっと 立った。 | 王 〔玉0〕 オウ | ① むかし、ある 王さまが いました。<br>② 三人の 王子さまが いました。<br>③ わたしは スケートの 女王だ。 |
| 見 〔見0〕 ケン, み | ① 天文学者が 新しい 星を 発見する。<br>② 望遠鏡で 月を 見る。<br>③ ちょっと 見せて くださいませんか。 | 玉 〔玉0〕 ギョク, たま | ① 王さまの 宝玉の 冠。<br>② うんどう会で, 玉入れと くす玉割を した。 |
| 休 〔人4〕 キュウ, やす | ① 富士山は 休火山です。<br>② 音楽を 聞くと 心が 休まる。<br>③ 昼休みに 本を よむ。 | 糸 〔糸0〕 シ, いと | ① 絹糸を つくる 工場を 製糸工場と いう。<br>② 母は 毛糸で セーターを 編んだ。 |

| | | | | | | | |
|---|---|---|---|---|---|---|---|
| 出 | | | | | | | 날 출 |
| 立 | | | | | | | 설 립 |
| 見 | | | | | | | 볼 견 |
| 休 | | | | | | | 쉴 휴 |
| 円 | | | | | | | 둥글 원 圓 |
| 王 | | | | | | | 임금 왕 |
| 玉 | | | | | | | 구슬 옥 |
| 糸 | | | | | | | 실 사 絲 |

| 漢字 | 例文 | 漢字 | 例文 |
|---|---|---|---|
| 刀 [刀0]<br>トウ, かたな | ① 日本刀は 武士の たましいと 謂われて いた。<br>② 刀が 一本 あります。 | 工 [工0]<br>コウ, ク | ① 工作の 時間に 紙で 花を 作る。<br>② 水道工事が 始って 水が 切れた。<br>③ 大工さんが 家を 立てる。 |
| 万 [一2]<br>マン, バン | ① 会場には 一万人を 超す 人が 集まった。<br>② 彼は 万民から 慕われて いる。 | 才 [手0]<br>サイ | ① きみには 文才が ある。<br>② 素晴らしい 才能のある 人。<br>③ ベートーベンは 音楽の 天才だ。 |
| 丸 [、2]<br>ガン, まる | ① この 丸薬は 胃腸病に よく 効く。<br>② 丸木橋を こわごわ 渡っている。<br>③ 家は 火事で 丸やけに なった。 | 今 [人2]<br>コン, キン, いま | ① 今夜は 花火大会が ある。<br>② 今の 天皇を 今上天皇と いう。<br>③ 今にも 雨が 降りそうだ。 |
| 弓 [弓0]<br>キュウ, ゆみ | ① 午後 弓道場で 弓の 練習を しました。<br>② 弓に 矢を 番える。 | 元 [儿2]<br>ゲン, ガン, もと | ① 元気に 学校に 通う。<br>② 元日から 日記を 付ける。<br>③ 火の 元に 気を つけよう。 |

| 刀 | | | | | | | | | 칼 도 |
|---|---|---|---|---|---|---|---|---|---|
| 万 | | | | | | | | | 일만 만<br>萬 |
| 丸 | | | | | | | | | 둥글 환 |
| 弓 | | | | | | | | | 활 궁 |
| 工 | | | | | | | | | 장인 공 |
| 才 | | | | | | | | | 재주 재 |
| 今 | | | | | | | | | 이제 금 |
| 元 | | | | | | | | | 으뜸 원 |

| 漢字 | 例文 | 漢字 | 例文 |
|---|---|---|---|
| 公 〔八2〕 コウ, おおやけ | ① 日曜日に 友だちと 公園で あそんだ。<br>② 裁判を 公正に 行う。<br>③ 殺人事件が 公に なった。 | 午 〔十2〕 ゴ | ① 正午の サイレンが なる。<br>② 毎日, 午前六時に 起きて, 午後九時に 寝る。 |
| 内 〔冂2〕 ナイ, ダイ, うち | ① 入賞するのは 十人以内。<br>② 僧が 寺の 境内を 清める。<br>③ 福は 内, 鬼は 外。 | 友 〔又2〕 ユウ, とも | ① 友情と いうのは, 友だちとしての 思いやりの 心です。<br>② 公園で 友だちに あった。 |
| 切 〔刀2〕 セツ, サイ, き | ① 事故で 右足を 切だんする。<br>② 専務に 仕事の 一切を 任せる。<br>③ 大きな 木を 切りたおす。 | 太 〔大1〕 タイ, タ, ふと | ① 真っ赤な 太陽が 沈む。<br>② 太古とは 大むかしの ことです。<br>③ わたしは 去年より 三キロ 太りました。 |
| 分 〔刀2〕 ブン, フン, ブ, わ | ① パンを 半分ずつに 分けて 食べる。<br>② 熱が 三十八度五分 ある。<br>③ お話は よく 分かりました。 | 少 〔小1〕 ショウ, すく, すこ | ① 元気な 少年少女。<br>② 宿題の 為あそぶ 時間が 少ない。<br>③ 貯金箱に お金が 少し 残って いる。 |

| | | | | | | | 공변될 공 公 |
|---|---|---|---|---|---|---|---|
| 公 | | | | | | | |
| 內 | | | | | | | 안 내 內 |
| 切 | | | | | | | 끊을 절 |
| 分 | | | | | | | 나눌 분 |
| 午 | | | | | | | 낮 오 |
| 友 | | | | | | | 벗 우 |
| 太 | | | | | | | 클 태 |
| 少 | | | | | | | 적을 소 |

| 引<br>〔弓 1〕<br>イン, ひ | ① 教科書の 文を 引用して 説明する。<br>② 綱引きの 綱を 引っぱる。<br>③ 学校は つねに 三時に 引ける。 | 止<br>〔止 0〕<br>シ, と | ① ここに 車を 止める ことを 禁止します。<br>② 小鳥が 止まり木に 止まる。 |
|---|---|---|---|
| 心<br>〔心 0〕<br>シン, こころ | ① 先生を 中心に して 輪に なろう。<br>② 母は 心の 優しい 人です。<br>③ 真心を 込めた 贈り物を 貰った。 | 毛<br>〔毛 0〕<br>モウ, け | ① 毛布に くるまって ねた。<br>② 母は 毛糸で セーターを 編んでいる。<br>③ おじいさんの 頭の 毛が 白くなった。 |
| 戸<br>〔戸 0〕<br>コ, と | ① うるさいから 戸外であそんで 下さい。<br>② 戸棚に おやつが ある。<br>③ 雨が 降りそうだから 雨戸を しめる。 | 父<br>〔父 0〕<br>フ, ちち | ① 父母に 心配を 掛けないように している。<br>② 父親に よく 似た 子。 |
| 方<br>〔方 0〕<br>ホウ, かた | ① 南の 方に 海が 見える。<br>② 前方に 高い 山が 見える。<br>③ あの 方は どなたですか。 | 牛<br>〔牛 0〕<br>ギュウ, うし | ① 毎日 牛乳を 飲みます。<br>② 肉屋で 牛肉を 五百グラム買った。<br>③ 牛の ように ゆっくり 歩く。 |

| | | | | | | | | |
|---|---|---|---|---|---|---|---|---|
| 引 | | | | | | | | 이끌 인 |
| 心 | | | | | | | | 마음 심 |
| 戸 | | | | | | | | 집 호 戸 |
| 方 | | | | | | | | 모 방 |
| 止 | | | | | | | | 그칠 지 |
| 毛 | | | | | | | | 털 모 |
| 父 | | | | | | | | 아비 부 父 |
| 牛 | | | | | | | | 소 우 |

| 漢字 | 例文 | 漢字 | 例文 |
|---|---|---|---|
| 兄 〔ル3〕 ケイ, キョウ, あに | ① 先輩に 兄事する。<br>② 兄弟喧嘩を しては いけません。<br>③ 兄は 今年 中学 一年生に なった。 | 古 〔口2〕 コ, ふる | ① 古都の 秋を たのしむ。<br>② 使い 古した 筆箱を 持っている。<br>③ かばんが 古く なった。 |
| 冬 〔冫3〕 トウ, ふゆ | ① かえる(蛙)や へび(蛇)は 冬になると 冬眠する。<br>② 冬休みの 計画を たてる。 | 台 〔口2〕 ダイ, タイ | ① 写真を 台紙に 貼った。<br>② 日あたりの いい 高台の 家。<br>③ 台風で なみが 高く 立つ。 |
| 北 〔匕3〕 ホク, きた | ① 北斗七星が 輝いて いる。<br>② 北国にも 漸く 春が やって きました。<br>③ 寒い 北風が 吹く。 | 外 〔夕2〕 ガイ, ゲ, そと, ほか, はず | ① 夏休みに 外国へ 行って みたい。<br>② 外の 人は 入れません。<br>③ ボタンが 外れて いる。 |
| 半 〔十3〕 ハン, なか | ① すいかを 半分に 切る。<br>② 友だちと 半日 あそんだ。<br>③ 既に 一年の 半ばが すぎた。 | 市 〔巾2〕 シ, いち | ① 市役所で 市長さんの お話を 聞きました。<br>② この 通りに 朝市が 立つ。 |

| 兄 | | | | | | | | 형 형 |
| 冬 | | | | | | | | 겨울 동 冬 |
| 北 | | | | | | | | 북녘 북 |
| 半 | | | | | | | | 절반 반 半 |
| 古 | | | | | | | | 옛 고 |
| 台 | | | | | | | | 집 대 |
| 外 | | | | | | | | 바깥 외 |
| 市 | | | | | | | | 저자 시 |

| 漢字 | 例文 | 漢字 | 例文 |
|---|---|---|---|
| 広 [广2] コウ, ひろ | ① 農夫が 広大な 土地を 耕す。<br>② 心の 広い 人に なりたい。<br>③ 大きな ぬのを 広げる。 | 交 [亠4] コウ, まじ, ま, か | ① 道路の 交わって いる ところを 交差点と いう。<br>② 友人にあって朝のあいさつを 交わす。 |
| 母 [母1] ボ, はは | ① 保母さんに なりたい。<br>② 母は 夕方まで 留守です。<br>③ 必要は 発明の 母です。 | 会 [人4] カイ, エ, あ | ① 学級会の 司会を した。<br>② まだ, よく 会得できない。<br>③ 道で おばさんに 会った。 |
| 用 [用0] ヨウ, もち | ① 用事を すませてから 行きなさい。<br>② 学級文庫を 利用しよう。<br>③ ふでを 用いて 手紙を 書きます。 | 光 [儿4] コウ, ひか, ひかり | ① 外国から きた おおぜいの 観光客。<br>② 成績が だんぜん 光って いる。<br>③ 月の 光が しずかに さす。 |
| 矢 [矢0] シ, や | ① 一矢を 報いる。<br>② 事件が 矢つぎ早に 起こる。<br>③ 矢車が からからと なる。 | 合 [口3] ゴウ, ガッ, カッ, あ | ① 朝, 八時 運動場に 集合する。<br>② 関が原の 合戦の 話を きく。<br>③ 試験の 答えを 合わせる。 |

| | | | | | | | |
|---|---|---|---|---|---|---|---|
| 広 | | | | | | | 넓을 광<br>廣 |
| 母 | | | | | | | 어미 모 |
| 用 | | | | | | | 쓸 용 |
| 矢 | | | | | | | 화살 시 |
| 交 | | | | | | | 사귈 교 |
| 会 | | | | | | | 모을 회<br>會 |
| 光 | | | | | | | 빛 광 |
| 合 | | | | | | | 합할 합 |

| 漢字 | 例文 | 漢字 | 例文 |
|---|---|---|---|
| 同 〔口3〕 ドウ, おな | ① 山田君の 考えに ぼくも 同感です。<br>② 駅に 着くと 同時に 電車が きた。<br>③ 同じ 日に 生まれた 人。 | 寺 〔寸3〕 ジ, てら | ① 友だちと あちこちの 古寺を 見て あるきました。<br>② 山の お寺の 鐘が なる。 |
| 回 〔口3〕 カイ, エ, まわ | ① こまが 回転する。<br>② 祖先の 回向を する。<br>③ 目が 回るほど いそがしい。 | 当 〔小3〕 トウ, あ | ① 当日, 弁当は 要らないですか。<br>② 当然の ことを しただけだ。<br>③ たからくじに 当たった。 |
| 地 〔土3〕 チ, ジ | ① 人工衛星が 地球を 回る。<br>② 山沿いの 地方は 大雪だ。<br>③ かれは 地声が 大きい。 | 毎 〔母2〕 マイ | ① 毎朝 父と さんぽする。<br>② ぼくたちの チームは 毎回 力いっぱい たたかった。 |
| 多 〔夕3〕 タ, おお | ① 会の 人出の 多少は お天気しだいではない。<br>② 雲が 多くて, 月が 見えない。 | 池 〔水3〕 チ, いけ | ① 電池で おもちゃの 自動車を 走らせます。<br>② 池に 鯉が 泳いで いる。 |

| | | | | | | | |
|---|---|---|---|---|---|---|---|
| 同 | | | | | | | 같을 동 |
| 回 | | | | | | | 돌아올 회 |
| 地 | | | | | | | 땅 지 |
| 多 | | | | | | | 많을 다 |
| 寺 | | | | | | | 절 사 |
| 当 | | | | | | | 마땅할 당 當 |
| 毎 | | | | | | | 매양 매 每 |
| 池 | | | | | | | 연못 지 |

| 漢字 | 例文 | 漢字 | 例文 |
|---|---|---|---|
| 考 [耂2] コウ, かんが | ① つかれて 思考力が にぶる。<br>② 子ねこに つける 名まえを 考えています。 | 自 [自0] ジ, シ, みずか | ① 教室で しずかに 自習する。<br>② 日本の 自然は 美しい。<br>③ つらい 仕事を 自ら ひきうける。 |
| 米 [米0] ベイ, マイ, こめ | ① 月に 米国の はたを たてた。<br>② げん米で ごはんを 作る。<br>③ 米は 日本人の 主食です。 | 色 [色0] ショク, シキ | ① 二十四色の クレヨンを 持っている。<br>② 植物には 色素体が ある。<br>③ 色紙で 鶴を 千羽 折った。 |
| 羽 [羽0] ウ, は, はね | ① 小鳥の やわらかい 羽毛。<br>② お正月には 羽根つきを する。<br>③ 羽が はえて 飛ぶように 売れる。 | 行 [行0] コウ, ギョウ, アン, い, ゆ, おこな | ① 森くんは 実行力が ある。<br>② 道路に ちょうちん行列が ある。<br>③ 諸国を 行脚する。 |
| 肉 [肉0] ニク | ① 牛肉も ぶた肉も たべます。<br>② ばいきんは 肉眼では 見えない。<br>③ 肉親と 離れて 暮らして います。 | 西 [西0] セイ, サイ, にし | ① かわいい 西洋人形を 持ちたい。<br>② 彼は 関西弁で 言う。<br>③ 西日が 当って 暑い。 |

| 考 | | | | | | | | 생각할 고 |
| 米 | | | | | | | | 쌀 미 |
| 羽 | | | | | | | | 깃 우 · 羽 |
| 肉 | | | | | | | | 고기 육 · 肉 |
| 自 | | | | | | | | 스스로 자 |
| 色 | | | | | | | | 빛 색 |
| 行 | | | | | | | | 갈 행 |
| 西 | | | | | | | | 서녘 서 |

| 漢字 | 例文 | 漢字 | 例文 |
|---|---|---|---|
| 何 [人5] カ, なに, なん | ① わたしは 幾何学的もようが 好きだ。<br>② 昨晩 何者かに おそわれた。<br>③ 会には 何人 きましたか。 | 声 [士4] セイ, ショウ, こえ, こわ | ① 声点は 四声を 表すための しるしで ある。<br>② ぼくは 声色が とくいです。 |
| 作 [人5] サク, サ, つく | ① 長い 作文を 書いた。<br>② 彼女は 動作が とても にぶい。<br>③ あねと 紙人形を 作った。 | 売 [士4] バイ, う | ① 駅の 売店で ざっしを かった。<br>② 年賀はがきが 発売された。<br>③ この 本は 売れ行きが いい。 |
| 体 [人5] タイ, テイ, からだ | ① 次は 体育の 時間です。<br>② 体さいの いい 事を 言った。<br>③ じょうぶな 体を つくる。 | 弟 [弓4] テイ, ダイ, デ, おとうと | ① 弟妹の めんどうを みる。<br>② 有名な 画家の 弟子に なった。<br>③ 弟は, え本が だいすきです。 |
| 図 [囗4] ズ, ト, はか | ① かべに 世界地図が はってある。<br>② 図書室で 本を よむ。<br>③ 問題の かいけつを 図る。 | 形 [彡4] ケイ, ギョウ, かた, かたち | ① いろんな 形の 図形を かく。<br>② 友達から かわいい 人形を もらった。<br>③ 海辺で たまご形の 石を ひろう。 |

| 何 | | | | | | | | | 어찌 하 |
| 作 | | | | | | | | | 지을 작 |
| 体 | | | | | | | | | 몸 체 體 |
| 図 | | | | | | | | | 그림 도 圖 |
| 声 | | | | | | | | | 소리 성 聲 |
| 売 | | | | | | | | | 팔 매 賣 |
| 弟 | | | | | | | | | 아우 제 |
| 形 | | | | | | | | | 형상 형 |

| 漢字 | 例文 | 漢字 | 例文 |
|---|---|---|---|
| 近 〔辶4〕 キン, ちか | ① 近所の 広場で サッカーを した。<br>② 近道を とおって かえる。<br>③ 会には 百人近く あつまった。 | 角 〔角0〕 カク, かど, つの | ① 二つの 線が 直角に 交わる。<br>② 四つ角を 左へ まがって ください。<br>③ 水牛の 角で 花生けを 作る。 |
| 来 〔木3〕 ライ, く, きた | ① 来年は 中学校 三年生に なります。<br>② 午後 三時に 友だちが 来る。<br>③ 来る 十月十日は 運動会だ。 | 言 〔言0〕 ゲン, ゴン, い, こと | ① 言動に ちゅういする。<br>② 生徒として 言語道断な ふるまいだ。<br>③ ぶつぶつ ひとり言を 言う。 |
| 汽 〔水4〕 キ | ① きりの 中で 船の 汽笛が ボーッと なった。<br>② 村の よこを 夜汽車が とおる。 | 谷 〔谷0〕 コク, たに | ① 峡谷の ダムを 見に 行った。<br>② 谷間に 小さな 村が 見える。<br>③ 深い 谷底を 覗く。 |
| 社 〔示3〕 シャ, やしろ | ① お正月に 神社に おまいりした。<br>② 社会に 心と 力を つくす。<br>③ あそこに 大きな 社が 見える。 | 走 〔走0〕 ソウ, はし | ① 百メートル 競走で 一とうに なって うれしかった。<br>② ろうかを 走らない こと。 |

| | | | | | | | 가까울 근<br>近 |
|---|---|---|---|---|---|---|---|
| 近 | | | | | | | 올 래<br>來 |
| 来 | | | | | | | 기운 기 |
| 汽 | | | | | | | 모일 사<br>社 |
| 社 | | | | | | | 뿔 각 |
| 角 | | | | | | | 말씀 언 |
| 言 | | | | | | | 골짜기 곡 |
| 谷 | | | | | | | 달릴 주 |
| 走 | | | | | | | |

| 漢字 | 例文 | 漢字 | 例文 |
|---|---|---|---|
| 里 [里 0] リ, さと | ① 一里塚の 跡が ある。<br>② 五年ぶりに 郷里へ 帰る。<br>③ 人里離れた 山おくに すんでいる。 | 夜 [夕 5] ヤ, よ, よる | ① 昨夜の 風で 桜の 花が おちた。<br>② 夜中に ふと 目が さめた。<br>③ 夜の 空に 星が きらめく。 |
| 麦 [麦 0] バク, むぎ | ① 麦には, 大麦・小麦・えん麦などの しゅるいが ある。<br>② 麦わらぼうしを かぶっている 男。 | 姉 [女 5] シ, あね | ① ふたごの 姉妹が なかよく うたを うたって います。<br>② 姉が 迎えに きてくれた。 |
| 京 [亠 6] キョウ, ケイ | ① 京都の おみやげに 京人形を かいました。<br>② 京都は 京洛とも いいます。 | 妹 [女 5] マイ, いもうと | ① 京都市と フランスの パリは 姉妹都市に なりました。<br>② 妹は 幼稚園に 行っています。 |
| 国 [囗 5] コク, くに | ① 国と 国との つきあいを 国交と いいます。<br>② 国の 母が 上京して きた。 | 岩 [山 5] ガン, いわ | ① 岩石の 多い 山へ のぼる。<br>② 岩屋の 戸が するりと 開いた。<br>③ 雨に ぬれた 岩はだが 光る。 |

| 里 | | | | | | | | 마을 리 |
|---|---|---|---|---|---|---|---|---|
| 麦 | | | | | | | | 보리 맥 麥 |
| 京 | | | | | | | | 서울 경 |
| 国 | | | | | | | | 나라 국 國 |
| 夜 | | | | | | | | 밤 야 |
| 姉 | | | | | | | | 누이 자 |
| 妹 | | | | | | | | 손아래누이 매 |
| 岩 | | | | | | | | 바위 암 |

| 漢字 | 例文 | 漢字 | 例文 |
|---|---|---|---|
| 店<br>〔广 5〕<br>テン, みせ | ① この 店の 店員は 親切です。<br>② 売店で 新聞と 雑誌を かった。<br>③ とうげの 茶店で 一休みを した。 | 画<br>〔田 3〕<br>ガ, カク | ① 弟は まん画が 大すきです。<br>② 土地を 四つの 区画に わける。<br>③ 夏休みの 計画を たてる。 |
| 明<br>〔日 4〕<br>メイ, ミョウ,<br>あ, あか | ① 夜空に 明月が 出る。<br>② それは 明らかに まちがいだった。<br>③ しらじらと 夜が 明ける。 | 直<br>〔目 3〕<br>チョク, ジキ,<br>ただ, なお | ① 正直は 一生のたから。<br>② 直ちに 救助隊が かけつけた。<br>③ わるい くせを 直してください。 |
| 東<br>〔木 4〕<br>トウ, ひがし | ① わたしたちの 町は 東西に ながく のびて いる。<br>② 東風が ふいて きた。 | 知<br>〔矢 3〕<br>チ, し | ① 合格の 通知が きて うれしかった。<br>② 知恵を しぼって 考えた。<br>③ この お話は すでに 知って います。 |
| 歩<br>〔止 4〕<br>ホ, ブ, フ,<br>ある, あゆ | ① 歩行者は 歩道を 歩きます。<br>② 利益の 一割の 歩合を 取った。<br>③ しょうぎの 歩を 取る。 | 長<br>〔長 0〕<br>チョウ, なが | ① だれにも 長所と 短所が あります。<br>② 校長先生の お話に 耳を 傾けた。<br>③ 象の 鼻は 大変 長い。 |

| | | | | | | |
|---|---|---|---|---|---|---|
| 店 | | | | | | 가게 점 |
| 明 | | | | | | 밝을 명 |
| 東 | | | | | | 동녘 동 |
| 歩 | | | | | | 걸음 보 步 |
| 画 | | | | | | 그을 획 畫 |
| 直 | | | | | | 곧을 직 |
| 知 | | | | | | 알 지 |
| 長 | | | | | | 길 장 |

| 漢字 | 例文 | 漢字 | 例文 |
|---|---|---|---|
| 門 [門 0] モン, かど | ① 図書を 十の 部門に 分ける。<br>② みんな 正門から はいってくる。<br>③ はれの 門出を いわう。 | 後 [彳 6] ゴ, コウ, のち, うし, あと, おく | ① 後日 あらためて しらべる。<br>② あすは 晴れ 後 くもりでしょう。<br>③ 父の 後ろから ついて 行く。 |
| 前 [刀 7] ゼン, まえ | ① この くすりは 食前に のむ。<br>② 前へ ならえを して、列を まっすぐに する。 | 茶 [艹 6] チャ, サ | ① 夏が 近づくと 茶つみが はじまりました。<br>② きっ茶店で ミルクを のむ。 |
| 南 [十 7] ナン, ナ, みなみ | ① 南極には ペンギンが 住んでいる。<br>② 南無阿彌陀仏。<br>③ つばめが 南の 国へ かえる。 | 思 [心 5] シ, おも | ① 亡き母に 対する 思慕の 情。<br>② 遠足の ことを 思い出して 作文を かいた。 |
| 室 [宀 6] シツ, むろ | ① 生徒たちが しずかに 教室に 入る。<br>② あらしが きたので 山の 石室に ひなんした。 | 春 [日 5] シュン, はる | ① 春の はじめを 早春と いう。<br>② 野も 山も すっかり 春めいて きました。 |

| | | | | | | | | | |
|---|---|---|---|---|---|---|---|---|---|
| 門 | | | | | | | | | 문 문 |
| 前 | | | | | | | | | 앞 전    前 |
| 南 | | | | | | | | | 남녘 남 |
| 室 | | | | | | | | | 집 실 |
| 後 | | | | | | | | | 뒤 후 |
| 茶 | | | | | | | | | 차 다 |
| 思 | | | | | | | | | 생각할 사 |
| 春 | | | | | | | | | 봄 춘 |

| 漢字 | 例文 | 漢字 | 例文 |
|---|---|---|---|
| 星 〔日5〕 セイ, ショウ ほし | ① 金星の ことを よいの 明星とも いいます。<br>② 夜空に 流れ星が 見えた。 | 点 〔火5〕 テン | ① 高い ビルに のぼると 下に いる 人が 点の ようだ。<br>② かれは 怒りっぽいのが 欠点だ。 |
| 昼 〔日5〕 チュウ, ひる | ① 大雨が ふったら 昼夜に かかわらず 警戒する。<br>② 昼休みには 外で 遊ぼう。 | 科 〔禾4〕 カ | ① 理科の 教科書を よんで 勉強しています。<br>② ぼくの 父は 内科の 医者です。 |
| 海 〔水6〕 カイ, うみ | ① 夏休みには 海水浴に 行くつもりです。<br>② 海外旅行を したい。<br>③ 二人で 海辺を 散歩する。 | 秋 〔禾4〕 シュウ, あき | ① 野原で 秋気を 満喫する。<br>② 雲一つない 秋晴れの 空。<br>③ もうすぐ 楽しい 秋祭りです。 |
| 活 〔水6〕 カツ | ① あたらしい 学校生活に なれて きました。<br>② 大島の 三原山は 活火山です。 | 計 〔言2〕 ケイ, はか | ① 計画を 立てて 勉強する。<br>② 相手の 心中を 計る。<br>③ よく 時機を 見計らう。 |

| | | | | | | |
|---|---|---|---|---|---|---|
| 星 | | | | | | 별 성 |
| 昼 | | | | | | 낮 주 / 晝 |
| 海 | | | | | | 바다 해 / 海 |
| 活 | | | | | | 살 활 |
| 点 | | | | | | 점 점 / 點 |
| 科 | | | | | | 과목 과 |
| 秋 | | | | | | 가을 추 |
| 計 | | | | | | 셈할 계 |

| 漢字 | 例文 | 漢字 | 例文 |
|---|---|---|---|
| 風<br>[風 0]<br>フウ, フ,<br>かぜ, かざ | ① 風の ふいて くる 方を 風上、ふい ていく 方を 風下と いう。<br>② 何の 風情も なく すみません。 | 夏<br>[夂 7]<br>カ, ゲ, なつ | ① 六月の 頃を 初夏と いう。<br>② 夏至は 二十四節気の 一つである。<br>③ 来週は とうとう 夏休みだ。 |
| 食<br>[食 0]<br>ショク, ジキ,<br>く, た | ① なにも 食べないで いる ことを 断食と いう。<br>② 今日は 魚が さっぱり 食わぬ。 | 家<br>[宀 7]<br>カ, ケ,<br>いえ, や | ① うちの 家族は 五人です。<br>② 王様は 家来を つれて 出かけた。<br>③ 家賃を きちんと 払う。 |
| 首<br>[首 0]<br>シュ, くび | ① 日本の 首都は 東京です。<br>② 和歌を 五首 作りました。<br>③ なかなか 首を たてに ふらない。 | 帰<br>[巾 7]<br>キ, かえ | ① 選手たちは あす 帰国する。<br>② 母は 四時に 帰ります。<br>③ 嫁を 親元に 帰す。 |
| 原<br>[厂 8]<br>ゲン, はら | ① 事故の 原因を しらべる。<br>② 夏は 暑くて 高原で すごしたい。<br>③ 野原で ボールなげを した。 | 弱<br>[弓 7]<br>ジャク, よわ | ① ぼくの 弱点は 気の 弱いことです。<br>② あさから 風が 弱まった。<br>③ みんな 税金で 弱っている。 |

| 風 | | | | | | | | 바람 풍 |
| 食 | | | | | | | | 먹을 식 |
| 首 | | | | | | | | 머리 수 |
| 原 | | | | | | | | 벌판 원 |
| 夏 | | | | | | | | 여름 하 |
| 家 | | | | | | | | 집 가 |
| 帰 | | | | | | | | 돌아올 귀<br>歸 |
| 弱 | | | | | | | | 약할 약<br>弱 |

| 漢字 | 例文 | 漢字 | 例文 |
|---|---|---|---|
| 通 [辶7] ツウ, ツ, とお, かよ | ① あたたかい 血が 通う。<br>② 自動車が 引っきりなしに 通る。<br>③ 亡くなった 友人の 通夜に 行く。 | 記 [言3] キ, しる, しるし | ① エジソンの 伝記を 二度 よんだ。<br>② うけつけで 名前を 記す。<br>③ 記は 書くことを 言う。 |
| 時 [日6] ジ, とき | ① 出発の 時刻が せまる。<br>② 時計を 買いに 行った 時、ふと 友だちに 会った。 | 馬 [馬0] バ, うま, ま | ① 遊園地で 馬車に のった。<br>② にいさんと 馬とびを して 遊んだ。<br>③ 神社で 絵馬を みた。 |
| 書 [日6] ショ, か | ① 図書室には たくさんの 書物が あります。<br>② お父さんが 書きぞめを 書きました。 | 高 [高0] コウ, たか | ① 高山に さく かわいい 花。<br>② 非難の 声が 高まる。<br>③ じどうしゃの 生産高を 調べる。 |
| 紙 [糸4] シ, かみ | ① 文集の 表紙に 絵を かきます。<br>② 手紙を ポストに 入れる。<br>③ 色紙で つるを 千羽も おった。 | 強 [弓8] キョウ, ゴウ, つよ, し | ① 昨日から 強雨が ふりました。<br>② 強引に 自分の 意見を 通す。<br>③ 自分の 考えを 人に 強いる。 |

| | | | | | | | | 통할 통<br>通 |
|---|---|---|---|---|---|---|---|---|
| 通 | | | | | | | | 때 시 |
| 時 | | | | | | | | 글 서 |
| 書 | | | | | | | | 종이 지 |
| 紙 | | | | | | | | 기록할 기 |
| 記 | | | | | | | | 말 마 |
| 馬 | | | | | | | | 높을 고 |
| 高 | | | | | | | | 강할 강<br>強 |
| 強 | | | | | | | | |

## 漢字

**週** 〔辶8〕シュウ
① 一週間の 予定を たてる。
② 家族で 週末旅行に でかけた。
③ きょうから 読書週間です。

**組** 〔糸5〕ソ, く, くみ
① 会社の 組織を しらべる。
② プラモデルを 組み立てる。
③ 人気の ある テレビ番組を 見ている。

**教** 〔攵7〕キョウ, おし, おそ
① 彼は 毎週 教会に 通っている。
② 先生の 教えを まもる。
③ 家庭教師に 英語を 教わる。

**船** 〔舟5〕セン, ふね, ふな
① 赤い 風船と 青い 風船を 空に とばす。
② 造船所で 新しい 船が できあがった。
③ 長い 船旅を たのしむ。

**理** 〔玉7〕り
① 新しい 理科の 本を 読んだ。
② 日曜日 自分の 本箱を 整理した。
③ その 問題は ぜんぜん 理解できない。

**野** 〔里4〕ヤ, の
① 野鳥を だいじに しよう。
② 道に まよって しまったので、野宿を した。

**細** 〔糸5〕サイ, ほそ, こま
① 子細に わけを 説明した。
② 二人で 細道を 歩いた。
③ 細かい ことに 心を くばる。

**雪** 〔雨3〕セツ, ゆき
① 早朝 新雪を 踏んで 行く。
② 雪がっせんを したり、雪だるまを 作ったり して 遊ぶ。

## 練習

| 週 | | | | | | | | 週 주일 주 |
| --- | --- | --- | --- | --- | --- | --- | --- | --- |
| 教 | | | | | | | | 教 가르칠 교 |
| 理 | | | | | | | | 理 이치 이 |
| 細 | | | | | | | | 細 가늘 세 |
| 組 | | | | | | | | 組 짤 조 |
| 船 | | | | | | | | 船 배 선 |
| 野 | | | | | | | | 野 들 야 |
| 雪 | | | | | | | | 雪 눈 설 |

| 魚 [魚 0] ギョ, うお, さかな | ① 金魚の たまごが かえった。<br>② 火曜日に 魚市場の 見学に 行った。<br>③ ぼくの 家は 魚屋です。 | 場 [土 9] ジョウ, ば | ① 遠くに 工場の えんとつが 見える。<br>② オペラの 入場券を 二枚 買った。<br>③ 雨の 場合は とりやめます。 |
|---|---|---|---|
| 鳥 [鳥 0] チョウ, とり | ① 白鳥が 水に うかんで いる。<br>② 春に なると、南の 方から わたり鳥が とんで くる。 | 道 [辶 9] ドウ, トウ, みち | ① 人は 歩道、車は 車道。<br>② 神道は 日本の 伝統信仰である。<br>③ 道に 迷って 困りました。 |
| 黄 [黄 0] コウ, オウ, き, こ | ① 日本人は はだが 黄色いので、黄色人種と よばれる。<br>② いねが 実って、黄金色の 波を うつ。 | 晴 [日 8] セイ, は(れ), は(ら) | ① 晴れの 日を 晴天、雨の 日を 雨天と いいます。<br>② 恨みを 晴らす。 |
| 黒 [黒 0] コク, くろ | ① 黒板に チョークで 絵を かいた。<br>② 日に やけて 色が 黒い。<br>③ 黒山のような 人だかりが する。 | 朝 [月 8] チョウ, あさ | ① 朝食は パンに 決めて いる。<br>② 朝を つげる 小鳥の 声に 目が 覚めました。 |

| | | | | | | | |
|---|---|---|---|---|---|---|---|
| 魚 | | | | | | | 고기 어 |
| 鳥 | | | | | | | 새 조 |
| 黄 | | | | | | | 누를 황 黄 |
| 黒 | | | | | | | 검을 흑 黑 |
| 場 | | | | | | | 마당 장 |
| 道 | | | | | | | 길 도 道 |
| 晴 | | | | | | | 개일 청 晴 |
| 朝 | | | | | | | 아침 조 朝 |

| 漢字 | 例文 | 漢字 | 例文 |
|---|---|---|---|
| 番 〔田7〕 バン | ① ゆうびん番号を 書き入れる。<br>② 当番なので 早く 学校に 行きます。<br>③ きのう 大きな 番犬を 買いました。 | 間 〔門4〕 カン, ケン, あいだ, ま | ① 約束の 時間は きっと まもること。<br>② 世間晴れて 夫婦と なりました。<br>③ 土間に じゃがいもが ある。 |
| 答 〔竹6〕 トウ, こた | ① 試験の 答案を かえして もらう。<br>② 答えを 二つ まちがえた。<br>③ みなさん つぎの 問いに 答えなさい。 | 雲 〔雨4〕 ウン, くも | ① 飛行機が 雲海の 中に はいった。<br>② 雲間から 月が 出た。<br>③ 雨雲が 空を 覆って いる。 |
| 絵 〔糸6〕 カイ, エ | ① 絵画館には りっぱな 絵が たくさん ある。<br>② 夏休み 中に 絵日記を かいた。 | 園 〔口10〕 エン, その | ① 私の 趣味は 園芸です。<br>② のどかな 田園の 風景を 描いた。<br>③ 美しい 花園で 一日中 あそんだ。 |
| 買 〔貝5〕 バイ, か | ① 人に お金を 与えて 自分の 得に なるように 動かす ことを 買収という。<br>② 父が 本を 買って くれた。 | 遠 〔辶10〕 エン, オン, とお | ① もう すぐ 楽しい 遠足だ。<br>② 彼の 業績は 久遠に 輝く。<br>③ 遠くに 明かりが 見える。 |

| | | | | | | | |
|---|---|---|---|---|---|---|---|
| 番 | | | | | | | 차례 번 |
| 答 | | | | | | | 대답할 답 |
| 絵 | | | | | | | 그림 회 　繪 |
| 買 | | | | | | | 살 매 |
| 間 | | | | | | | 사 이 간 |
| 雲 | | | | | | | 구름 운 |
| 園 | | | | | | | 동산 원 |
| 遠 | | | | | | | 멀 원　遠 |

## 数 〔攵9〕 スウ,ス,かず,かぞ

① 数人ずつの グループを 作る。
② 人数が 足りない。
③ 白い 玉の 数を 数えた。

## 電 〔雨5〕 デン

① 電線が 切れて、町中の 家が 停電した。
② 発電所を 見学した。

## 新 〔斤9〕 シン,あたら,あら,にい

① 新年 おめでとうございます。
② 人生の 新たな 出発。
③ 新潟県は 日本の 本州に ある。

## 歌 〔欠10〕 カ,うた

① 人気歌手が 花束を もらう。
② 音楽の 時間に 校歌を 歌いました。
③ 「君が代」は 日本の 国歌だ。

## 楽 〔木9〕 ガク,ラク,たの

① 彼は 有名な 音楽家です。
② わたしたちは 苦楽を 共に している。
③ あしたの 遠足が 楽しみだ。

## 算 〔竹8〕 サン

① その計画はしっぱいの公算が大きい。
② ぼくは 算数が 一番 得意です。
③ 暗算で 答えを だした。

## 話 〔言6〕 ワ,はな,はなし

① 学級文庫には 昔話や 神話などの 本も ある。
② あの 人たちは 英語で 話し合っている。

## 聞 〔耳8〕 ブン,モン,き

① 父が 居間で 新聞を 読んでいる。
② 前代未聞の 出来事。
③ 小鳥の 声が 聞こえる。

| | | | | | | |
|---|---|---|---|---|---|---|
| 数 | | | | | | 셀 수 數 |
| 新 | | | | | | 새로울 신 |
| 楽 | | | | | | 즐거울 락 樂 |
| 話 | | | | | | 이야기 화 |
| 電 | | | | | | 전기 전 |
| 歌 | | | | | | 노래 가 |
| 算 | | | | | | 계산할 산 |
| 聞 | | | | | | 들을 문 |

| 漢字 | 例文 | 漢字 | 例文 |
|---|---|---|---|
| 語 〔言7〕 ゴ, かた | ① 私は 英語が 少し できます。<br>② 長い 物語を 読んだ。<br>③ 友だちと 語らって 旅行する。 | 親 〔見9〕 シン, おや, した | ① 親類の おじさんを 訪問しました。<br>② 牧場に 馬の 親子が 二頭 いる。<br>③ 親しい 友だちと 海に 行きたい。 |
| 読 〔言7〕 ドク, トク, トウ, よ | ① 国語 読本を 朗読する。<br>② 文章の 読点を 付ける。<br>③ この本は 少年向きの 読み物です。 | 頭 〔頁7〕 トウ, ズ, ト, あたま, かしら | ① 彼は 頭脳の 足りない 人だ。<br>② 改革運動の 音頭を とった。<br>③ この子を 頭に 三人 いる。 |
| 鳴 〔鳥3〕 メイ, な | ① するどい 悲鳴が 聞こえた。<br>② 十二時に お昼の サイレンが 鳴る。<br>③ 名を 天下に 鳴らす。 | 曜 〔日14〕 ヨウ | ① 月曜日から 土曜日まで 学校へ 行きます。<br>② 黒曜石は 美しい 石です。 |
| 線 〔糸9〕 セン | ① 電線に 燕が とまって いる。<br>② 地平線に 太陽が 沈む。<br>③ 直線や 曲線で 図を かく。 | 顔 〔頁9〕 ガン, かお | ① はずかしさで 顔面が まっかに なりました。<br>② 彼女は さっと 顔色が かわった。 |

| | | | | | | | | |
|---|---|---|---|---|---|---|---|---|
| 語 | | | | | | | | 말씀 어 |
| 読 | | | | | | | | 읽을 독 讀 |
| 鳴 | | | | | | | | 울 명 |
| 線 | | | | | | | | 실 선 |
| 親 | | | | | | | | 친할 친 |
| 頭 | | | | | | | | 머리 두 |
| 曜 | | | | | | | | 비칠 요 曜 |
| 顔 | | | | | | | | 얼굴 안 顔 |

| 漢字 | 例文 | 漢字 | 例文 |
|---|---|---|---|
| 丁<br>[一 1]<br>チョウ, テイ | ① ぼくの 家は 大通りから 横丁へ 曲る 角の 所です。<br>② 二十才の 男の ことを 丁年と 言う。 | 反<br>[又 2]<br>ハン, ホン,<br>タン, そ | ① 官庁は 反軍が 占領した。<br>② 反物を 買って 着物を 作る。<br>③ 板が 反る。 |
| 予<br>[亅 3]<br>ヨ | ① 予期しない 出来事が 起った。<br>② 大地震の 予知は むずかしい。<br>③ 会場を 予約して おきます。 | 世<br>[一 4]<br>セイ, セ, よ | ① 二十一世紀の 世界を 考える。<br>② 次の 世代を 担う 人々。<br>③ 今の 世の中は 実力の 時代だ。 |
| 化<br>[ヒ 2]<br>カ, ケ, ば | ① 消化の いいものを 食べる。<br>② きれいに お化粧を する。<br>③ きつねが きゅうに 女に 化けた。 | 主<br>[丶 4]<br>シュ, ス,<br>ぬし, おも | ① 主人の 言いつけを まもる。<br>② この 帽子の 主は 誰ですか。<br>③ 会には 主に 青年が 集まった。 |
| 区<br>[匚 2]<br>ク | ① 道路は 歩道と 車道に 区別される。<br>② あそこに 区役所が 見える。<br>③ 社会生活は 公私の 区別が 基本だ。 | 仕<br>[人 3]<br>シ, ジ, つか | ① 自分の 仕事に 責任を もつ。<br>② 食事の 給仕を する。<br>③ 夫に よく 仕える 妻。 |

| | | | | | | | | |
|---|---|---|---|---|---|---|---|---|
| 丁 | | | | | | | | 고무래 정 |
| 予 | | | | | | | | 미리 예<br>豫 |
| 化 | | | | | | | | 화할 화 |
| 区 | | | | | | | | 구역 구<br>區 |
| 反 | | | | | | | | 돌아갈 반 |
| 世 | | | | | | | | 대 세 |
| 主 | | | | | | | | 주인 주 |
| 仕 | | | | | | | | 벼슬 사 |

| 漢字 | 例文 | 漢字 | 例文 |
|---|---|---|---|
| 他<br>〔人3〕<br>タ,(ほか) | ① 他国の 事情も 考える。<br>② 父母は よいが その他の 者は いけない。 | 号<br>〔口2〕<br>ゴウ | ① 大きな 声で 号令を かける。<br>② 信号をよく見て 道を渡って下さい。<br>③ 電話番号を 書き取りました。 |
| 代<br>〔人3〕<br>ダイ,タイ,<br>か,よ,しろ | ① 交代で 見はりに 立ちました。<br>② 君が代は 日本の 国歌である。<br>③ 苗代で 稲の 苗を そだてる。 | 央<br>〔大2〕<br>オウ | ① 市の 中央には にぎやかな 通りが あります。<br>② その 川は 市の 中央に ある。 |
| 写<br>〔冖3〕<br>シャ,うつ | ① 庭の さくらを 写生する。<br>② 友だちの ノートを 写す。<br>③ よく 写る カメラを 持っている。 | 平<br>〔干2〕<br>ヘイ,ビョウ,<br>たい,ひら | ① 兄弟は お金を 平等に 分けた。<br>② どうぞ お平らに。<br>③ わが家は 平屋建てです。 |
| 去<br>〔厶3〕<br>キョ,コ,さ | ① 去年の 冬は スキーに 行った。<br>② 過去の いやな 出来事を 思いだした。<br>③ 去る者は 追わず。 | 打<br>〔手2〕<br>ダ,う | ① 得点の チャンスに 代打を おくる。<br>② 母の 愛に 心を 打たれた。<br>③ 降りかかる 雪を 打ちはらう。 |

| 漢字 | | | | | | | 訓 |
|---|---|---|---|---|---|---|---|
| 他 | | | | | | | 다를 타 |
| 代 | | | | | | | 대신할 대 |
| 写 | | | | | | | 베낄 사<br>寫 |
| 去 | | | | | | | 갈 거 |
| 号 | | | | | | | 부르짖을 호<br>號 |
| 央 | | | | | | | 가운데 앙 |
| 平 | | | | | | | 평평할 평<br>平 |
| 打 | | | | | | | 칠 타 |

| 氷 [水1] ヒョウ, こおり, ひ | ① 船が 氷山に ぶつかって 沈んだ。<br>② 茶店で 氷水を 飲みました。<br>③ 秋にふる 冷たい 雨を「氷雨」という。 | 皿 [皿0] さら | ① 目を 皿のように して 見ていた。<br>② 大皿に もった 料理を 小皿に 取り分ける。 |
|---|---|---|---|
| 申 [田0] シン, もう | ① 学校を 変わる時は 内申書が 要る。<br>② 喧ましい 音を たてる 工場に 抗議を 申し込む。 | 礼 [示1] レイ, ライ | ① この 神社の 祭礼は 十月八日から 始まる。<br>② 先人の 偉業を 礼賛する。 |
| 由 [田0] ユ, ユウ, ユイ, よし | ① 町名の 由来を しらべる。<br>② この お寺は 由緒の ある 古寺です。<br>③ あとの ことは 知る 由もない。 | 両 [一5] リョウ | ① 両軍とも よく 戦いました。<br>② 勉強と スポーツを 両立させる。<br>③ 貨車が 五両 つながっている。 |
| 皮 [皮0] ヒ, かわ | ① 皮肉を 言う 人は きらいだ。<br>② 孤の 毛皮で えりまきを 作る。<br>③ ろばは ライオンの 皮を かぶった。 | 全 [人4] ゼン, まった | ① 財布を 忘れた ことに 全然 気づかなかった。<br>② 全く 困った ことになった。 |

| 氷 | | | | | | 얼음 빙 |
| 申 | | | | | | 펼 신 |
| 由 | | | | | | 말미암을 유 |
| 皮 | | | | | | 가죽 피 |
| 皿 | | | | | | 그릇 명 |
| 礼 | | | | | | 예절 례 禮 |
| 両 | | | | | | 두 량 兩 |
| 全 | | | | | | 온전할 전 全 |

| 漢字 | 例文 | 漢字 | 例文 |
|---|---|---|---|
| 列 [刀4] レツ | ① 校庭に 出て 整列する。<br>② まもなく プラットホームに 列車が 入ります。 | 州 [川3] シュウ, す | ① アジア州は 六大州の 内で 一番 大きい。<br>② 三角州は デルタとも 言います。 |
| 向 [口3] コウ, む | ① 風の 方向が かわった。<br>② 山の 向こうは 隣り村です。<br>③ 呼ばれたので 後ろを ふり向いた。 | 式 [弋3] シキ | ① 形式より 内容を 重くみる。<br>② 校長先生が 卒業式で 式辞を のべられた。 |
| 安 [宀3] アン, やす | ① 全員無事と 聞いて 安心した。<br>② 安易な 考えでは 成功できない。<br>③ 品物を 法外の 安値で 売る。 | 曲 [曰2] キョク, ま | ① 動物園で パンダの 曲芸を 見た。<br>② 曲がり角に ポストが あります。<br>③ 曲げて ご出席ください。 |
| 守 [宀3] シュ, ス, まも, も | ① 一人で 留守番を しました。<br>② 神社で 守り札を 買った。<br>③ 母が 子守歌を 歌っている。 | 有 [月2] ユウ, ウ, あ | ① ここは 父の 所有地です。<br>② 品物の 有無を 細かく しらべる。<br>③ あそこに ビルが 有ります。 |

| | | | | | | | | | | |
|---|---|---|---|---|---|---|---|---|---|---|
| 列 | | | | | | | | | | 벌일 렬 |
| 向 | | | | | | | | | | 향할 향 |
| 安 | | | | | | | | | | 편안할 안 |
| 守 | | | | | | | | | | 지킬 수 |
| 州 | | | | | | | | | | 고을 주 |
| 式 | | | | | | | | | | 법 식 |
| 曲 | | | | | | | | | | 굽을 곡 |
| 有 | | | | | | | | | | 있을 유 |

| 漢字 | 例文 | 漢字 | 例文 |
|---|---|---|---|
| 次 〔欠2〕 ジ, シ, つぎ | ① 式場には 式の 次第が かいてある。<br>② 大阪は 東京に 次ぐ 大都会だ。<br>③ ぼくは 次の 駅で 降りる。 | 住 〔人5〕 ジュウ, す | ① 衣食住にも 困っている 人々が います。<br>② この 村に 住み付いて 十年になる。<br>③ ここは 人の 住める 島ではない。 |
| 死 〔歹2〕 シ, し | ① 人間の 生死に 係わる 問題。<br>② 二死 満塁で ホームランを うつ。<br>③ 父は 交通事故で 死んだ。 | 助 〔力5〕 ジョ, たす, すけ | ① 町の 助役さんの 話を きく。<br>② きみの お陰で 助かった。<br>③ 弟の あだ名は でこ助(坊)です。 |
| 羊 〔羊0〕 ヨウ, ひつじ | ① 羊頭を かかげて、犬の肉(狗肉)を 売っています。<br>② 子羊が 羊小屋の 中で ねている。 | 医 〔匚5〕 イ | ① この 病院は 医療設備が ととのって いる。<br>② 医学は 目覚しく 発達した。 |
| 血 〔血0〕 ケツ, ち | ① かれとは 血緑 関係に あります。<br>② 患者の 血圧を 計る。<br>③ 弟は 血だらけに なって 帰った。 | 君 〔口4〕 クン, きみ | ① 武士は 主君の ために 働いた。<br>② 中山君は いい心の 人だ。<br>③ 君たちの 幸せを いのる。 |

| | | | | | | | | | |
|---|---|---|---|---|---|---|---|---|---|
| 次 | | | | | | | | | 버금 차 |
| 死 | | | | | | | | | 죽을 사 |
| 羊 | | | | | | | | | 양 양 |
| 血 | | | | | | | | | 피 혈 |
| 住 | | | | | | | | | 살 주 |
| 助 | | | | | | | | | 도울 조 |
| 医 | | | | | | | | | 의원 의 醫 |
| 君 | | | | | | | | | 임금 군 |

| 漢字 | 例文 | 漢字 | 例文 |
|---|---|---|---|
| 坂 〔土4〕 ハン, さか | ① 男の人が 急坂を 上っている。<br>② 長い 坂道を のぼったから 疲れた。<br>③ 事業が 下り坂に なる。 | 返 〔辶4〕 ヘン, かえ | ① 問い合わせの 手紙に 返事を かく。<br>② かりた お金は 必ず 返す。<br>③ もとの 職業に 返る。 |
| 対 〔寸4〕 タイ, ツイ | ① 反対の 方向へ 帰る。<br>② 質問に 対する 回答が 出た。<br>③ 一対の 夫婦 茶わんを 買いました。 | 投 〔手4〕 トウ, な | ① 新聞の 読者らんに 投書する つもり です。<br>② 始めから 試合を 投げている。 |
| 局 〔尸4〕 キョク | ① 薬局の となりに 郵便局と 病院が あります。<br>② 時局に ついての 講演会。 | 決 〔水4〕 ケツ, き | ① 週末の 旅行は 雨でも 決行します。<br>② 仕事の 割りふりを 決きめる。<br>③ 社員を 頭から 決め付けた。 |
| 役 〔彳4〕 ヤク, エキ | ① 市役所へ 行くところです。<br>② 労働者を 使役して 道路を なおして います。 | 究 〔穴2〕 キュウ, きわ | ① 火事の 原因を 究明する。<br>② 問題を どこまでも 追究する。<br>③ 学問の 奥義を 究める。 |

| 坂 | | | | | | | | 고개 판 |
| --- | --- | --- | --- | --- | --- | --- | --- | --- |
| 対 | | | | | | | | 대할 대 對 |
| 局 | | | | | | | | 판 국 |
| 役 | | | | | | | | 부릴 역 |
| 返 | | | | | | | | 돌이킬 반 返 |
| 投 | | | | | | | | 던질 투 |
| 決 | | | | | | | | 정할 결 |
| 究 | | | | | | | | 궁구할 구 |

| 漢字 | 例文 | 漢字 | 例文 |
|---|---|---|---|
| 豆 [豆0] トウ, ズ, まめ | ① 豆腐は 大豆を 煮て つくります。<br>② 落花生の ことを なんきん豆とも 言います。 | 具 [八6] グ | ① 具体的に 説明して下さい。<br>② 文房具屋で 絵の具を 買いました。<br>③ そうじ道具を かたづける。 |
| 身 [身0] シン, み | ① 身体も 精神も 健康な 人。<br>② 身辺を 整理する。<br>③ 身銭を 切ってまで 買いたくは ない。 | 取 [又6] シュ, と | ① アフリカへ 雑誌の 取材に 行く。<br>② きのうの 取組は おもしろかった。<br>③ 小づつみを 受け取る。 |
| 事 [亅7] ジ, ズ, こと | ① 事件の 謎を やっと 解いた。<br>② 物好きな 人の ことを 好事家と いう。<br>③ お仕事は 何ですか。 | 受 [又6] ジュ, う | ① 兄は 受験勉強を しています。<br>② 電報を 受け取った。<br>③ 大雨で 損害を 受ける。 |
| 使 [人6] シ, つか | ① 新しい 大使が 着任した。<br>② 大切な 使命を はたす。<br>③ 与えられた 薬だけを 使う。 | 味 [口5] ミ, あじ | ① 漢字には 一字一字 意味が ある。<br>② 貧乏の 味を 知らない。<br>③ 人生の 苦しみを 味わった 人です。 |

| | | | | | | | |
|---|---|---|---|---|---|---|---|
| 豆 | | | | | | | 콩 두 |
| 身 | | | | | | | 몸 신 |
| 事 | | | | | | | 일 사 |
| 使 | | | | | | | 하여금 사 使 |
| 具 | | | | | | | 갖출 구 具 |
| 取 | | | | | | | 취할 취 |
| 受 | | | | | | | 받을 수 受 |
| 味 | | | | | | | 맛 미 |

| 漢字 | 例文 | 漢字 | 例文 |
|---|---|---|---|
| 命 [口5] メイ, ミョウ, いのち | ① 父の 命日に 墓参りを する。<br>② 寿命が 縮まる 思いを した。<br>③ 失言が 彼の 命取りと なった。 | 実 [宀5] ジツ, み, みの | ① 上辺より 実質が 大切だ。<br>② 木の 実や 草の 実を 集める。<br>③ はじめて みかんが 実った。 |
| 和 [口5] ワ, オ, やわ, なご | ① 和服を 美しく 着こなす。<br>② 美しい 音楽に 心が 和らぐ。<br>③ 会は 和やかな 雰囲気だった。 | 定 [宀5] テイ, ジョウ, さだ | ① 中の 温度を 一定に 保つ。<br>② 案の定、雨に なった。<br>③ 国会で 法律を 定める。 |
| 委 [女5] イ | ① 委細は 面談の上 決めます。<br>② 欠席する 人は 委任状を 出して 下さい。<br>③ その 商品の 販売を 委託する。 | 岸 [山5] ガン, きし | ① 父と 海岸を さんぽした。<br>② 岸辺に うちよせる 波の 音が たかい です。 |
| 始 [女5] シ, はじ | ① 火の 始末は きちんと しよう。<br>② 年始まわりを する 行列。<br>③ 始めから 気が 進まない。 | 幸 [干5] コウ, さいわ, さち, しあわ | ① 幸い、それで 間に 合った。<br>② 人間は 海幸に めぐまれている。<br>③ 彼女は 不幸せな 一生を 送った。 |

| 命 | | | | | | | | | 목숨 명 |
|---|---|---|---|---|---|---|---|---|---|
| 和 | | | | | | | | | 화합할 화 |
| 委 | | | | | | | | | 맡길 위 |
| 始 | | | | | | | | | 비로소 시 |
| 実 | | | | | | | | | 열매 실 實 |
| 定 | | | | | | | | | 정할 정 |
| 岸 | | | | | | | | | 언덕 안 |
| 幸 | | | | | | | | | 다행 행 |

| 漢字 | 例文 | 漢字 | 例文 |
|---|---|---|---|
| 苦 [艹5] ク, くる, にが | ① 世の中の 苦労を 味わう。<br>② 収入が 少なくて 生活が 苦しい。<br>③ 歌を うたうのは 苦手です。 | 服 [月4] フク | ① 和服の よく 似合う 人。<br>② その 決定には 承服できない。<br>③ 薬を 一服、服用した。 |
| 所 [戸4] ショ, ところ | ① 申しこみ書に 氏名と 住所を 書いて ください。<br>② 君の 所に 遊びに 行くよ。 | 板 [木4] ハン, バン, いた | ① 男の人が 重い 鉄板を はこんでいる。<br>② 強い風のため、店の 看板が 壊れた。<br>③ まな板の 上で 野菜を 刻む。 |
| 放 [攵4] ホウ, はな | ① 金閣寺は 放火で やけてしまった。<br>② 的を 狙って 矢を 放つ。<br>③ 綱から 放れた 馬の子だ。 | 泳 [水5] エイ, およ | ① 泳法には 平泳ぎ・背泳ぎ・バタフライ・クロールなどが ある。<br>② こいのぼりが 五月の空に 泳ぐ。 |
| 昔 [日4] セキ, シャク, むかし | ① 昔日のおもかげはどこにもなかった。<br>② 今昔の 感に 堪えない。<br>③ もう 今は 昔話に なってしまった。 | 注 [水5] チュウ, そそ, さ | ① 病院で 注射を 打ってもらう。<br>② この 川は 日本海に 注ぐ。<br>③ 妹が 紅を 注す。 |

| | | | | | | | |
|---|---|---|---|---|---|---|---|
| 苦 | | | | | | | 괴로울 고 |
| 所 | | | | | | | 바 소 |
| 放 | | | | | | | 놓을 방 |
| 昔 | | | | | | | 옛 석 |
| 服 | | | | | | 服 | 옷 복 |
| 板 | | | | | | | 널 판 |
| 泳 | | | | | | | 헤엄칠 영 |
| 注 | | | | | | | 물댈 주 |

| 漢字 | 例文 | 漢字 | 例文 |
|---|---|---|---|
| 波 [水5] ハ、なみ | ① 送信所から 各地に 電波を おくる。<br>② 台風の 余波で 波が 高くなりました。<br>③ 波打ちぎわで あそんでいる。 | 育 [肉4] イク、そだ | ① 雨つづきで 稲の 発育が 悪い。<br>② すぐれた 選手を 育成する。<br>③ 弟は 拾った 子猫を 育てている。 |
| 油 [水5] ユ、あぶら | ① 油送船が 港へ 入ってくる。<br>② 石油ランプに 使う 油は、原油から とる 灯油です。 | 表 [衣2] ヒョウ、おもて、あらわ | ① 気温の 変化を 図表で 表す。<br>② 研究の 結果を 発表する。<br>③ 天気のよい 日は 表で 遊ぶ。 |
| 物 [牛4] ブツ、モツ、もの | ① 毎年物価が 高くなる。<br>② 食物の 好き嫌いを なくす。<br>③ 父は 物の 分った 人だ。 | 乗 [ノ8] ジョウ、の | ① 目的地まで 乗車券を 買った。<br>② 馬に 乗って 山を 下る。<br>③ 音楽を 電波に 乗せる。 |
| 者 [耂4] シャ、もの | ① まず 前者について 話しましょう。<br>② 村一番の 長者に なった。<br>③ 父は 働き者です。 | 係 [人7] ケイ、かか、かかり | ① 気候の 関係で 不作だった。<br>② それは 首に 係わる 問題だ。<br>③ 私は 図書の 係を しています。 |

| | | | | | | | | |
|---|---|---|---|---|---|---|---|---|
| 波 | | | | | | | | 물결 파 |
| 油 | | | | | | | | 기름 유 |
| 物 | | | | | | | | 물건 물 |
| 者 | | | | | | | | 놈 자 者 |
| 育 | | | | | | | | 기를 육 |
| 表 | | | | | | | | 거죽 표 |
| 乗 | | | | | | | | 탈 승 乗 |
| 係 | | | | | | | | 걸릴 계 |

| 漢字 | 例文 | 漢字 | 例文 |
|---|---|---|---|
| 品 [口6] ヒン, しな | ① 野菜の 品評会が 開かれる。<br>② その 商品は 品切れです。<br>③ 上品な ことばで 話す。 | 待 [彳6] タイ, ま | ① 友人を 食事に 招待する。<br>② 接待役を 引き受ける。<br>③ 夏休みが 待ちどおしい。 |
| 客 [宀6] キャク, カク | ① 満員で 客止めに なった。<br>② 乗客の 安全を 第一に 考える。<br>③ 社長さんは 出張先で 客死した。 | 送 [辶6] ソウ, おく | ① 土曜日に 放送局へ 見学に 行きます。<br>② 田舎から かきを 送ってきた。<br>③ 駅まで 父を 見送った。 |
| 屋 [尸6] オク, や | ① 台風で 家屋が 倒れた。<br>② ぼくの うちは 八百屋です。<br>③ 犯人は 屋根伝いに 逃げる。 | 追 [辶6] ツイ, お | ① アルバムを 見て、幼いころの 追憶に ふける。<br>② 鹿を 追って 山に 入った。 |
| 度 [广6] ド, ト, タク, たび | ① 度肝を 抜くような 離れ技。<br>② 母は 食事の 支度を しています。<br>③ 見る 度に 思い出される。 | 急 [心5] キュウ, いそ | ① 急な 坂道を 掛けのぼる。<br>② 送られた 食糧で 急場を しのぐ。<br>③ 勝ちを 急いで 失敗する。 |

| | | | | | | | | |
|---|---|---|---|---|---|---|---|---|
| 品 | | | | | | | | 물건 품 |
| 客 | | | | | | | | 손님 객 |
| 屋 | | | | | | | | 집 옥 |
| 度 | | | | | | | | 법도 도 |
| 待 | | | | | | | | 기다릴 대 |
| 送 | | | | | | | | 보낼 송 送 |
| 追 | | | | | | | | 쫓을 추 追 |
| 急 | | | | | | | | 급할 급 急 |

| 漢字 | 例文 | 漢字 | 例文 |
|---|---|---|---|
| 指 〔手6〕 シ, ゆびさ(す) | ① オーケストラの 指揮を する。<br>② 指の先に とげが ささった。<br>③ 図を 指し示しながら 説明する。 | 柱 〔木5〕 チュウ, はしら | ① 電柱に せみが とまっている。<br>② 門柱に 表札を かける。<br>③ 杖とも 柱とも たのむ 人。 |
| 持 〔手6〕 ジ, も(つ) | ① 集まった 人の 所持品を しらべる。<br>② 昼の おべんとうを 持っていく。<br>③ 彼は 村一番の 金持ちだ。 | 洋 〔水6〕 ヨウ | ① 洋間に 油絵を かざりました。<br>② ヨットで 太平洋を 横断する。<br>③ 丘の上に 洋館が 一軒 あります。 |
| 拾 〔手6〕 シュウ, ジュウ, ひろ(う) | ① 交番へ 拾得物を とどける。<br>② その 子は 一を 聞いて 拾を 知る。<br>③ 道ばたで 万年筆を 拾った。 | 炭 〔火5〕 タン, すみ | ① 木炭を 使う家が ほとんど なくなりました。<br>② 炭やきの けむりが 見える。 |
| 昭 〔日5〕 ショウ | ① 昭和 六十四年は 一月 八日から 平成 元年になった。<br>② 昭和一年は 西暦一九二六年だ。 | 界 〔田4〕 カイ | ① 世界の 平和を いのる。<br>② 神さまが 天上から 下界を 見おろす。<br>③ 森を ぬけると 視界が 開けた。 |

| | | | | | | | | | |
|---|---|---|---|---|---|---|---|---|---|
| 指 | | | | | | | | | 가리킬지·손가락지 |
| 持 | | | | | | | | | 가질 지 |
| 拾 | | | | | | | | | 주울습·열십 |
| 昭 | | | | | | | | | 밝힐 소 |
| 柱 | | | | | | | | | 기둥 주 |
| 洋 | | | | | | | | | 큰바다 양 |
| 炭 | | | | | | | | | 숯 탄 |
| 界 | | | | | | | | | 경계선 계 |

| 畑〔田4〕はた,はたけ | ① 耕耘機（こううんき）で 田畑（たはた）を 耕（たがや）す。<br>② 丘（おか）の 上の 花畑（はなばたけ）には いろいろな 花 が 咲（さ）いている。 | 研〔石4〕ケン,と | ① 癌予防（がんよぼう）の 研究（けんきゅう）を 続（つづ）けている。<br>② 研修生（けんしゅうせい）のための パーティーです。<br>③ 砥石（といし）で 小刀（こがたな）を 研（と）ぐ。 |
|---|---|---|---|
| 発〔癶4〕ハツ,ホツ | ① 新（あたら）しい 方法（ほうほう）を 発明（はつめい）した。<br>② 山国（やまぐに）なのに 交通（こうつう）が 発達（はったつ）している。<br>③ ぜんそくの 発作（ほっさ）が おこった。 | 神〔示5〕シン,ジン,かみ,かん,こう | ① スポーツで 健全（けんぜん）な 精神（せいしん）を やしなう。<br>② 合格（ごうかく）を 神（かみ）に いのる。<br>③ 神々（こうごう）しい 神社（じんじゃ）の 境内（けいだい）。 |
| 県〔目4〕ケン | ① 県（けん）の 野球大会（やきゅうたいかい）で 優勝（ゆうしょう）した。<br>② 県道（けんどう）を トラックが 走（はし）っている。<br>③ 兄（あに）は 県立高校（けんりつこうこう）に 入学（にゅうがく）しました。 | 秒〔禾4〕ビョウ | ① ロケット 発射十秒（はっしゃじっぴょう） 前（まえ）、いよいよ 秒読（びょうよ）みが 始（はじ）まる。<br>② 時計（とけい）の 秒針（びょうしん）がこわれた。 |
| 相〔目4〕ソウ,ショウ,あい | ① あるお母（かあ）さんに 手相（てそう）を 見てもらった。<br>② 首相（しゅしょう）に 指名（しめい）される。<br>③ 時間（じかん）に 遅（おく）れて 相（あい）すみません。 | 級〔糸3〕キュウ | ① 午後から 学級会（がっきゅうかい）が 開（ひら）かれます。<br>② 級友（きゅうゆう）と ハイキングに 行く。<br>③ 彼は 選挙（せんきょ）で 級長（きゅうちょう）に 選（えら）ばれた。 |

| 畑 | | | | | | | | 밭 전 |
|---|---|---|---|---|---|---|---|---|
| 発 | | | | | | | | 발할 발 發 |
| 県 | | | | | | | | 고을 현 縣 |
| 相 | | | | | | | | 서로 상 |
| 研 | | | | | | | | 갈 연 研 |
| 神 | | | | | | | | 신 신 神 |
| 秒 | | | | | | | | 초 초 |
| 級 | | | | | | | | 차례 급 |

| 漢字 | 例文 | 漢字 | 例文 |
|---|---|---|---|
| 美 [羊3] ビ, うつく | ① 彼の 美点は 正直なことです。<br>② 現実を 美化して 考える。<br>③ くじゃくの 羽は 美しい。 | 倍 [人8] バイ | ① この けんびきょうの 倍率は 四百倍です。<br>② 八は 二 または 四の 倍数です。 |
| 負 [貝2] フ, ま, お | ① 勝負が 決まったとき、勝った人も 負けた人も 泣いた。<br>② 赤ん坊を 負っている 女が 見える。 | 勉 [力8] ベン | ① 私は 毎朝、一時間ずつ 英語の 勉強を しています。<br>② 勤勉は 成功の 母とも 言う。 |
| 重 [里2] ジュウ, チョウ, え, おも, かさ | ① 母は 体重が ぐんぐん ふえる。<br>② 八重ざくらが 美しく 咲いている。<br>③ 重ねて おわびします。 | 員 [口7] イン | ① この エレベーターは 定員八名です。<br>② 出発前に 人員を かぞえる。<br>③ ここの 店員は 親切です。 |
| 面 [面0] メン, おも, おもて, つら | ① 私の 部屋の 窓は 南に 面している。<br>② 悲しそうな 面もちの 女が 立っている。<br>③ 泣きっ面に 蜂。 | 宮 [宀7] キュウ, グウ, ク, みや | ① 森の 中に 王宮が あります。<br>② 明治神宮に お参り する。<br>③ お宮の 森に 狸が 住んでいる。 |

| | | | | | | | |
|---|---|---|---|---|---|---|---|
| 美 | | | | | | | 아름다울 미 |
| 負 | | | | | | | 질 부 |
| 重 | | | | | | | 무거울 중 |
| 面 | | | | | | | 낯 면 |
| 倍 | | | | | | | 배 배 |
| 勉 | | | | | | | 힘쓸 면 |
| 員 | | | | | | | 관 원 원 |
| 宮 | | | | | | | 집 궁·궁궐 궁 |

| 漢字 | 例文 | 漢字 | 例文 |
|---|---|---|---|
| 島 [山7] トウ, しま | ① 私の会った島民はみんな親切だった。<br>② 昔には 罪人を 島流しに した。<br>③ 日本は 島国です。 | 速 [辶7] ソク, はや, すみ | ① 急用なので 速達で だした。<br>② ジェット機は 物すごい 速さで とぶ。<br>③ 速やかに 決断を 下す。 |
| 庫 [广7] コ, ク | ① 工場の 倉庫が 並んでいます。<br>② 行員が 金庫に お金を 入れる。<br>③ 庫裏の方から いいにおいが する。 | 院 [阝7] イン | ① 京都には 古い 寺院が 多い。<br>② 父は この 病院の 院長です。<br>③ 1086年から 院政が 始まった。 |
| 庭 [广7] テイ, にわ | ① 校庭で 子供たちが 走っている。<br>② みんな 元気で 明るい 家庭です。<br>③ いくさの 庭に たおれる。 | 息 [心6] ソク, いき, むす | ① 彼からは 長い間 消息が なかった。<br>② 父は手紙を 読んで ため息を 吐いた。<br>③ 彼女は 良い 息子を 持つ。 |
| 荷 [艹7] カ, に | ① 野菜を 市場へ 出荷する。<br>② 男の人が 大きな 荷物を 担いで歩く。<br>③ こんどの 役は 重荷だ。 | 旅 [方6] リョ, たび | ① 兄は アルバイトを して 旅費を ためて います。<br>② 四十日に わたる 船旅を 終えた。 |

| | | | | | | | 섬 도 |
|---|---|---|---|---|---|---|---|
| 島 | | | | | | | |
| 庫 | | | | | | | 창고 고 |
| 庭 | | | | | | | 뜰 정 庭 |
| 荷 | | | | | | | 짐 하 |
| 速 | | | | | | | 빠를 속 速 |
| 院 | | | | | | | 집 원 |
| 息 | | | | | | | 숨쉴 식 |
| 旅 | | | | | | | 나그네 려 旅 |

| 漢字 | 例文 | 漢字 | 例文 |
|---|---|---|---|
| 根<br>[木 6]<br>コン, ね | ① 彼は 見かけは やさしいが 根性の ある 人です。<br>② 根も 葉もない 話だった。 | 真<br>[目 5]<br>シン, ま | ① 事件の 真相を 探って 見よう。<br>② 太陽が 真東から のぼる。<br>③ 顔色が 真っ赤に なってしまった。 |
| 消<br>[水 7]<br>ショウ, き, け | ① お金を 無駄に 消費しては いけない。<br>② 計画は 立ち消えに なった。<br>③ 落書きを 消しゴムで 消す。 | 起<br>[走 3]<br>キ, お | ① 東京を 起点にして 西へ 進む。<br>② 兄は 早起きを して 勉強する。<br>③ 工場で 大型の 事故が 起こった。 |
| 流<br>[水 7]<br>リュウ, ル, なが | ① そのデザイナーは 流行の服を 作る。<br>② 流転の 一生を 送る。<br>③ 平野の 真ん中を 川が 流れる。 | 酒<br>[酉 3]<br>シュ, さけ, さか | ① 梅の実で 梅酒を つくる。<br>② 島の 人たちは お酒が すきだ。<br>③ としお 君の 家は 酒屋です。 |
| 病<br>[疒 5]<br>ビョウ, ヘイ, や, やまい | ① 彼は 今日 疾病のため 欠勤した。<br>② 本を なくした 事を 気に 病む。<br>③ 不治の 病に 冒された。 | 配<br>[酉 3]<br>ハイ, くば | ① フロントで ホテルの 支配人に 会う。<br>② 心配は 体の 毒だ。<br>③ 怪我を しないように 心を 配る。 |

| | | | | | | | | |
|---|---|---|---|---|---|---|---|---|
| 根 | | | | | | | | 뿌리 근 |
| 消 | | | | | | | | 사라질 소 消 |
| 流 | | | | | | | | 흐를 류 |
| 病 | | | | | | | | 병앓을 병 |
| 真 | | | | | | | | 참 진 眞 |
| 起 | | | | | | | | 일어날 기 起 |
| 酒 | | | | | | | | 술 주 |
| 配 | | | | | | | | 짝지을 배 |

| 漢字 | 例文 | 漢字 | 例文 |
|---|---|---|---|
| 動 [力9] ドウ, うご | ① おかしな 音が すると 動物たちが 一斉に 動き出しました。<br>② 目玉を ぎょろぎょろ 動かす。 | 帳 [巾8] チョウ | ① 心に 残っている 言葉を 手帳に 書きとめておく。<br>② お金の 出し入れを 台帳に 書き込む。 |
| 商 [口8] ショウ, あきな | ① この町は 商工業が 盛んである。<br>② わたしの 家では 日用品を 商っています。 | 進 [辶8] シン, すす | ① 進物用に リボンを かける。<br>② 名前を 呼ばれたので 一歩 前へ 進み出た。 |
| 問 [口8] モン, と, とん | ① 友人の 家を 訪問する。<br>② 問いつめられて 本当の 事を 言う。<br>③ 問屋から きれを 安く 買った。 | 都 [阝8] ト, ツ, みやこ | ① 都会の 生活に やっと なれた。<br>② どうしても 金が 都合できない。<br>③ 生活難で 都落ちを する。 |
| 宿 [宀8] シュク, やど | ① 兄は 東京で 下宿しています。<br>② 正直の 頭に 神宿る。<br>③ 木の 下で 雨宿りを しました。 | 部 [阝8] ブ, へ | ① 手紙の 一部分が 雨で 汚れて 読めない。<br>② 私の 部屋は 二階に あります。 |

| 動 | | | | | | | 움직일 동 |
| 商 | | | | | | | 장사 상 |
| 問 | | | | | | | 물을 문 |
| 宿 | | | | | | | 묵을 숙 |
| 帳 | | | | | | | 장막 장 |
| 進 | | | | | | | 나아갈 진 進 |
| 都 | | | | | | | 도움도·고을도 都 |
| 部 | | | | | | | 분류 부 |

| 漢字 | 例文 | 漢字 | 例文 |
|---|---|---|---|
| 悪 [心7] アク, オ, わる | ① 悪事 千里を 走る。<br>② 風のため、悪寒が する。<br>③ 今度は わたしが 悪かったのです。 | 祭 [示6] セイ, まつ | ① 氏神さまの 祭日には 多くの やたいが ならぶ。<br>② 雪祭りで 町は 賑わう。 |
| 族 [方7] ゾク | ① 日曜日には 家族そろって 遊びに 行く。<br>② 種族の はんえいを いのる。<br>③ 水族館を 見学する。 | 章 [立6] ショウ | ① 文化の 発展に 力を 尽した人に 文化勲章が 贈られる。<br>② 分りやすい 文章を 書く。 |
| 深 [水8] シン, ふか | ① 警官が 深夜の 町を みまわる。<br>② 秋も 深まった ある日、草深い 田舎を 訪れる。 | 第 [竹5] ダイ | ① 第三者の 意見を 重視する。<br>② 兄は 大学の 入学試験に 落第した。<br>③ かべ新聞の 第一号が 出た。 |
| 球 [玉7] キュウ, たま | ① テニスの ことを 庭球とも いう。<br>② クラス 同士で 野球の 試合を した。<br>③ お手洗いの 電気の 球が 切れた。 | 笛 [竹5] テキ, ふえ | ① 遠くから 汽車が 汽笛を 鳴した。<br>② 草笛で 遊んだころを 思い出す。<br>③ 口笛を 吹きながら 歩く。 |

| | | | | | | | |
|---|---|---|---|---|---|---|---|
| 悪 | | | | | | | 惡 나쁠악·모질악 |
| 族 | | | | | | | 겨레 족 |
| 深 | | | | | | | 깊을 심 |
| 球 | | | | | | | 구슬 구 |
| 祭 | | | | | | | 제사 제 |
| 章 | | | | | | | 문채창·글장 |
| 第 | | | | | | | 사례 제 |
| 笛 | | | | | | | 피리 적 |

| 漢字 | 例文 | 漢字 | 例文 |
|---|---|---|---|
| 終 [糸5] シュウ, お | ① 終電車に やっと 間に 合った。<br>② 長い 冬も ようやく 終わった。<br>③ おじいさんはこの地で一生を終えた。 | 寒 [宀9] カン, さむ | ① 海辺の 寒村に 生まれた。<br>② きょうは 寒の 入りです。<br>③ 春といっても 朝は まだ 寒い。 |
| 習 [羽5] シュウ, なら | ① もずは 取らえた えさを 木に 突き刺ししておく 習性が ある。<br>② 六歳から 習字を 習っている。 | 葉 [艹9] ヨウ, は | ① 履歴書と 写真の 三葉を 送ります。<br>② 葉末に 露が 光っている。<br>③ わか葉の 色が 美しい。 |
| 転 [車4] テン, ころ | ① 車が 崖から 転落した。<br>② 玉を 転がすような 声で 歌う。<br>③ 雪の 道で 転んで 怪我を した。 | 落 [艹9] ラク, お | ① 新しい ビルが 落成した。<br>② 村落の 成り立ちを 調べる。<br>③ 落ち葉を かき集めて たき火を する。 |
| 勝 [力10] ショウ, か, まさ | ① 必勝の 信念を もって 戦いました。<br>② わがチームが 野球の 試合で 勝った。<br>③ これに 勝る 楽しみは ない。 | 運 [辶9] ウン, はこ | ① 四月から 鉄道の 運賃が 上がる。<br>② 何ごとも 運命だと 諦めてはいけない。<br>③ ありが 餌を 運んでいる。 |

| 終 | | | | | | | 마칠 종<br>終 |
| --- | --- | --- | --- | --- | --- | --- | --- |
| 習 | | | | | | | 익힐 습<br>習 |
| 転 | | | | | | | 구를 전<br>轉 |
| 勝 | | | | | | | 이길 승<br>勝 |
| 寒 | | | | | | | 찰 한<br>寒 |
| 葉 | | | | | | | 잎 엽<br>葉 |
| 落 | | | | | | | 떨어질 락<br>落 |
| 運 | | | | | | | 나를 운<br>運 |

| 漢字 | 例文 | 漢字 | 例文 |
|---|---|---|---|
| 遊 [辶 9] ユウ, ユ, あそ | ① 遊園地は 人で いっぱいだ。<br>② 物見遊山。<br>③ あの人は 若い時に 随分 遊んだ。 | 暑 [日 8] ショ, あつ | ① 先生に 暑中見舞の 葉書を 書いた。<br>② 南国の 夏は 暑さが 厳しい。<br>③ むし暑い 夜は 寝苦しい。 |
| 階 [阝 9] カイ | ① 私の へやは あの 建物の 三階だ。<br>② 一年毎に 階級が 上がる。<br>③ 地階は 食料品 売り場です。 | 期 [月 8] キ, ゴ | ① 小鳥が 卵を 産む 時期だ。<br>② 期せずして 二人の 意見が 合った。<br>③ 彼は 今病気で 長期欠席している。 |
| 陽 [阝 9] ヨウ | ① 彼女は 陽気な 人です。<br>② ガラスごしに 冬の 太陽の 光を あびています。 | 植 [木 8] ショク, う | ① 温室には めずらしい 植物が いっぱいある。<br>② 田植えの 手伝いに 行く。 |
| 悲 [心 8] ヒ, かな | ① ほとけの 慈悲に すがる。<br>② 父に 死なれて 悲しい。<br>③ 事故で 死んだ 友の 死を 悲しむ。 | 温 [水 9] オン, あたた | ① 体温計で 患者の 熱を 計った。<br>② ここは 温和な 気候の 土地だ。<br>③ 温かい ごはんが 食べたい。 |

| | | | | | | | | |
|---|---|---|---|---|---|---|---|---|
| 遊 | | | | | | | | 놀 유<br>遊 |
| 階 | | | | | | | | 섬돌계·계단계 |
| 陽 | | | | | | | | 양 기 양 |
| 悲 | | | | | | | | 슬퍼할 비 |
| 暑 | | | | | | | | 더울 서<br>暑 |
| 期 | | | | | | | | 기약할 기 |
| 植 | | | | | | | | 심을 식 |
| 温 | | | | | | | | 따뜻할 온<br>温 |

| 漢字 | 例文 | 漢字 | 例文 |
|---|---|---|---|
| 湖 〔水9〕 コ, みずうみ | ① 滋賀県に ある びわ湖は 日本で 一番 大きな 湖です。<br>② 鏡のような 湖面を 月が 照す。 | 短 〔矢7〕 タン, みじか | ① 次の ことばを 使って 短文を 作りなさい。<br>② 彼女は 髪を 短く 切りました。 |
| 港 〔水9〕 コウ, みなと | ① 明朝、成田空港から 出発する。<br>② 港は たくさんの 船で 賑わっています。 | 童 〔立7〕 ドウ, わらべ | ① わたしは アンデルセンの 書いた 童話が 大好きです。<br>② 日本各地の 童歌を 集める。 |
| 湯 〔水9〕 トウ, ゆ | ① 熱湯を ひっくり返して 火傷した。<br>② お湯を 沸かして お茶を 飲もう。<br>③ 湯に 入って 体を 洗った。 | 等 〔竹6〕 トウ, ひと | ① 等身大の 人形を つくる。<br>② お菓子を 平等に 分けてくれました。<br>③ 半径の 等しい 円を 二つ 書いた。 |
| 登 〔癶7〕 トウ, ト, のぼ | ① エベレスト登頂に 成功した。<br>② 今年の 夏は 富士登山を する。<br>③ りすが 木の 天辺まで 登った。 | 筆 〔竹6〕 ヒツ, ふで | ① 正しい 筆順を 覚えてください。<br>② 文房具屋で 色鉛筆を 買った。<br>③ 弘法は 筆を 選ばず。 |

| | | | | | | |
|---|---|---|---|---|---|---|
| 湖 | | | | | | 호수 호 |
| 港 | | | | | 港 | 항구 항 |
| 湯 | | | | | | 끓일 탕 |
| 登 | | | | | | 오를 등 |
| 短 | | | | | | 짧을 단 |
| 童 | | | | | | 아이 동 |
| 等 | | | | | | 같을등·등급등 |
| 筆 | | | | | | 붓 필 |

| 漢字 | 例文 | 漢字 | 例文 |
|---|---|---|---|
| 着 [羊6] チャク, ジャク, き, つ | ① 飛行機が 着陸に 失敗した。<br>② 着物を 着て 帯を 締める。<br>③ 船が 港に 着きました。 | 飲 [食4] イン, の | ① 島の 人たちは 雨水を 飲料水にしています。<br>② 飲食店で ジュースを 飲んだ。 |
| 軽 [車5] ケイ, かる, かろ | ① 軽快な 音楽を 聞いている。<br>② 軽い 荷物は 小さい 子が 持つ。<br>③ 鳥は 大空を 軽やかに 飛ぶ。 | 歯 [歯0] シ, は | ① 赤ちゃんの 時に 生える 歯を 乳歯という。<br>② この 問題には 歯が 立たない。 |
| 開 [門4] カイ, ひら, あ | ① 試合開始まで あと 五分です。<br>② 朝 七時に 校門が 開きます。<br>③ その店は 午前 八時に 開きます。 | 意 [心9] イ | ① 意外な できごとが 起りました。<br>② 言葉の 意味を 考えて 読む。<br>③ 学生の 意向も 聞いてから 決めよう。 |
| 集 [隹4] シュウ, あつ, つど | ① 夏休みに 昆虫を 採集した。<br>② 砂糖に ありが たくさん 集まった。<br>③ 歌と お話の 集いを 催す。 | 感 [心9] カン | ① 感じたことを ありのままに 書くのが 感想文です。<br>② 寒くて 指先の 感覚が なくなった。 |

| | | | | | | | |
|---|---|---|---|---|---|---|---|
| 着 | | | | | | | 입을 착 |
| 軽 | | | | | | | 가벼울 경 / 輕 |
| 開 | | | | | | | 열개·필개 |
| 集 | | | | | | | 모집 집 |
| 飲 | | | | | | | 마실 음 / 飮 |
| 歯 | | | | | | | 이치·니이치 / 齒 |
| 意 | | | | | | | 뜻 의 |
| 感 | | | | | | | 느낄 감 |

| 漢字 | 例文 | 漢字 | 例文 |
|---|---|---|---|
| 想 〔心 9〕 ソウ, ソ | ① かっぱは 想像上の 動物だ。<br>② 選挙の 結果は 予想した 通りだった。<br>③ 彼女は 愛想の よい 人です。 | 福 〔示 9〕 フク | ① 福引の 一等に 当った。<br>② スウェーデンは 福祉がすすんだ 国です。<br>③ すずらんの 花は 幸福の 印と いう。 |
| 暗 〔日 9〕 アン, くら | ① この 問題の 答えは 暗算で 出した。<br>② 大統領が 暗殺された。<br>③ 暗やみに 猫の 目が 光っている。 | 詩 〔言 6〕 シ | ① 漢詩に 節を 付けて 歌うことを 詩吟という。<br>② 北原白秋は 名高い 詩人です。 |
| 業 〔木 9〕 ギョウ, ゴウ, わざ | ① 弟は 今年、小学校を 卒業した。<br>② 兄さんは 自業自得と 諦める。<br>③ これは 神業としか 思えない。 | 路 〔足 6〕 ロ, じ | ① 両親に 死なれて 一家は 路頭に 迷いました。<br>② 家路を 急ぐ。 |
| 漢 〔水 10〕 カン | ① かたかなは 漢字の 一部分を 取って 作られた 文字です。<br>② 夜道で 暴漢に おそわれた。 | 農 〔辰 6〕 ノウ | ① 農薬のため、どじょうや ほたるが いなくなってしまった。<br>② 父は 農場を 見てまわる。 |

| | | | | | | | |
|---|---|---|---|---|---|---|---|
| 想 | | | | | | | 생각할 상 |
| 暗 | | | | | | | 어두울 암 |
| 業 | | | | | | | 업 업 |
| 漢 | | | | | | | 한나라 한 漢 |
| 福 | | | | | | | 복 복 福 |
| 詩 | | | | | | | 글 시 |
| 路 | | | | | | | 길 로 |
| 農 | | | | | | | 농사 농 |

| 漢字 | 例文 | 漢字 | 例文 |
|---|---|---|---|
| 鉄 〔金 5〕 テツ | ① 強い 地震で、鉄骨で 組んだ 家が 倒れた。<br>② 長い 鉄橋を 列車が 通る。 | 銀 〔金 6〕 ギン | ① きこりは 銀の おのを 池に 落した。<br>② 古い 銅貨や 銀貨を 集める。<br>③ 当り 一面の 銀世界です。 |
| 様 〔木 10〕 ヨウ, さま | ① 前と 同様に 行ってください。<br>② 外国は 生活の 様式が 違います。<br>③ ご家族の 皆様 お元気ですか。 | 駅 〔馬 4〕 エキ | ① 父を 駅まで むかえに 行った。<br>② 候補者は 駅頭で 演説を していた。<br>③ タレントが 一日駅長に なる。 |
| 緑 〔糸 8〕 リョク, ロク, みどり | ① 都会には 緑地が 少ない。<br>② 銅が さびた 緑青には 毒が ある。<br>③ ようやく 緑したたる 五月だ。 | 鼻 〔鼻 0〕 ビ, はな | ① 耳が 痛くて 病院の 耳鼻科へ 行きました。<br>② 仕事を しながら 鼻歌を 歌う。 |
| 練 〔糸 8〕 レン, ね | ① 父は 老練な パイロットです。<br>② 洗練された 文章を 書く。<br>③ 粉を 練って 団子を つくる。 | 横 〔木 11〕 オウ, よこ | ① 昔、都に 盗賊が 横行した。<br>② 母の 横顔を 書いた。<br>③ 話が 横道に それる。 |

| | | | | | | | |
|---|---|---|---|---|---|---|---|
| 鉄 | | | | | | | 쇠철 鐵 |
| 様 | | | | | | | 모양양 樣 |
| 緑 | | | | | | | 초록빛록 綠 |
| 練 | | | | | | | 익힐련 練 |
| 銀 | | | | | | | 은은 銀 |
| 駅 | | | | | | | 역말역 驛 |
| 鼻 | | | | | | | 코비 鼻 |
| 横 | | | | | | | 가로횡 橫 |

| 漢字 | 例文 | 漢字 | 例文 |
|---|---|---|---|
| 箱 [竹9] はこ | ① 救急箱には いろいろな 薬が 入って いる。<br>② おすしを 折り箱に つめる。 | 整 [攵12] セイ, ととの | ① 引き出しの 中を 整理する。<br>② 兄が ステレオの 音を 調整した。<br>③ 出発の 準備が 整う。 |
| 談 [言8] ダン | ① みんなで 相談して やぎを 買うこと にした。<br>② 食事しながら 談合する。 | 橋 [木12] キョウ, はし | ① 電車は 鉄橋に 差掛かった。<br>② 丸木橋を こわごわ 渡っている。<br>③ 石橋を 叩いて 渡る。 |
| 調 [言8] チョウ, しら, ととの | ① 先生は やさしい 口調で 話す。<br>② ここまで 下調べを してきて下さい。<br>③ 姉さんの 嫁入り道具が 調う。 | 館 [食8] カン | ① 映画館の 前に 開館を 待つ人が おおぜい 並んでいる。<br>② 大きな 旅館に 泊まりました。 |
| 薬 [艹13] ヤク, くすり | ① 山へ 薬草を 取りに 行く。<br>② かどの 薬局で 道を 聞いた。<br>③ 苦労したことが いい薬に なった。 | 題 [頁9] ダイ | ① 珍しい 話題を 探す。<br>② 今から 難しい 問題が たくさんある。<br>③ 弟の 夏休みの 宿題を 終らせた。 |

| | | | | | | | | |
|---|---|---|---|---|---|---|---|---|
| 箱 | | | | | | | | 상자 상 |
| 談 | | | | | | | | 말할 담 |
| 調 | | | | | | | | 고를 조 **調** |
| 薬 | | | | | | | | 약 약 **藥** |
| 整 | | | | | | | | 가지런할 정 |
| 橋 | | | | | | | | 다리 교 |
| 館 | | | | | | | | 집 관 **館** |
| 題 | | | | | | | | 표제 제 |

| 漢字 | 例文 | 漢字 | 例文 |
|---|---|---|---|
| 士 [士0] シ | ① 江戸時代には 士農工商の 身分の区別が あった。<br>② 刀は 武士の 魂です。 | 氏 [氏0] シ, うじ | ① 住所・氏名・年齢を はっきり 書いて下さい。<br>② 明日は 氏神さまの お祭りです。 |
| 不 [一3] フ, ブ | ① ここは 交通が 不便な 所です。<br>② この道を 一人で 行くのは 不安だ。<br>③ ずいぶん 不用心に 見える。 | 以 [人3] イ | ① 小学生 以外の 入場は おことわりします。<br>② 以前 そんなことが あった。 |
| 夫 [大1] フ, フウ, おっと | ① キューリー夫人は 夫と 力を 合わせて 化学の 研究を した。<br>② 水が 漏らないように 工夫する。 | 付 [人3] フ, つ(け) | ① 駅の 付近には 商店が たくさんある。<br>② 病院の 受付の 係に なった。<br>③ 目を 近付けて よく 見ました。 |
| 欠 [欠0] ケツ, か | ① かぜで 欠席する人が 急に ふえる。<br>② あの子は 親の一人が 欠けています。<br>③ コップを 落として 欠いてしまった。 | 令 [人3] レイ | ① 兵隊は 上官の命令に 従わなければならない。<br>② 令嬢を 駅まで お送りした。 |

| | | | | | | |
|---|---|---|---|---|---|---|
| 士 | | | | | | 선비 사 |
| 不 | | | | | | 아닐 불 |
| 夫 | | | | | | 사내부·남편부 |
| 欠 | | | | | | 이지러질 결<br>缺 |
| 氏 | | | | | | 씨 씨 |
| 以 | | | | | | 써 이 |
| 付 | | | | | | 줄 부·붙을 부 |
| 令 | | | | | | 명령 령 |

| 漢字 | 例文 | 漢字 | 例文 |
|---|---|---|---|
| 加 [力3] カ,くわ | ① 原料を 加工して 製品に する。<br>② 列車は だんだん スピードが 加わる。<br>③ 汁に 塩を 加えて 味を 見ました。 | 史 [口2] シ | ① 人類の 月面到着は 史上最大の 出来ごとの 一つだ。<br>② 鎌倉には 史跡が 多い。 |
| 功 [力3] コウ,ク | ① 失敗は 成功の 元だ。<br>② 夫人の 内助の 功が 大きい。<br>③ 神さまが 万民に 功徳を 施した。 | 失 [大2] シツ,うしな | ① 反則をして 失格となる。<br>② どんなことが あっても 希望を 失ってはいけない。 |
| 包 [勹3] ホウ,つつ | ① 包容力のある 人に なりたい。<br>② 贈り物を きれいな 紙に 包もう。<br>③ 田舎から 小包が 届いた。 | 辺 [辶2] ヘン,あた,べ | ① この 辺は 雪崩のきけんが ある。<br>② この 辺りは 家が 少ない。<br>③ その子は 寄る辺なぎさの 捨て小船。 |
| 司 [口2] シ | ① 神社で 一番上の 位を 宮司という。<br>② 図書館で 本の 整理や 貸し出しを する 役目を 司書という。 | 必 [心1] ヒツ,かなら | ① 米は 生活の 必需品です。<br>② 大切な 試験なので必死に 勉強した。<br>③ 呼ばれたら 必ず 返事を して下さい。 |

加 — 더할가·늘릴가
功 — 공적 공
包 — 쌀 포　包
司 — 맡을사·벼슬사
史 — 사관 사　史
失 — 잃을 실
辺 — 가 변　邊
必 — 반드시 필

| 漢字 | 例文 | 漢字 | 例文 |
|---|---|---|---|
| 札 [木1] サツ, ふだ | ① 一万円の にせ札が 見つかった。<br>② 九回裏の 守りに、相手チームは 切り札の 投手を 起用した。 | 争 [亅5] ソウ, あらそ | ① 第三次世界戦争は 起してはならない。<br>② 先を 争って 電車に 乗るようすは 見苦しい。 |
| 末 [木1] マツ, バツ, すえ | ① 末筆ながら みなさまによろしく。<br>② 貧しい 家の 末子として 生まれた。<br>③ 苦労の 末に、実験は 成功した。 | 仲 [人4] チュウ, なか | ① おじさんの 仲介で、品物を やすく 売ってもらった。<br>② みんなで 仲よく 遊ぶ。 |
| 未 [木1] ミ | ① シュヴァイツァーは 未開の地 アフリカに 向かった。<br>② 未知の 世界を 想像する。 | 伝 [人4] デン, つた | ① 親の 性質は 子に 遺伝する。<br>② 用件は 電話で 伝えた。<br>③ 財産を 子孫に 伝える。 |
| 民 [氏1] ミン, たみ | ① 「ももたろう」は 民話です。<br>② 王様は 民の声に 耳を かたむけられました。 | 兆 [儿4] チョウ, きざ | ① インフレの 兆候が 現れる。<br>② 茶柱が 立つのは 吉兆だと いう。<br>③ 野山に 春の 兆しが 見える。 |

| | | | | | | | | |
|---|---|---|---|---|---|---|---|---|
| 札 | | | | | | | | 패 찰 |
| 末 | | | | | | | | 끝 말 |
| 未 | | | | | | | | 아닐 미 |
| 民 | | | | | | | | 백 성 민 |
| 争 | | | | | | | | 다툴 쟁 爭 |
| 仲 | | | | | | | | 버금 중 |
| 伝 | | | | | | | | 전할 전 傳 |
| 兆 | | | | | | | | 조 조 |

| 漢字 | 例文 | 漢字 | 例文 |
|---|---|---|---|
| 共 [八4] キョウ, とも | ① 公共の 物は 大切に 使おう。<br>② 同業者どうしが 争って 共倒れに なってしまった。 | 成 [戈2] セイ, ジョウ, な | ① 牛は 草を 食べて 成長する。<br>② 長い 願いが 成就した。<br>③ 水は 水素と 酸素とから 成る。 |
| 印 [卩4] イン, しるし | ① 東京の 町は どんな 印象でしたか。<br>② 学級だよりを 印刷する。<br>③ 止まらずに 矢印の 方向に 進む。 | 灯 [火2] トウ, ひ | ① 目を つぶると、思い出が 走馬灯の ように 心に 浮ぶ。<br>② 岬の 灯台の 灯が 見える。 |
| 各 [口3] カク, おのおの | ① 会費は 各月 二千円です。<br>② 平和に ついて 各々 自分の 考えを 述べなさい。 | 老 [耂2] ロウ, おふ | ① 父は 老練な パイロットです。<br>② 老いて ますます 盛んだ。<br>③ 彼女は 年より 老けて 見えます。 |
| 好 [女3] コウ, この, す | ① 人の 好意は 素直に 受けよう。<br>② 虫は 明りを 好んで 集まって 来る。<br>③ 彼は 好きで 仕事を している。 | 衣 [衣0] イ, ころも, きぬ | ① 夏には 衣類に 虫が つきやすい。<br>② 衣替えの 時期に なった。<br>③ たんすの 中から 衣ずれの 音がする。 |

| | | | | | | |
|---|---|---|---|---|---|---|
| 共 | | | | | | 함께할 공 |
| 印 | | | | | | 도장 인 |
| 各 | | | | | | 각각각·각자각 |
| 好 | | | | | | 좋을 호 |
| 成 | | | | | | 이룰 성 |
| 灯 | | | | | | 등잔 등 燈 |
| 老 | | | | | | 늙을 로 |
| 衣 | | | | | | 옷 의 |

| 漢字 | 例文 | 漢字 | 例文 |
|---|---|---|---|
| 位<br>[人 5]<br>イ, くらい | ① メートルというのは長さの単位です。<br>② 九州は 日本の 西南に 位置する。<br>③ 気位の 高い人は きらいです。 | 冷<br>[冫 5]<br>レイ, つめ,<br>ひ, さ | ① 山の 冷気が ここちよい。<br>② 冷たい 水で 頭を 冷やした。<br>③ ご飯をたべてから湯冷ましで薬を飲む。 |
| 低<br>[人 5]<br>テイ, ひく | ① きょうの 会合は 低調だった。<br>② 水は 高い 所から 低い 所へ 流れる。<br>③ お坊さんは 自分で 身を 低めた。 | 初<br>[刀 5]<br>ショ, はじ,<br>はつ, うい, そ | ① 秋の 初めの ころを 初秋 という。<br>② 初陣に 功名を 立てる。<br>③ 書き初め展で 金賞を とりました。 |
| 児<br>[ル 5]<br>ジ, ニ | ① 児童を 交通事故から 守ろう。<br>② 父は 小児科の 医者です。<br>③ 小児まひは 恐しい 病気だ。 | 別<br>[刀 5]<br>ベツ, わか | ① 品物は 別便で 送りました。<br>② 人種によって差別してはいけない。<br>③ 父母と 別れて さびしく 暮している。 |
| 兵<br>[ハ 5]<br>ヘイ, ヒョウ | ① 日本人には 兵役の 義務が ない。<br>② 兵火で町はすっかり焼けてしまった。<br>③ 兵糧攻めで 敵を 負かした。 | 利<br>[刀 5]<br>リ, き | ① テレビの 利点を あげてみよう。<br>② 人民の 権利を かちとる 戦い。<br>③ よく 気の 利く 人。 |

| | | | | | | | |
|---|---|---|---|---|---|---|---|
| 位 | | | | | | | 자리위 |
| 低 | | | | | | | 낮을저 |
| 児 | | | | | | 兒 | 아이아 |
| 兵 | | | | | | | 군사병 |
| 冷 | | | | | | | 차가울랭 |
| 初 | | | | | | | 처음초 |
| 別 | | | | | | | 다를별 |
| 利 | | | | | | | 이로울리 |

| 漢字 | 例文 | 漢字 | 例文 |
|---|---|---|---|
| 努 〔力5〕 ド, つと | ① 努力した 効が あって、成績が 上がった。<br>② 寸時を 惜しんで 仕事に 努める。 | 完 〔宀4〕 カン | ① 暗室は 黒い 幕で 完全に 光を さえぎっている。<br>② 実験の 道具が 完備している。 |
| 労 〔力5〕 ロウ | ① 台風のために 今までの 苦労が 徒労に 終った。<br>② 過労が 元で 病気に なった。 | 希 〔巾4〕 キ | ① この 宝石は 希少価値が ある。<br>② 人々は いつも 平和を 希求している。<br>③ 高い山は 空気が 希薄だ。 |
| 告 〔口4〕 コク, つ | ① 調査した 結果を 報告する。<br>② 神に 自分の 罪を 告白した。<br>③ どらの 音が 出船を 告げる。 | 芸 〔艹4〕 ゲイ | ① 芸術の 道は 遠くけわしい。<br>② 母と すばらしい 曲芸を 見た。<br>③ 姉は 手芸を 習っています。 |
| 囲 〔口4〕 イ, かこ | ① 学校の 周囲を 掃除した。<br>② かがり火を 囲んで 歌を 歌いました。<br>③ 庭を 塀で 囲う。 | 折 〔手4〕 セツ, お, おり | ① 事件の 曲折を かたる。<br>② 指を 折って 数を 数える。<br>③ 折もあろうに 客が 来ました。 |

| | | | | | | | |
|---|---|---|---|---|---|---|---|
| 努 | | | | | | | 힘쓸 노 |
| 労 | | | | | | | 수고로울 로 勞 |
| 告 | | | | | | | 고할고·알릴고 告 |
| 囲 | | | | | | | 두를 위 圍 |
| 完 | | | | | | | 완전할 완 |
| 希 | | | | | | | 드물희·바랄희 |
| 芸 | | | | | | | 재주 예 藝 |
| 折 | | | | | | | 꺾을 절 |

| 漢字 | 例文 | 漢字 | 例文 |
|---|---|---|---|
| 改 [女3] カイ, あらた | ① 改礼口を 出た所で 友だちを 待つ。<br>② 東京は 江戸と 言ったが、明治のとき 東京と 改めた。 | 臣 [臣0] シン, ジン | ① 君主国の 国民を 臣民と いう。<br>② 浅野家は よい 家臣を もった。<br>③ 大臣病 患者。 |
| 材 [木3] ザイ | ① 作文の 材料に なる 事柄を メモに とっておく。<br>② 材木置き場は あの 広場です。 | 良 [艮1] リョウ, よ | ① 良識に したがって 行動する。<br>② 最良の 方法を 考えよう。<br>③ 品物の 良し悪しを 考えて 買う。 |
| 束 [木3] ソク, たば | ① 人の 自由を 束縛してはいけない。<br>② 恩師に 感謝の 気持ちを こめて 花束を 贈る。 | 例 [人6] レイ, たと | ① 始めに 例題を 解いてみよう。<br>② それが 許可されるのは 異例のことです。<br>③ 世間一般の 例えに 漏れない。 |
| 求 [水2] キュウ, もと | ① 請求書が きたので お金を 払った。<br>② 新聞に 求人広告を だす。<br>③ 人々は 平和な 生活を 求めている。 | 典 [八6] テン | ① 古事記や 万葉集は 日本の 代表的な 古典である。<br>② 国語辞典の 引き方を 学ぶ。 |

| | | | | | | | | |
|---|---|---|---|---|---|---|---|---|
| 改 | | | | | | | | 고칠개·바꿀개 |
| 材 | | | | | | | | 재목 재 |
| 束 | | | | | | | | 묶을 속 |
| 求 | | | | | | | | 구할 구 |
| 臣 | | | | | | | | 신하 신 |
| 良 | | | | | | | | 좋을 량 |
| 例 | | | | | | | | 본보기 례 |
| 典 | | | | | | | | 법 전 |

| 漢字 | 例文 | 漢字 | 例文 |
|---|---|---|---|
| 刷 〔刀6〕 サツ, す | ① 国の 政治を 刷新する 必要がある。<br>② 色刷りの 印刷物が ふえた。<br>③ 二色刷りの 文集を つくった。 | 周 〔口5〕 ショウ, まわ | ① 周囲を 山に 囲まれた 静かな 村に 住んでいる。<br>② 地球は 太陽の 周りを 回る。 |
| 協 〔十6〕 キョウ | ① 人々は 協力して 村の 立て直しに とりかかった。<br>② バイオリン 協奏曲を 聞いた。 | 固 〔口5〕 コ, かた | ① 能楽は 日本 固有の 芸術である。<br>② 雪を 固めて 雪だるまを 作る。<br>③ 固い 決意を もって 試合に 臨む。 |
| 卒 〔十6〕 ソツ | ① 卒業式には 涙が 出た。<br>② 彼女は 日射病になって 卒倒した。<br>③ かれは 卒然として 席を 立った。 | 季 〔子5〕 キ | ① 一年のうちで 雨の 少ない 季節を 乾季といいます。<br>② この 雑誌は 季刊です。 |
| 参 〔ム6〕 サン, まい | ① 林間学校に 参加する つもりだ。<br>② お宮に お参りしてきた。<br>③ この 暑さには 参ってしまった。 | 官 〔宀5〕 カン | ① 大きくなったら 外交官に なりたい。<br>② 汗腺は 汗を 出す 器官です。<br>③ 今年、政府は 警官の 増員を しない。 |

| | | | | | | | |
|---|---|---|---|---|---|---|---|
| 刷 | | | | | | | 문지를 쇄 |
| 協 | | | | | | | 화할 협 |
| 卒 | | | | | | | 군사 졸 |
| 参 | | | | | | | 뵐 참 參 |
| 周 | | | | | | | 두루 주 周 |
| 固 | | | | | | | 굳을고·단단할고 |
| 季 | | | | | | | 계절 계 |
| 官 | | | | | | | 벼슬 관 |

| 漢字 | 例文 | 漢字 | 例文 |
|---|---|---|---|
| 底 [广5] テイ, そこ | ① 茶筒の 底面の 形は 円です。<br>② 決勝戦で 底力を 発揮して 走る。<br>③ 今夜は 底冷えが する。 | 芽 [艹5] ガ, め | ① 麦芽を 使って、ビールを 作る。<br>② 春の雨に 木々が 芽ぐむ。<br>③ 両国間に 平和が 芽ばえる。 |
| 府 [广5] フ | ① 国会は 国の 立法府です。<br>② 頼朝は 鎌倉に 幕府を 開いた。<br>③ 父は 京都府庁に 勤めている。 | 念 [心5] ネン | ① 母のように やさしい 心の 人に なることを 念願としている。<br>② 試合に 負けて 残念です。 |
| 径 [彳5] ケイ | ① 半径 五センチの 円を かく。<br>② 彼は 直情径行の 人物である。<br>③ 川に くだる 小径を 歩く。 | 果 [木4] カ, は | ① 新鮮な 果汁は 健康に よい。<br>② 使命を 果たして 無事帰国した。<br>③ 会は いつ 果てるとも 知れない。 |
| 英 [艹5] エイ | ① 月へ 行った 三人の 飛行士は 英雄として 迎えられた。<br>② 日本の 昔話を 英訳する。 | 松 [木4] ショウ, まつ | ① 松竹梅は めでたいものとして、お祝いごとに 使われる。<br>② 松風は 歌や 詩に 詠まれている。 |

| | | | | | | | |
|---|---|---|---|---|---|---|---|
| 底 | | | | | | | 밑 저 |
| 府 | | | | | | | 관청 부 |
| 径 | | | | | | | 지름 경<br>徑 |
| 英 | | | | | | | 빼어날 영 |
| 芽 | | | | | | | 싹 아 |
| 念 | | | | | | | 생각할 념 |
| 果 | | | | | | | 결과과·열매과 |
| 松 | | | | | | | 소나무 송<br>松 |

| 漢字 | 例文 | 漢字 | 例文 |
|---|---|---|---|
| 毒〔母4〕ドク | ① 世の中には あなたより ずっと 気の毒な 人が たくさんいます。<br>② あの人の 化粧は 毒々しい。 | 牧〔牛4〕ボク, まき | ① 北海道は 牧畜が さかんです。<br>② 牧師さんの 話に 耳を かたむける。<br>③ 牧場で 子牛が 草を 食んでいる。 |
| 泣〔水5〕キュウ, な | ① わが子の 死を きいて 号泣した。<br>② 十年ぶりの 親子対面を テレビで 見て、もらい泣きを した。 | 的〔白3〕テキ, まと | ① 今日の 会は 民主的に 行われた。<br>② 予想が みごとに 的中した。<br>③ 矢は 的の 中心に 当った。 |
| 治〔水5〕ジ, チ, おさ, なお | ① みんなで 悪者を 退治した。<br>② 全国民が 国家の 治安を 保つ。<br>③ 怪我を した 鳥は 羽を 治めた。 | 信〔人7〕シン | ① じゅうぶん 練習したので 自信を 持って 試合に 臨んだ。<br>② 交通信号を しっかり 守ろう。 |
| 法〔水5〕ホウ, ハツ, ホッ | ① 憲法は 国の 大もとの 法律だ。<br>② 母から お茶の 作法を ならいました。<br>③ 武家の 法度を 犯す。 | 便〔人7〕ベン, ビン, たよ | ① ここは 交通の 不便な 所だ。<br>② 品物は 別便で おくります。<br>③ パリからの 便りが 船空便で きた。 |

| 毒 | | | | | | | | 독 독 |
|---|---|---|---|---|---|---|---|---|
| 泣 | | | | | | | | 울 읍 |
| 治 | | | | | | | | 다스릴 치 |
| 法 | | | | | | | | 법 법 |
| 牧 | | | | | | | | 기를 목 |
| 的 | | | | | | | | 과녁 적 |
| 信 | | | | | | | | 믿을 신 |
| 便 | | | | | | | | 편할 변·편<br>便 |

| 漢字 | 例文 | 漢字 | 例文 |
|---|---|---|---|
| 勇 [力7] ユウ, いさ | ① 父に 励まされて 勇気が わいた。<br>② 民族の 独立の ために 勇ましく 戦った。 | 単 [〃6] タン | ① その事件は 単に それだけでは 終わらなかった。<br>② 父は 単身赴任で 北海道へ 行った。 |
| 型 [土6] ケイ, かた | ① 飛行機の 模型を つくっている。<br>② 大型バスを 借切って 旅行に 行く。<br>③ 新型の 車を 買った。 | 昨 [日5] サク | ① 昨日は 父と つりに 行きました。<br>② 昨年は 稲が 不作でした。<br>③ 昨晩の 嵐で 家の前の木が 倒れた。 |
| 変 [夂6] ヘン, か | ① このごろは 気温の変化が はげしい。<br>② カメレオンは まわりの色に よって体の色を 変えます。 | 栄 [木5] エイ, さか, は | ① 父は 支社の 部長に 栄転した。<br>② 店が ますます 栄える。<br>③ スカーフが 洋服の色に よく 栄える。 |
| 建 [廴6] ケン, コン, た | ① 火事で やけた 校舎を 再建する。<br>② 法隆寺は 六百七年に 建立された。<br>③ 私の 家は 一戸建てです。 | 浅 [水6] セン, あさ | ① 自分の 浅学と 浅見を 恥じる。<br>② アメリカは 韓国よりも、建国の 歴史が 浅い。 |

| | | | | | | | | | | |
|---|---|---|---|---|---|---|---|---|---|---|
| 勇 | | | | | | | | | | 용감할 용 |
| 型 | | | | | | | | | | 틀 형 |
| 変 | | | | | | | | | | 변할 변<br>變 |
| 建 | | | | | | | | | | 세울 건<br>建 |
| 単 | | | | | | | | | | 홑단·홀로단<br>單 |
| 昨 | | | | | | | | | | 어제 작 |
| 栄 | | | | | | | | | | 번영할 영<br>榮 |
| 浅 | | | | | | | | | | 맡을 천<br>淺 |

| 漢字 | 例文 | 漢字 | 例文 |
|---|---|---|---|
| 省 [目4]<br>セイ, ショウ,<br>かえり, はぶ | ① 夏休みに 三年ぶりで 帰省する。<br>② 自分の 行いを 省みる。<br>③ 無駄な 手間を 省く。 | 胃 [肉5]<br>イ | ① 胃がんで 死ぬ人が 多くなった。<br>② 兄は 長い間、胃病に 悩まされています。 |
| 祝 [示5]<br>シュク,<br>シュウ, いわ | ① 兄の 誕生日に 祝電を 打ちました。<br>② 結婚式の ことを 祝言ともいう。<br>③ 妹の 入学祝いに お花を あげた。 | 要 [西3]<br>ヨウ, い | ① 文章の 要点を まとめて 説明する。<br>② 要領よく 仕事を すました。<br>③ 要る物は 全部 かばんに 入れた。 |
| 紀 [糸3]<br>キ | ① その発見は一新紀元を 画する。<br>② あなた方が 二十一世紀を 担う。<br>③ このごろ校紀が みだれている。 | 軍 [車2]<br>グン | ① おじいさんは軍記物語を よんでいる。<br>② 祖父は もと 軍人だった。<br>③ 兄は 軍隊の飯を 食っている。 |
| 約 [糸3]<br>ヤク | ① この絵は 売約ずみです。<br>② 長い物語なので 要約して 話す。<br>③ 物理学会の 規約を 改めた。 | 飛 [飛0]<br>ヒ, と | ① 飛行場には 日本や 外国の 飛行機が<br>　五・六機 見えた。<br>② 品物が 飛ぶように 売れた。 |

| | | | | | 살필 성 |
|---|---|---|---|---|---|
| 省 | | | | | |
| 祝 | | | | | 빌 축<br>祝 |
| 紀 | | | | | 기록할 기 |
| 約 | | | | | 대략 약 |
| 胃 | | | | | 밥통 위 |
| 要 | | | | | 구할 요<br>要 |
| 軍 | | | | | 군사 군 |
| 飛 | | | | | 날 비 |

| 漢字 | 例文 | 漢字 | 例文 |
|---|---|---|---|
| 候 〔人8〕 コウ、そうろう | ① 悪天候が つづいたので 作物の 出来が よくない。<br>② 都の者にて 候。 | 害 〔宀7〕 ガイ | ① 夏に 気温が 高くならないと、冷害が 心配だ。<br>② 工場の 音が 安眠を ぼう害する。 |
| 借 〔人8〕 シャク、か | ① 私は 郊外の 借家に 住んでいる。<br>② 友だちに 借金してカメラを 買いました。<br>③ 図書室から 本を 二さつ 借りました。 | 差 〔工7〕 サ、さ | ① 人種によって 人間を 差別しては ならない。<br>② 戸のすきまから 日が 差してきた。 |
| 倉 〔人8〕 ソウ、くら | ① 外国から とどいた 荷物を 倉庫に 入れて おく。<br>② 農夫が 米倉に お米を 運び 込んだ。 | 席 〔巾7〕 セキ | ① 新学期には 席がえを して 席順が かわる。<br>② この列車は 全部 指定席です。 |
| 孫 〔子7〕 ソン、まご | ① ぼくは 武士の 子孫です。<br>② 初孫を 抱いて おじいさんは にこにこ している。 | 帯 〔巾7〕 タイ、お、おび | ① この地帯は 雪が 多いので 有名だ。<br>② 重大な 任務を 帯びて 出発する。<br>③ 帯に 短し、たすきに 長し。 |

| | | | | | | | | |
|---|---|---|---|---|---|---|---|---|
| 候 | | | | | | | | 제후 후 |
| 借 | | | | | | | | 빌 차 |
| 倉 | | | | | | | | 곳집 창 |
| 孫 | | | | | | | | 손자 손 |
| 害 | | | | | | | | 해칠 해 害 |
| 差 | | | | | | | | 어긋날 차 |
| 席 | | | | | | | | 자리 석 |
| 帯 | | | | | | | | 띠 대 帶 |

| 漢字 | 例文 | 漢字 | 例文 |
|---|---|---|---|
| 徒 [彳7] ト | ① 昔は 徒弟制度によって いろいろな 技術を 学んだ。<br>② 今までの 苦心は 徒労に 終った。 | 料 [斗6] リョウ | ① 料金は 先払いです。<br>② 紙の 原料は パルプです。<br>③ 月に 関する 資料を 集める。 |
| 連 [辶7] レン, つら, つ | ① わがチームは 連戦連勝した。<br>② 高い山が 連なっている。<br>③ 弟を 連れて 買物に 行く。 | 案 [木6] アン | ① 病気は 案外 軽かった。<br>② 島の中を 案内してもらった。<br>③ 広告の 文案を 考える。 |
| 郡 [阝7] グン | ① 郡下には 小学校が 五つ、 中学校が 二つ あります。<br>② 郡内の とれ高を 調べる。 | 梅 [木6] バイ, うめ | ① 紅梅・白梅を 描いた 有名な 屏風が 展示されている。<br>② 梅の花は においが よい。 |
| 挙 [手6] キョ, あ | ① 駅前で 選挙演説が 行われた。<br>② 兄は 昨日 結婚式を 挙げました。<br>③ 袋小路で 犯人が 挙がった。 | 残 [歹6] ザン, のこ | ① 今年の 夏は 残暑が きびしい。<br>② 夏休みも 残り少なくなった。<br>③ 給食は 残さず 食べよう。 |

| | | | | | | | | |
|---|---|---|---|---|---|---|---|---|
| 徒 | | | | | | | | 무리 도 |
| 連 | | | | | | | | 이을 련 / 連 |
| 郡 | | | | | | | | 고을 군 |
| 挙 | | | | | | | | 들거·일으킬거 / 擧 |
| 料 | | | | | | | | 헤아릴료·재료료 |
| 案 | | | | | | | | 기안할 안 |
| 梅 | | | | | | | | 매화나무 매 / 梅 |
| 残 | | | | | | | | 쇠잔할 잔 / 殘 |

| 漢字 | 例文 | 漢字 | 例文 |
|---|---|---|---|
| 殺 [殳6]<br>サツ, サイ,<br>セツ, ころ | ① 借金は この本の 代金で 相殺する。<br>② 無益な 殺生を してはいけない。<br>③ その場面は 息を 殺して 見つめる。 | 粉 [米4]<br>フン, こ,<br>こな | ① すぎの 花粉が 風に 飛ばされる。<br>② 小麦粉で パンを つくってくれた。<br>③ コップが 粉みじんに とばされる。 |
| 浴 [水7]<br>ヨク, あ | ① 夏休みに 海水浴に 行った。<br>② すずめが 水浴びを している。<br>③ 運動の 後で シャワーを 浴びた。 | 脈 [肉6]<br>ミャク | ① お医者さんに 脈を 診てもらう。<br>② 高い 山脈が うねうねと 続いている。<br>③ 金の 鉱脈を 発見した。 |
| 特 [牛6]<br>トク | ① このプレゼントは きみの ために 特別に 作ったものだ。<br>② 新聞の 特集記事を 読む。 | 航 [舟4]<br>コウ | ① 世界の海を 航海してみたい。<br>② 霧のため 飛行機が 欠航した。<br>③ 観測船が 南極へ 出航する。 |
| 笑 [竹4]<br>ショウ,<br>わら, え | ① 悪口を 言われて 苦笑する。<br>② 笑う門には 福がくる。<br>③ いつも 優しい 笑みを 浮べている。 | 訓 [言3]<br>クン | ① ふだんから 防火訓練や 避難訓練を しておく ことが 大切だ。<br>② 先生が 生徒に 訓示を している。 |

| | | | | | | | |
|---|---|---|---|---|---|---|---|
| 殺 | | | | | | | 죽일 살<br>殺 |
| 浴 | | | | | | | 목욕 욕 |
| 特 | | | | | | | 유다를 특 |
| 笑 | | | | | | | 웃음 소 |
| 粉 | | | | | | | 가루 분 |
| 脈 | | | | | | | 맥 맥<br>脈 |
| 航 | | | | | | | 배 항 |
| 訓 | | | | | | | 가르칠 훈 |

| 漢字 | 例文 | 漢字 | 例文 |
|---|---|---|---|
| 停 〔人9〕 テイ | ① 家の近所に かみなりが 落ちたため、停電した。<br>② 人手不足で 事務が 停滞する。 | 唱 〔口8〕 ショウ, とな | ① リンカーンは、人間は すべて 平等であると 唱道した。<br>② 彼は現在の 政策に 反対を 唱えた。 |
| 健 〔人9〕 ケン, すこ | ① わたしの 家は 祖父を はじめ みな健在です。<br>② 明るい 家庭で 健やかに 育つ。 | 堂 〔土8〕 ドウ | ① 国会議事堂が 家の 近くに ある。<br>② 自分の 考えを 堂々と 述べる。<br>③ 卒業式は 講堂で 行われた。 |
| 側 〔人9〕 ソク, かわ | ① 魚は 体の 両側にある 側線で 水の流れを 感じる。<br>② 月の 裏側の 写真を 見ました。 | 康 〔广8〕 コウ | ① 病人は ここ 二・三日 小康状態を保っています。<br>② 健康で 病院へは 行ったことがない。 |
| 副 〔刀9〕 フク | ① 優勝者には 賞状のほかに 副賞として 五万円が おくられた。<br>② 主食よりも 副食を 多く とる。 | 得 〔彳8〕 トク, え, う | ① 慌てずに 気長に 待つのが 得策だ。<br>② 機会を 得て 外国旅行を したい。<br>③ 考え得る限り手を 尽した。 |

| | | | | | | |
|---|---|---|---|---|---|---|
| 停 | | | | | | 멎을 정 |
| 健 | | | | | | 건강할 건 健 |
| 側 | | | | | | 곁 측 |
| 副 | | | | | | 도울 부 |
| 唱 | | | | | | 노래 창 |
| 堂 | | | | | | 집 당 |
| 康 | | | | | | 편안할 강 |
| 得 | | | | | | 얻을 득 |

| 漢字 | 例文 | 漢字 | 例文 |
|---|---|---|---|
| 菜 [艹8] サイ, な | ① 母は 野菜サラダが すきです。<br>② 肉食より 菜食のほうが 体に よい。<br>③ 一面に 菜の花が 咲いている。 | 敗 [攵7] ハイ, やぶ | ① 失敗は 成功の もと。<br>② 延長戦になったが、力尽きて 敗れて しまった。 |
| 陸 [阝8] リク | ① 一九六九年に 始めて 人間の 乗った 宇宙船が 月面に 着陸した。<br>② 台風が 本土に 上陸しそうです。 | 望 [月7] ボウ, モウ, のぞ | ① かれは 人望のある 人です。<br>② 少年たちよ、大望を 抱け。<br>③ 子どもの 幸せを 望む。 |
| 巣 [⺍8] ソウ, す | ① 鳥には 帰巣本能が ある。<br>② 兄は 今年、大学を 卒業して、実社会に 巣立った。 | 械 [木7] カイ | ① 小さい時から 機械を 弄ることが 好きでした。<br>② 兄は 器械体操の 選手です。 |
| 救 [攵7] キュウ, すく | ① 船には 万一のために 救命具が 備えつけられている。<br>② 溺れている 子供を 救った。 | 清 [氵8] セイ, ショウ, きよ | ① 台所は いつも 清潔に しておきます。<br>② 六根清浄を 唱えている。<br>③ 流れる 清らかな 水で 口を 濯ぐ。 |

| 菜 | | | | | | | | | | | 나물채<br>菜 |
| --- | --- | --- | --- | --- | --- | --- | --- | --- | --- | --- | --- |
| 陸 | | | | | | | | | | | 뭍륙 |
| 巣 | | | | | | | | | | | 새집소<br>巣 |
| 救 | | | | | | | | | | | 구원할구·건질구 |
| 敗 | | | | | | | | | | | 질패 |
| 望 | | | | | | | | | | | 바랄망<br>望 |
| 械 | | | | | | | | | | | 기계계 |
| 清 | | | | | | | | | | | 맑을청<br>清 |

| 漢字 | 例文 |
|---|---|
| 産 [生6] サン, う, うぶ | ① 日本は 水産業が さかんな国です。<br>② にわとりは 卵を 一日に 一個 産む。<br>③ お祖母さんが 産湯を 使わせる。 |
| 票 [示8] ヒョウ | ① 選挙の 開票速報の 第一報が 入りました。<br>② 納品の 伝票を 書いて 送る。 |
| 貨 [貝4] カ | ① その国で 現在 使われている お金を 通貨と いいます。<br>② お母さんと 百貨店に 行った。 |
| 博 [十10] ハク, バク | ① 赤十字は 博愛精神から 生まれた。<br>② 牛や馬の 仲買を する 人のことを 昔は 博労といった。 |
| 喜 [口9] キ, よろこ | ① 昨日、兄と 喜劇を 見に 行った。<br>② 雨天中止で ハイキングは ぬか喜びに 終わった。 |
| 達 [辶9] タツ | ① 兄は 長い間 アメリカで 生活していたので、英語が 達者です。<br>② 郵便物の 配達が 遅れる。 |
| 隊 [阝9] タイ | ① 楽隊が 行進曲を 演奏しながら 通って 行く。<br>② ぼくは 合唱隊の 一員です。 |
| 散 [攵8] サン, ち | ① 広い野に 家が 散在しています。<br>② さくらの花が 風に 飛散っている。<br>③ 湯水のように 金を 撒き散らす。 |

| | | | | | | |
|---|---|---|---|---|---|---|
| 産 | | | | | | 낳을 산<br>產 |
| 票 | | | | | | 불날 표 |
| 貨 | | | | | | 돈 화 |
| 博 | | | | | | 넓을 박<br>博 |
| 喜 | | | | | | 기쁠 희 |
| 達 | | | | | | 이를 달<br>達 |
| 隊 | | | | | | 무리대·떼대<br>隊 |
| 散 | | | | | | 흩어질 산 |

| 漢字 | 例文 | 漢字 | 例文 |
|---|---|---|---|
| 景 〔日8〕 ケイ | ① 景気のいい 太鼓の 音で、祭りの 気分が もり上がる。<br>② ホンコンの 夜景を みたい。 | 焼 〔火8〕 ショウ, や | ① 天守閣は 明治十年に 焼失した。<br>② 西の空が 夕焼けで まっかです。<br>③ 夏の砂は 焼け付くようだ。 |
| 最 〔日8〕 サイ, もっと | ① 今年は 台風や 火事に 会って、最悪の 年だった。<br>② 東京は 日本で 最も 大きな 町です。 | 然 〔火8〕 ゼン, ネン | ① 平然として うそを ついている。<br>② おじろわしは 天然記念物に 指定されている。 |
| 極 〔木8〕 キョク, ゴク, きわ | ① 南極は 極寒の 地です。<br>② 極上の 品物を 差し上げる。<br>③ 事件の 本質を 極めつくした。 | 無 〔火8〕 ム, ブ, な | ① 空には 無数の 星が 輝いている。<br>② 兄は 山から 無事に 帰ってきた。<br>③ お金が 無くて 本も 買えない。 |
| 満 〔水9〕 マン, み | ① 公園の 桜の花が 満開です。<br>② 優勝した 選手たちの顔は 喜びに 満ちあふれていた。 | 給 〔糸6〕 キュウ | ① 姉は 最初の 給料で 父のネクタイを 買いました。<br>② 会社から 事務服が 支給された。 |

| | | | | | | | | |
|---|---|---|---|---|---|---|---|---|
| 景 | | | | | | | | 경치 경 |
| 最 | | | | | | | | 가장 최 |
| 極 | | | | | | | | 다할 극 |
| 滿 | | | | | | | | 찰 만 / 滿 |
| 焼 | | | | | | | | 탈 소 / 燒 |
| 然 | | | | | | | | 그럴 연 |
| 無 | | | | | | | | 없을 무 |
| 給 | | | | | | | | 공급할 급 |

| 漢字 | 例文 | 漢字 | 例文 |
|---|---|---|---|
| 結 〔糸6〕 ケツ, むす, ゆ | ① 実験の 結果を まとめて 発表した。<br>② くつの 紐を しっかり 結んだ。<br>③ 白い 切れを 棒の先に 結わえる。 | 貯 〔貝5〕 チョ | ① 雨が 降らないので、貯水地の 水が 半分になった。<br>② 貯金を 下ろして 本を 買いました。 |
| 街 〔行6〕 ガイ, カイ, まち | ① この 辺りは 静かな 住宅街です。<br>② 昔、江戸から 京都・日光などに 通じていた 五つの 道を 五街道という。 | 費 〔貝5〕 ヒ, つい | ① 一人 充て 五千円の 会費を 持参すること。<br>② 父からの 便りを 待って、空しく 時が 費えた。 |
| 覚 〔見5〕 カク, おぼ, さ | ① 寒さで 指先の 感覚が ない。<br>② この 光景には 見覚えが あります。<br>③ 目覚まし時計が 鳴っている。 | 量 〔里5〕 リョウ, はか | ① かれの 気持ちは 推量しにくい。<br>② 大雨で 水量が かなり 増えた。<br>③ 量り売りで 灯油を 買う。 |
| 象 〔豕5〕 ショウ, ゾウ | ① 物の形に 模って 作られた 漢字を 象形文字という。<br>② アフリカ象は 気が 荒い。 | 順 〔頁3〕 ジュン | ① 仕事は すべて 順調に 進んだ。<br>② 順々に おはいり ください。<br>③ 打順が 一番の 人に 戻った。 |

| | | | | | | | | |
|---|---|---|---|---|---|---|---|---|
| 結 | | | | | | | | 맺을 결 |
| 街 | | | | | | | | 거리 가 |
| 覚 | | | | | | | | 깨달을각·외울각 覺 |
| 象 | | | | | | | | 모양상·코끼리상 |
| 貯 | | | | | | | | 쌓을 저 |
| 費 | | | | | | | | 쓸 비 |
| 量 | | | | | | | | 헤아릴 량 |
| 順 | | | | | | | | 순할 순 |

| 漢字 | 例文 | 漢字 | 例文 |
|---|---|---|---|
| 飯 〔食 4〕 ハン, めし | ① おなかを 空かした 猫に 残飯を やりました。<br>② 麦飯は 体の 為に よい。 | 戦 〔戈 9〕 セン, いくさ, たたか | ① クリスマスには 両軍とも 休戦に はいります。<br>② 戦いは 味方の 勝ち戦と なった。 |
| 働 〔人 11〕 ドウ, はたら | ① 畑仕事は 重労働です。<br>② 最近、農家では 若い 働き手が 不足している。 | 照 〔火 9〕 ショウ, て | ① 舞台の 踊り手に 照明を 当てる。<br>② 夕日に 山の 木々が 照りはえる。<br>③ 日照り続きで 稲が 枯れた。 |
| 塩 〔土 10〕 エン, しお | ① 岩石の 間などから 固まって 取れる塩を 岩塩と いいます。<br>② 鮎の 塩焼きは 大好きです。 | 節 〔竹 7〕 セツ, セチ, ふし | ① 節分に 仮面を かぶって 豆まきを した。<br>② 正月には お節料理を 食べる。<br>③ 竹の 節で 花生けを 作りました。 |
| 愛 〔心 9〕 アイ | ① この 万年筆は 長い間 使っているので 愛着を 感じています。<br>② 愛情のない 家庭は さびしい。 | 続 〔糸 7〕 ゾク, つづ | ① 飛行機の 事故が 続発した。<br>② 社会人になっても 英語の 勉強は ずっと 続けたい。 |

| | | | | | | | | |
|---|---|---|---|---|---|---|---|---|
| 飯 | | | | | | | | 밥 반<br>飯 |
| 働 | | | | | | | | 일할 동 |
| 塩 | | | | | | | | 소금 염<br>鹽 |
| 愛 | | | | | | | | 사랑 애<br>愛 |
| 戦 | | | | | | | | 싸울 전<br>戰 |
| 照 | | | | | | | | 비칠 조 |
| 節 | | | | | | | | 마디절·절개절<br>節 |
| 続 | | | | | | | | 이을 속<br>續 |

| 漢字 | 例文 | 漢字 | 例文 |
|---|---|---|---|
| 置 [罒 8] チ, お | ① 夜には星の位置で 方角を 知る。<br>② 傘を 電車の中に 置き忘れた。<br>③ 社長といっても彼は置物に過ぎない。 | 察 [宀 11] サツ | ① 彼は 海外へ 視察に 行きました。<br>② せきが 出るので 医者の 診察を うけた。 |
| 腸 [肉 9] チョウ | ① 腸チフスの 予防注射を する。<br>② 断腸の 思いを する。<br>③ お餅を 食べすぎて 胃腸を 壊した。 | 旗 [方 10] キ, はた | ① 大統領の 死を いたんで 半旗を かかげる。<br>② 一方の 旗がしらになる。 |
| 試 [言 6] シ, こころ, ため | ① 姉の 作った ケーキを 試食した。<br>② 何度試みても、 うまく できない。<br>③ 筆の 使い心地を 試す。 | 歴 [止 10] レキ | ① 中国と 日本の 関係の 歴史を 勉強する。<br>② 貿易会社に 履歴書を 出しました。<br>③ 刀の 名と 来歴を 記す。 |
| 辞 [辛 6] ジ, や | ① 言葉の 意味を 辞典で 調べた。<br>② お兄さんは 会社を 辞めて、 商売を はじめました。 | 漁 [水 11] ギョ, リョウ | ① 日本は 漁業の さかんな 国です。<br>② 日本の 漁船は 遠くの 海まで 出漁する。 |

| | | | | | | | | |
|---|---|---|---|---|---|---|---|---|
| 置 | | | | | | | | 둘 치 |
| 腸 | | | | | | | | 창자 장 |
| 試 | | | | | | | | 시험할 시 |
| 辭 | | | | | | | | 말 사 辭 |
| 察 | | | | | | | | 살필 찰 |
| 旗 | | | | | | | | 깃발 기 |
| 歷 | | | | | | | | 지낼 력 歷 |
| 漁 | | | | | | | | 고기잡을 어 |

| 漢字 | 例文 | 漢字 | 例文 |
|---|---|---|---|
| 種 [禾9] シュ, たね | ① グラウンドで 各種の 競技が 多彩に 行われています。<br>② 火種に する 火まで 消えた。 | 静 [青6] セイ, ジョウ, しず | ① 彼が 描いた 静物画を 持っています。<br>② 血筋(血管)には 動脈と 静脈が ある。<br>③ 船は 静かに 港を 出て 行った。 |
| 管 [竹8] カン, くだ | ① 木管楽器には フルート、オーボー、クラリネット などが ある。<br>② ゴムの 管で 田に 水を ひきいれた。 | 億 [人13] オク | ① 燕の せなかに のって 何億キロも 飛んだ 夢を みた。<br>② おじさんは 億万長者です。 |
| 説 [言7] セツ, ゼイ, と | ① あの 方は 有名な 小説家です。<br>② 首相が 地方を 遊説した。<br>③ 孔子は 人の 道を 説いた。 | 器 [口12] キ, うつわ | ① 電話は 文明の 利器です。<br>② 彼は 大政治家になる 器量が ある。<br>③ 果物を 器に もって 出しました。 |
| 関 [門6] カン, せき | ① 世界の 動きに 関心を もつ。<br>② 昔は 関所で きびしく 身もとを 調べられた。 | 選 [辶12] セン, えら | ① 国体の 出場選手に 選ばれた。<br>② 委員の 改選は 九月です。<br>③ 大統領は 選挙で 選出する。 |

| | | | | | | | | |
|---|---|---|---|---|---|---|---|---|
| 種 | | | | | | | | 씨 심을 종 |
| 管 | | | | | | | | 관리할관·대롱관 |
| 説 | | | | | | | | 말씀 설 / 說 |
| 関 | | | | | | | | 관계할관·빗장관 / 關 |
| 静 | | | | | | | | 조용할 정 / 靜 |
| 億 | | | | | | | | 억 억 |
| 器 | | | | | | | | 그릇 기 / 器 |
| 選 | | | | | | | | 가릴 선 / 選 |

| 漢字 | 例文 | 漢字 | 例文 |
|---|---|---|---|
| 標 [木11] ヒョウ | ① 標識に 従って 進んで 行きました。<br>② ぼくの 体重は 標準を うわまわって います。 | 輪 [車8] リン, わ | ① 弟が 三輪車に のっている。<br>② うめの 花が 一輪 さいた。<br>③ 昨日 妹と 輪投げを して 遊んだ。 |
| 熱 [火11] ネツ, あつ | ① 国立競技場で 熱戦が くりひろげられました。<br>② ごはんの 上に 熱い 湯を 注ぐ。 | 養 [食6] ヨウ, やしな | ① 病後は 静養が 第一です。<br>② 牛乳や 卵は 栄養の ある 食べ物です。<br>③ 年とった 母を 養うことは 当然だ。 |
| 課 [言8] カ | ① わたしは 三十分間は ピアノを ひくことを 日課に している。<br>② これは 課長の つくえです。 | 機 [木12] キ, はた | ① 機会を みて また 会いましょう。<br>② この 機械の 性能は すばらしい。<br>③ 識女星は 機織り星とも いいます。 |
| 賞 [貝8] ショウ | ① 音楽コンクールに 入選して 賞状と 賞品を いただいた。<br>② 受賞の よろこびを 語る。 | 積 [禾11] セキ, つ | ① 積雪は 五メートルに 達した。<br>② 旅行の 費用を 毎月 二千円ずつ 積み立てている。 |

| | | | | | | | |
|---|---|---|---|---|---|---|---|
| 標 | | | | | | | 표 표 |
| 熱 | | | | | | | 열 열 |
| 課 | | | | | | | 부과할 과 |
| 賞 | | | | | | | 칭찬할 상 |
| 輪 | | | | | | | 바퀴 륜 |
| 養 | | | | | | | 기를 양 |
| 機 | | | | | | | 기계 기 |
| 積 | | | | | | | 쌓을 적 |

| 漢字 | 例文 | 漢字 | 例文 |
|---|---|---|---|
| 録 〔金8〕 ロク | ① 住民登録の 手つづきを しました。<br>② すきな テレビ番組を 録画して おきます。 | 鏡 〔金11〕 キョウ, かがみ | ① 望遠鏡で 山の頂上を 見ました。<br>② 鏡のように 静かな 水面。<br>③ 毎朝 手鏡を 見て 髪を 解かす。 |
| 観 〔見11〕 カン | ① 日光は 観光地として 有名です。<br>② 砂浜に 落ちている 空きかんや ごみは 景観を そこねる。 | 願 〔頁11〕 ガン, ねが | ① 入学願書の 受け付けが 始まる。<br>② 山田さんに 留守番を お願いする つもりです。 |
| 類 〔頁9〕 ルイ | ① めずらしい 種類の 虫を 見付けた。<br>② 人類の 平和と 安全を 願う。<br>③ 夏休みに 村里の 親類の家へ 行く。 | 競 〔立15〕 キョウ, ケイ, きそ, せ | ① 100メートルの 競走で 一等に なった。<br>② かれは 競輪の 選手です。<br>③ ゴール前の 競り合いで かった。 |
| 験 〔馬8〕 ケン, ゲン | ① 夏の キャンプで きちょうな 体験を しました。<br>② 天神は 霊験 あらたかな 神です。 | 議 〔言13〕 ギ | ① どうくつから 不思議な 音が 聞こえてくる。<br>② 大事なことは 協議して きめる。 |

| | | | | | | | | |
|---|---|---|---|---|---|---|---|---|
| 録 | | | | | | | | 기록할 록<br>錄 |
| 観 | | | | | | | | 볼관·보살필관<br>觀 |
| 類 | | | | | | | | 무리 류 |
| 験 | | | | | | | | 증험할 험<br>驗 |
| 鏡 | | | | | | | | 거울 경 |
| 願 | | | | | | | | 바랄 원 |
| 競 | | | | | | | | 다툴 경 |
| 議 | | | | | | | | 논할 의 |

| 漢字 | 例文 | 漢字 | 例文 |
|---|---|---|---|
| 久<br>[ノ 2]<br>キュウ, ク, ひさ | ① 世界は 永久平和を 望んでいる。<br>② 仏の 教えから 久遠の 恵みを うける。<br>③ やあ、 久しぶりですね。 | 刊<br>[刀 3]<br>カン | ① 新しい 漢字字典を 刊行した。<br>② この 週刊誌は 毎週 木曜日に 発刊される。 |
| 仏<br>[イ 2]<br>ブツ, ほとけ | ① 奈良の 東大寺の 大仏は 高さが 約十六メートルも ある。<br>② 仏の 顔も 三度です。 | 可<br>[口 2]<br>カ | ① 今は 月へ 行くことも 可能に なった。<br>② 国会で 今年の 予算案が 可決された。<br>③ 可もなく 不可もない。 |
| 支<br>[支 0]<br>シ, ささ | ① この 川は 利根川の 支流です。<br>② 収入より 支出の 方が 多い。<br>③ 倒れそうな 塀を 丸太で 支える。 | 句<br>[口 2]<br>ク | ① 短歌では 初めの 五七五を 上の句、つぎの 七七を 下の句と いう。<br>② 父は 今度、 句集を 出すことになった。 |
| 比<br>[比 0]<br>ヒ, くら | ① 二の五に 対する 比の 値は 五分の二、 または 0.4である。<br>② 妹と 背比べを する。 | 圧<br>[土 2]<br>アツ | ① 低気圧が 近づいて、 天候が あれもようになった。<br>② おじいさんは 血圧が 高いそうだ。 |

| 久 | | | | | | | | 오랠 구 |
| 仏 | | | | | | | | 부처 불<br>佛 |
| 支 | | | | | | | | 지탱할 지<br>支 |
| 比 | | | | | | | | 비교할 비 |
| 刊 | | | | | | | | 책펴낼 간 |
| 可 | | | | | | | | 옳을 가 |
| 句 | | | | | | | | 글귀 구 |
| 圧 | | | | | | | | 누를 압<br>壓 |

| 漢字 | 例文 | 漢字 | 例文 |
|---|---|---|---|
| 布 〔巾2〕 フ, ぬの | ① かれは キリスト教の 布教に その一生を ささげた。<br>② きれいな 布で 財布を 作った。 | 犯 〔犬2〕 ハン, おか | ① 指名手配された 犯人は 前科二犯だそうだ。<br>② 同じ 過ちを 二度と 犯すな。 |
| 弁 〔廾2〕 ベン | ① 品物の 良否を 弁別する。<br>② 先生に しかられそうになった 時、友だちが 弁護してくれた。 | 示 〔示0〕 ジ, シ, しめ | ① 掲示板の 前に 人が 集まっている。<br>② 引退の 時期を 示唆した。<br>③ 実験の 結果を グラフで 示す。 |
| 旧 〔日1〕 キュウ | ① 満月から 満月までを ひと月として作った 暦を 旧暦という。<br>② かれとは 旧知の 間柄だ。 | 仮 〔人4〕 カ, ケ, かり | ① 仮説を 立てて 実験する。<br>② 彼は 仮病を つかって 学校を 休んだ。<br>③ 仮にも 恩を 忘れては ならない。 |
| 永 〔水1〕 エイ, なが | ① 祖父は 八十才で 永眠した。<br>② 永い 間の 苦労が 水の あわに なってしまった。 | 件 〔人4〕 ケン | ① 電話では 用件を 簡単に 話すことが 大切だ。<br>② その 工事には 人件費が かかりすぎた。 |

| 布 | | | | | | | | | 베 포 |
|---|---|---|---|---|---|---|---|---|---|
| 弁 | | | | | | | | | 판별할변<br>辨 |
| 旧 | | | | | | | | | 오랠구<br>舊 |
| 永 | | | | | | | | | 길 영 |
| 犯 | | | | | | | | | 범할범 |
| 示 | | | | | | | | | 보일시 |
| 仮 | | | | | | | | | 거짓가<br>假 |
| 件 | | | | | | | | | 사건건 |

| 漢字 | 例文 | 漢字 | 例文 |
|---|---|---|---|
| 任 〔人4〕 ニン, まか | ① 自分の 行動に 責任を もつ。<br>② 私が 校長に 就任したのは 三年前だ。<br>③ なりゆきしだいに 任せる。 | 在 〔土3〕 ザイ, あ | ① ご主人は ご在宅ですか。<br>② アルバムを 見ながら 在りし日の 友を 思い出す。 |
| 再 〔冂4〕 サイ, サ, ふたたび | ① 病気が 再発したため 父は 再び 入院した。<br>② 新校舎の 完成予定は 再来年です。 | 舌 〔舌0〕 ゼツ, した | ① ふたりの 間に 舌戦が くりひろげられた。<br>② 弟は まだ 舌足らずだ。 |
| 因 〔口3〕 イン, よ | ① こんどの 試合の 敗因は チームワークの 悪さに ある。<br>② その 功績に 因って 表彰された。 | 似 〔人5〕 ジ, に | ① 疑似せきりが 発生した。<br>② 弟は 漫画で 似顔を 描くのが 得意です。 |
| 団 〔口3〕 ダン, トン | ① この辺の 畑は 今は 全部 団地に なってしまった。<br>② お客さまに 座布団を 勧める。 | 余 〔人5〕 ヨ, あま | ① 台風の 余波で 海が あれている。<br>② その 行動には 弁解の 余地が ない。<br>③ 二つずつ 分けると 一つ 余った。 |

| 任 | | | | | | | | 맡길 임 |
| --- | --- | --- | --- | --- | --- | --- | --- | --- |
| 再 | | | | | | | | 두번 재 　再 |
| 因 | | | | | | | | 원인 인 |
| 団 | | | | | | | | 모을 단 　團 |
| 在 | | | | | | | | 있을 재 |
| 舌 | | | | | | | | 혀 설 |
| 似 | | | | | | | | 비슷할 사 |
| 余 | | | | | | | | 남을 여 |

| 漢字 | 例文 | 漢字 | 例文 |
|---|---|---|---|
| 判 [刀5] ハン, バン | ① 山へ 行った時、天候の 判断を 誤ると 遭難する。<br>② 公害の 裁判で 被害者が かった。 | 応 [心3] オウ | ① 友だちの 勧めに 応じて 展覧会を 見に 行った。<br>② むずかしい 応用問題を 解く。 |
| 均 [土4] キン | ① 体操の 選手は 均整の とれた 美しい 体を している。<br>② 平均台の 上で 逆立を する。 | 志 [心3] シ, こころざ, こころざし | ① 少年よ 大志を いだけの 志を 立てる。<br>② 飛行機の パイロットを 志している。<br>③ お志だけで けっこうです。 |
| 序 [广4] ジョ | ① このくらいの 苦しさなどは まだ 序の 口だ。<br>② オペラの 序曲を 聞いた。 | 快 [心4] カイ, こころよ | ① 軽快な 曲にのって おどりました。<br>② 今日は 快晴で 富士山が よく 見える。<br>③ 快い風が ほお(頬)に 当る。 |
| 防 [阝4] ボウ, ふせ | ① 此の頃は 薬で 火を 消す 化学消防車 なども あります。<br>② 堤防を 築いて 水害を 防ぐ。 | 技 [手4] ギ, わざ | ① わたしの 特技は ピアノです。<br>② かれは 柔道の 技を 磨き、オリンピックで 金メダルを 取った。 |

| | | | | | | |
|---|---|---|---|---|---|---|
| 判 | | | | | | 판단할 판<br>判 |
| 均 | | | | | | 고를 균 |
| 序 | | | | | | 질서 서 |
| 防 | | | | | | 막을 방 |
| 応 | | | | | | 응할 응<br>應 |
| 志 | | | | | | 뜻 지 |
| 快 | | | | | | 쾌할 쾌 |
| 技 | | | | | | 재주 기 |

| 漢字 | 例文 | 漢字 | 例文 |
|---|---|---|---|
| 条 [木3] ジョウ | ① わたしの 信条は 努力です。<br>② 試合に 勝つ条件は そろっていたが 負けてしまった。 | 舎 [人6] シャ | ① 牛舎は いつも きれいに しておく。<br>② 仏教では おしゃかさまの 骨のことを 舎利という。 |
| 災 [火3] サイ, わざわ | ① 全国民が 火災予防に 努力する。<br>② 雲が 災いして 観測は 失敗に 終わりました。 | 券 [刀6] ケン | ① 乗車券を お持ちでない 方は お知らせ願います。<br>② 定期券で 電車に 乗る。 |
| 状 [犬3] ジョウ | ① 別に 異状は ありませんでした。<br>② 友だちから 年賀状が とどきました。<br>③ 図工の 時間に 状差しを 作った。 | 制 [刀6] セイ | ① この 中学校では 制服を 着ることになっている。<br>② 卒業記念の 壁画を 制作する。 |
| 価 [人6] カ, あたい | ① オリーブの 実は 栄養価が 高い。<br>② 昔の 一円は 今の 千円に 価する。<br>③ この本は 一度は 読むに 価します。 | 効 [力6] コウ, き | ① 薬は 効能書きを よく 読んでから 使用すること。<br>② 薬の 効きめは すぐに 現れた。 |

| | | | | | | | | |
|---|---|---|---|---|---|---|---|---|
| 条 | | | | | | | | 조리조 條 |
| 災 | | | | | | | | 재앙재 災 |
| 状 | | | | | | | | 형상상 狀 |
| 価 | | | | | | | | 값가 價 |
| 舎 | | | | | | | | 집사 舍 |
| 券 | | | | | | | | 문서권 券 |
| 制 | | | | | | | | 억제할제 制 |
| 効 | | | | | | | | 효험효 效 |

| 漢字 | 例文 | 漢字 | 例文 |
|---|---|---|---|
| 妻 〔女5〕 サイ, つま | ① 山田夫妻は 元気に アメリカへ 旅立っていった。<br>② 妻を 知人に 紹介する。 | 性 〔心5〕 セイ, ショウ | ① 車は 安全性を 重んじて 選ぼう。<br>② きちんと しなければ すまない 性分です。 |
| 居 〔戸5〕 キョ, い | ① 古い 住居のあとが 発見された。<br>② 現場に 居合わせた 人に 事故の ようすを きく。 | 承 〔手4〕 ショウ, うけたまわ | ① 断わるわけにもいかず 不承不承 仕事を ひきうけた。<br>② ご注文を 承ります。 |
| 往 〔彳5〕 オウ | ① 往路は 船を 帰路は 飛行機を 利用します。<br>② かれは 往年の 名投手だ。 | 招 〔手4〕 ショウ, まね | ① 誕生日に 友だちを 招待した。<br>② 近所の お年寄りを 招いて、 昔の 正月遊びの 話を きく。 |
| 述 〔辶5〕 ジュツ, の | ① この文章は 博士の 口述を 筆記したものです。<br>② 率直に 意見を 述べてください。 | 易 〔日4〕 エキ, イ, やさ | ① 日本の 貿易は 年々のびている。<br>② 登山を 安易に 考えては いけない。<br>③ この問題は 割り合い 易しかった。 |

| 漢字 | | | | | | | | 訓 |
|---|---|---|---|---|---|---|---|---|
| 妻 | | | | | | | | 아내 처 |
| 居 | | | | | | | | 살 거 |
| 往 | | | | | | | | 갈 왕 |
| 述 | | | | | | | | 말할 술 述 |
| 性 | | | | | | | | 성품 성 |
| 承 | | | | | | | | 이을 승 |
| 招 | | | | | | | | 초대할 초 |
| 易 | | | | | | | | 바꿀역·쉬울이 |

| 漢字 | 例文 | 漢字 | 例文 |
|---|---|---|---|
| 枝 [木4] シ, えだ | ① 枝葉末節に こだわっていては、問題は 解決しない。<br>② ひとり 別れて 枝道に はいった。 | 肥 [肉4] ヒ, こ, こえ | ① はじめにやる肥料を 元肥、後からやる 肥料を 追い肥という。<br>② 畑に 肥やしを やりました。 |
| 武 [止4] ブ, ム | ① 源氏の 大将の 武勇伝を 読んだ。<br>② 武力で 弱い国を おさえつける。<br>③ 武者ぶるいする。 | 非 [非0] ヒ | ① 人を 非難する前に 自分の 行いを 反省せよ。<br>② 我が身の 非運を 嘆く。 |
| 河 [水5] カ, かわ | ① 河口に 大きな 港が あります。<br>② 普通「河」は 大きな 川、「川」は 小さな 川を さす。 | 保 [人7] ホ, たも | ① 意見が まとまらないので この 問題の 決定は 保留します。<br>② 健康を 保つように 心掛ける。 |
| 版 [片4] ハン | ① 日本では 言論・出版は どんな ものでも 自由である。<br>② その本は もう 絶版に なりました。 | 則 [刀7] ソク | ① サッカーでは 手に ボールが ふれると 反則になります。<br>② 学生は 校則に 則して 行動する。 |

| | | | | | | | |
|---|---|---|---|---|---|---|---|
| 枝 | | | | | | | 가지 지 |
| 武 | | | | | | | 군사 무 |
| 河 | | | | | | | 내 하 |
| 版 | | | | | | | 판목 판 |
| 肥 | | | | | | | 살찔 비 |
| 非 | | | | | | | 아닐 비 |
| 保 | | | | | | | 보호할 보 |
| 則 | | | | | | | 법칙 칙 |

| 漢字 | 例文 | 漢字 | 例文 |
|---|---|---|---|
| 厚 [厂7] コウ, あつ | ① あなたの ご厚意に 感謝します。<br>② 厚い板を のこぎりで 切る。<br>③ 冬でも 厚着は 健康に よくない。 | 限 [阝6] ゲン, かぎ | ① 父は いつも 制限速度を 守って 車を 運転する。<br>② 力の 限りを つくして 戦った。 |
| 逆 [辶6] ギャク, さか | ① 前半は 負けていたが 後半には 調子が 出て 逆転勝ちを した。<br>② 逆立ちや 逆上がりが 得意です。 | 故 [攵5] コ, ゆえ | ① 事故で 親を 亡くした子は 幼い 故に なみだを さそう。<br>② ぼくの 故郷は 長野です。 |
| 退 [辶6] タイ, しりぞ | ① 予定よりも 早く 退院できた。<br>② 自分の 考えが 正しいと 言いはって 一歩も 退かない。 | 政 [攵5] セイ, ショウ, まつりごと | ① 昔、推古天皇のとき 聖徳太子が 摂政と なられた。<br>② 昔は 将軍が 政を つかさどった。 |
| 迷 [辶6] メイ, まよ | ① 人に 迷惑を かけるな。<br>② 事件は 迷宮入りと なってしまった。<br>③ 山で 道に 迷って ひどい目にあった。 | 査 [木5] サ | ① 事故の 原因を くわしく 調査する。<br>② 混雑している 交差点で 巡査が 交通整理を している。 |

| 厚 | | | | | | | 두터울 후 |
|---|---|---|---|---|---|---|---|
| 逆 | | | | | | | 거스릴 역 逆 |
| 退 | | | | | | | 물러날 퇴 退 |
| 迷 | | | | | | | 미혹할 미 迷 |
| 限 | | | | | | | 한계 한 |
| 故 | | | | | | | 연고 고 |
| 政 | | | | | | | 다스릴 정 |
| 査 | | | | | | | 조사할 사 |

| 漢字 | 例文 | 漢字 | 例文 |
|---|---|---|---|
| 独 〔犬6〕 ドク, ひと | ① インドは 一九四七年に イギリスから 独立した。<br>② 赤ん坊が 独り歩きするようになった。 | 俵 〔人8〕 ヒョウ, たわら | ① 久しぶりに 横綱の 土俵入りを 見ました。<br>② ねずみが 米俵を かじる。 |
| 祖 〔示5〕 ソ | ① ぼくは 祖父に にている。<br>② うちには 祖先から 伝わる 古い 書き物が ある。 | 容 〔宀7〕 ヨウ | ① ガラスの 容器に 水を 入れる。<br>② この 本の 内容は とても 難しい。<br>③ 暴力を 容認するのは よくない。 |
| 個 〔人8〕 コ | ① にもつの 個数を 調べる。<br>② この 学校では 個性を のばす 教育を している。 | 師 〔巾7〕 シ | ① わたしは 将来 小学校の 教師に なりたい。<br>② 漁師が 網を ひく。 |
| 修 〔人8〕 シュウ, シュ, おさ | ① 自動車は 今 工場で 修理して もらっています。<br>② お花の 修業を する。 | 造 〔辶7〕 ゾウ, つく | ① 模造紙で かべ新聞を 作りました。<br>② この 工場では 新型の 機械を 造っている。 |

| 独 | | | | | | | 홀로 독<br>獨 |
|---|---|---|---|---|---|---|---|
| 祖 | | | | | | | 선조 조<br>祖 |
| 個 | | | | | | | 낱 개 |
| 修 | | | | | | | 닦을 수 |
| 俵 | | | | | | | 나누어줄 표 |
| 容 | | | | | | | 얼굴 용 |
| 師 | | | | | | | 스승 사 |
| 造 | | | | | | | 지을 조<br>造 |

| 恩 [心6] オン | ① あの人は ぼくの 命の 恩人です。<br>② 命を たすけられた つるが 恩返しに 来た。 | 益 [皿5] エキ, ヤク | ① 先生から 有益な お話を 聞いた。<br>② けがが 軽かったのは 仏さまの 御利益だ。 |
|---|---|---|---|
| 桜 [木6] オウ, さくら | ① 父は 首相主催の 観桜会に まねかれました。<br>② 家族で 夜桜見物に 出掛ける。 | 破 [石5] ハ, やぶ | ① ガラスの 破片で 手を 切った。<br>② 洋服の 破れた 部分に つぎを 当てます。 |
| 格 [木6] カク, コウ | ① 姉は 看護婦の 資格を 取った。<br>② 古い 家は 格式を 重んじる。<br>③ その 家には 格子戸が あります。 | 素 [糸4] ソ, ス | ① この 洋服の 素材は 綿です。<br>② 彼女は 音楽家の 素質が ある。<br>③ 親類の 家の 前を 素通りする。 |
| 留 [田5] リュウ, ル, と | ① 兄は アメリカへ 留学している。<br>② 母は 今 留守です。<br>③ 気付いた ことを 書き留めて おく。 | 耕 [耒4] コウ, たがや | ① 日本は 耕地が 少ない。<br>② あれ地を 耕して りっぱな 農園を つくった。 |

| | | | | | | | | |
|---|---|---|---|---|---|---|---|---|
| 恩 | | | | | | | | 은혜 은 |
| 桜 | | | | | | | | 벗나무 앵 櫻 |
| 格 | | | | | | | | 격식 격 |
| 留 | | | | | | | | 머무를 류 |
| 益 | | | | | | | | 더할 익 益 |
| 破 | | | | | | | | 부서질 파 |
| 素 | | | | | | | | 흴 소 |
| 耕 | | | | | | | | 밭갈 경 |

| 漢字 | 例文 | 漢字 | 例文 |
|---|---|---|---|
| 能 〔肉6〕 ノウ | ① 能面の ような 無表情な 顔。<br>② あの 人は 音楽の 才能が ある上に スポーツも 万能だ。 | 婦 〔女8〕 フ | ① 電気 洗濯機の おかげで 主婦の 仕事は 楽に なった。<br>② 夫婦げんかは 犬も 食わない。 |
| 財 〔貝3〕 ザイ, サイ | ① かれは 事業に 失敗して 全財産を 失った。<br>② 財布の 紐を 緩めては いけない。 | 寄 〔宀8〕 キ, よ | ① 寄生虫を 退治する 薬を のむ。<br>② 近くへ おいでに なった ときは お寄りください。 |
| 務 〔力9〕 ム, つと | ① この 会社の 一日の 勤務時間は 八時間です。<br>② 私は 学級会の 書記を 務めた。 | 常 〔巾8〕 ジョウ, つね, とこ | ① 今ごろ 雪がふるなんて、異常な天気だ。<br>② 健康には 常に 注意すること。<br>③ 彼は 常夏の国 ハワイに 住んでいる。 |
| 基 〔土8〕 キ, もと, もとい | ① 不注意に 基因する 事故が 多い。<br>② 今までの 記録に 基づいて 計画を 立てる。 | 張 〔弓8〕 チョウ, は | ① 父は 大阪へ 出張している。<br>② 大雨で 川の水が ふえたので 一晩中 見張りを 置く。 |

| | | | | | | | |
|---|---|---|---|---|---|---|---|
| 能 | | | | | | | 능할 능 |
| 財 | | | | | | | 재산 재 |
| 務 | | | | | | | 힘쓸 무 |
| 基 | | | | | | | 터 기 |
| 婦 | | | | | | | 며느리 부 |
| 寄 | | | | | | | 부칠 기 |
| 常 | | | | | | | 항상 상 |
| 張 | | | | | | | 베풀 장 |

| 漢字 | 例文 | 漢字 | 例文 |
|---|---|---|---|
| 険 [阝8] ケン, けわ | ① 身の 危険を 感じて 逃げ出した。<br>② 険しい 山道を 喘ぎながら 登っている。 | 接 [手8] セツ, つ | ① お客様を 応接室に お通しする。<br>② 火星が 地球に 接近してきた。<br>③ かきの 接ぎ木に 成功した。 |
| 情 [心8] ジョウ, セイ, なさ | ① 家庭の 事情で 会社を やめます。<br>② 何の 風情もなく すみません。<br>③ 情けは 人の ためならず。 | 断 [斤7] ダン, た, ことわ | ① ものごとを 正しく 判断する。<br>② 大根を 二つに 断ち切った。<br>③ せっかくだが そのたのみは 断る。 |
| 採 [手8] サイ, と | ① テストの 採点の 結果が 発表された。<br>② 夏休みには 昆虫採集を したい。<br>③ 葡萄から 酒を 採る。 | 液 [水8] エキ | ① ぼくの 血液型は O型です。<br>② 胃液や 腸液は 食べた物を 消化する 消化液です。 |
| 授 [手8] ジュ, さず | ① ノーベル賞の 授賞式に 参列する。<br>② 王が 臣下に 刀を 授ける。<br>③ 赤ちゃんは 天からの 授かり物だ。 | 混 [水8] コン, ま | ① ホームは スキー客で 混雑した。<br>② ソプラノと アルトが 混じり合って 美しい 合唱に なった。 |

험할 험 險
정 정 情
가려낼 채 採
가르칠 수 授
대접할 접 接
끊을 단 斷
즙 액 液
섞을 혼 混

| 漢字 | 例文 | 漢字 | 例文 |
|---|---|---|---|
| 率 [玄6] ソツ, リツ, ひき | ① 率直な 意見を 述べてください。<br>② 仕事の 能率をあげる。<br>③ 生徒を 率いて 山に 登る。 | 移 [禾6] イ, うつ | ① こくばんが よく 見えない 人は 席を 移動して ください。<br>② 次々に ボートに 乗り移った。 |
| 現 [玉7] ゲン, あらわ | ① その 計画は すばらしいが、理想的すぎて 現実的ではない。<br>② 夢の 中に 死んだ 父が 現れた。 | 経 [糸5] ケイ, キョウ, へ | ① ハワイ経由の 飛行機で 帰った。<br>② 門前の 小僧 習わぬ 経を 読む。<br>③ 山河を 経めぐり 歩いている。 |
| 略 [田6] リャク | ① まちがった 略字を 書くな。<br>② この 文章は はじめの 部分が 省略されている。 | 術 [行5] ジュツ | ① 平安時代の 美術品を 見た。<br>② 芸術を 通じて 世界が 一つに むすばれる。 |
| 眼 [目6] ガン, ゲン, まなこ | ① 祖父は 老眼鏡を かけている。<br>② 打撃開眼。<br>③ 海賊は 血眼になって 宝を さがした。 | 規 [見4] キ | ① 今日はお祭りで 人通りが 多いので、車は 交通規制している。<br>② 規定の 料金を いただきます。 |

| | | | | | | | | |
|---|---|---|---|---|---|---|---|---|
| 率 | | | | | | | | 거느릴솔·헤아릴률 率 |
| 現 | | | | | | | | 나타낼 현 |
| 略 | | | | | | | | 생략 략 |
| 眼 | | | | | | | | 눈 안 |
| 移 | | | | | | | | 옮길 리 |
| 経 | | | | | | | | 지낼 경 經 |
| 術 | | | | | | | | 재주 술 術 |
| 規 | | | | | | | | 법 규 |

| 許 〔言 4〕 キョ, ゆる | ① 父は 発明を して 特許を とった。<br>② 彼は 私が 心を 許すことの できる たった 一人の 友人だ。 | 備 〔人 10〕 ビ, そな | ① 相手の 守備が かたく, どうしても 得点できない。<br>② 明日の テストに 備えて 勉強する。 |
|---|---|---|---|
| 設 〔言 4〕 セツ, もう | ① 団地の 中に 小学校を 新設する。<br>② 仮設の 事務所で 仕事を 始めた。<br>③ 口実を 設けて 断る。 | 営 〔⺍ 9〕 エイ, いとな | ① 寺や 神社の 建物を 造ることを 造営と いう。<br>② おじは 食堂を 営んでいる。 |
| 責 〔貝 4〕 セキ, せ | ① 言うことは りっぱだが 実行が 伴わない 無責任な 人。<br>② つりに 行こうと 父を 責めた。 | 報 〔土 9〕 ホウ, むく | ① 情報を 集めて 的確に 判断する。<br>② りっぱな 人になって 親の恩に 報いたい。 |
| 貧 〔貝 4〕 ヒン, ビン, まず | ① 彼女は 貧血を 起こして たおれた。<br>② 稼ぐに 追いつく 貧乏なし。<br>③ 少年は 貧しい 家庭に 生まれた。 | 富 〔宀 9〕 フ, フウ, と, とみ | ① 豊富な 水と 肥えた 土地が ほしい。<br>② かれは 富貴な 家の 生まれです。<br>③ 一家が 富み栄えるように いのる。 |

| | | | | | | |
|---|---|---|---|---|---|---|
| 許 | | | | | | 허락할 허 |
| 設 | | | | | | 세울 설 |
| 責 | | | | | | 꾸짖을 책 |
| 貧 | | | | | | 가난할 빈 貧 |
| 備 | | | | | | 갖출 비 |
| 營 | | | | | | 경영할 영 營 |
| 報 | | | | | | 갚을 보 |
| 富 | | | | | | 부유할 부 |

| 漢字 | 例文 | 漢字 | 例文 |
|---|---|---|---|
| 属 [尸9] ゾク, ショク | ① ぼくは 野球部に 所属している。<br>② 彼は 前途を 属望されている青年です。 | 検 [木8] ケン | ① 水質がきれいか どうかを 検査する。<br>② 石川先生は 修学旅行の 下検分に でかけられた。 |
| 復 [彳9] フク | ① 体力が やっと 回復した。<br>② 東京と 北海道の 間を 飛行機で 往復する。 | 減 [水9] ゲン, へ | ① 会の 予算は 昨年度と 比べて 増減 なしです。<br>② 夏やせで 体重が 減った。 |
| 過 [辶9] カ, す, あやま | ① 手術後の 経過は 順調で 幸いだ。<br>② 夏休みは 海辺の 村で 過ごした。<br>③ ねらいを 過たず 的を 射る。 | 測 [水9] ソク, はか | ① 各地で 観測した データを あつめて 天気予報を 出します。<br>② 観測船が 海の 深さを 測る。 |
| 提 [手9] テイ, さ | ① 作文を 先生に 提出しました。<br>② 弟は ランドセル、ぼくは 手提げ かばんで 学校へ 通う。 | 税 [禾7] ゼイ | ① 納税は 国民の 義務です。<br>② 税関を 通さずに 外国から 品物を 持ちこむ ことは できない。 |

| | | | | | | | |
|---|---|---|---|---|---|---|---|
| 属 | | | | | | | 이을 속<br>屬 |
| 復 | | | | | | | 회복할 복 |
| 過 | | | | | | | 지날 과<br>過 |
| 提 | | | | | | | 내놓을 제 |
| 検 | | | | | | | 검사할 검<br>檢 |
| 減 | | | | | | | 줄어들 감 |
| 測 | | | | | | | 측정할 측 |
| 税 | | | | | | | 세금 세<br>稅 |

| 漢字 | 例文 | 漢字 | 例文 |
|---|---|---|---|
| 程 [禾7] テイ, ほど | ① 規程に はずれた 行為を すれば ばっせられる。<br>② 父は 程なく 帰ってきます。 | 評 [言5] ヒョウ | ① 作品を 見ながら 批評し 合っています。<br>② 最近 出版された 童話集の 書評が 新聞に でていた。 |
| 絶 [糸6] ゼツ, た | ① この 風景画は 絶品です。<br>② あらしの 中を 出港した 船が 消息を 絶った。 | 賀 [貝5] ガ | ① かれの 受賞を いわって 祝賀会を 開いた。<br>② 家族そろって 年賀状を 読み合う。 |
| 統 [糸6] トウ, す | ① この 犬は 血統書つきです。<br>② 将軍は 政治も 軍事も 一手に 統べる 最高の 地位に あった。 | 貸 [貝5] タイ, か | ① 食堂に つとめる 人には 制服を 貸与する。<br>② 消しゴムを ちょっと 貸してください。 |
| 証 [言5] ショウ | ① おじさんは 証券会社に 勤めている。<br>② 事件を 見ていた 人が 裁判所で 証言しました。 | 貿 [貝5] ボウ | ① 横浜は 日本有数の 貿易港である。<br>② 日本は 世界の 国々と 貿易を しています。 |

| | | | | | | | | |
|---|---|---|---|---|---|---|---|---|
| 程 | | | | | | | | 한도 정 |
| 絶 | | | | | | | | 끊을 절 絶 |
| 統 | | | | | | | | 거느릴 통 |
| 証 | | | | | | | | 증거 증 |
| 評 | | | | | | | | 평론할 평 評 |
| 賀 | | | | | | | | 축하할 하 |
| 貸 | | | | | | | | 빌릴 대 |
| 貿 | | | | | | | | 무역할 무 |

| 漢字 | 例文 |
|---|---|
| 勢 [力11] セイ, いきお | ① 台風は 勢力を まして 上陸した。<br>② 子供たちは 合図とともに 勢いよく 走り出した。 |
| 墓 [土10] ボ, はか | ① 墓前に 花や 線香を そなえる。<br>② おひがんには 家族そろって 墓参りに 行きます。 |
| 夢 [夕10] ム, ゆめ | ① 事故に あってからは 悪夢のような 日々でした。<br>② 初夢で 夢うらないを する。 |
| 幹 [干10] カン, みき | ① この 道は 東京へ 行く 幹線道路です。<br>② 幹の 太い ぶなの 木が おいしげって います。 |
| 損 [手10] ソン, そこ | ① かれの 死は 国家の 大きな 損失だ。<br>② むりを して 健康を 損なわないように 気を つけなさい。 |
| 準 [水10] ジュン | ① 準備が ととのったら 始めよう。<br>② ソフトボール大会で ぼくたちの組は 準決勝まで 進んだ。 |
| 禁 [示8] キン | ① ここは 禁煙席です。<br>② ここで 野球を することは 禁じられて います。 |
| 罪 [罒8] ザイ, つみ | ① 青少年の 犯罪が なくなるように 努力する。<br>② 罪を にくんで 人を にくまず。 |

| | | | | | | | |
|---|---|---|---|---|---|---|---|
| 勢 | | | | | | | 기세 세 |
| 墓 | | | | | | | 무덤 묘 |
| 夢 | | | | | | | 꿈 몽 |
| 幹 | | | | | | | 줄기 간 |
| 損 | | | | | | | 손해 손 |
| 準 | | | | | | | 준할 준 |
| 禁 | | | | | | | 금할 금 |
| 罪 | | | | | | | 허물 죄 |

| 漢字 | 例文 | 漢字 | 例文 |
|---|---|---|---|
| 義 [羊7] ギ | ① 夏休みを 有意義に すごそう。<br>② 事故で 足を 無くした 人が 義足を つけて 歩いている。 | 資 [貝6] シ | ① 彼女は 資産家の むすめに 生まれた。<br>② あの 子は 音楽に すぐれた 資質を 持っている。 |
| 群 [羊7] グン, む, むら | ① ばったの 大群が 畑を 襲った。<br>② 鳥が 群れて 飛んでいく。<br>③ たんぽぽの 花が 群がって 咲いている。 | 鉱 [金5] コウ | ① 父は 鉱山で 働いている。<br>② 石油が 輸入されるように なって 炭鉱の 町は 寂れた。 |
| 解 [角6] カイ, ゲ, と | ① 大雨注意報が 解除に なりました。<br>② 解熱剤の おかげで 熱が 下がった。<br>③ この 問題は むずかしくて 解けない。 | 預 [頁4] ヨ, あず | ① お年玉を 銀行に 預金した。<br>② 手荷物を 駅の 一時預かり所に 預けました。 |
| 豊 [豆6] ホウ, ゆた | ① 今年は さんまが 豊漁だ。<br>② 生活が 豊かに なるにつれて ごみが ふえてきた。 | 飼 [食5] シ, か | ① チンパンジーは 飼育係の おじさんに よく 懐いている。<br>② きのう 飼い犬に 手を かまれた。 |

| | | | | | | | |
|---|---|---|---|---|---|---|---|
| 義 | | | | | | | 옳을 의 |
| 群 | | | | | | | 무리 군 |
| 解 | | | | | | | 풀 해 |
| 豊 | | | | | | | 풍부할 풍 豐 |
| 資 | | | | | | | 재물 자 |
| 鉱 | | | | | | | 쇳돌 광 鑛 |
| 預 | | | | | | | 맡길 예 |
| 飼 | | | | | | | 기를 사 飼 |

| 漢字 | 例文 | 漢字 | 例文 |
|---|---|---|---|
| 像 [人 12] ゾウ | ① 奈良へ 行って 古い 仏像を おがむ。<br>② 音楽室には ベートーベンの 肖像画が はってある。 | 適 [辶 11] テキ | ① 設備が よくて 快適な ホテルです。<br>② この 本を つつむのに 適当な 紙は ないかしら。 |
| 境 [土 11] キョウ, ケイ, さかい | ① フランスと ドイツの 国境を 越えた。<br>② 神社の 境内を ひとりで 歩く。<br>③ となりの 家との 境に 塀を つくる。 | 際 [阝 11] サイ, きわ | ① この 際 思いきって 余分な ものは 捨てて しまおう。<br>② 到頭 花も 散り際に なりました。 |
| 増 [土 11] ゾウ, ま, ふ | ① 祖母の ために はなれを 増築した。<br>② 昨日の 雨で 川の 水かさが 増した。<br>③ 母は 最近 しらがが 増えた。 | 慣 [心 11] カン, な | ① 食事の 後に 歯を みがく 習慣を 身に つけよう。<br>② 不慣れな 仕事なので つかれる。 |
| 徳 [彳 11] トク | ① 近ごろは 道徳が みだれている。<br>② みんなに すかれるのは かれの 人徳の せいだ。 | 態 [心 10] タイ | ① ありの 生態を 観察する。<br>② 亡命者の 受け入れ 態勢が 調っている。 |

| | | | | | | | |
|---|---|---|---|---|---|---|---|
| 像 | | | | | | | 형상 상 |
| 境 | | | | | | | 경계 경 |
| 増 | | | | | | | 더할 증 增 |
| 徳 | | | | | | | 은혜 덕 德 |
| 適 | | | | | | | 마땅할 적 適 |
| 際 | | | | | | | 지음 제 |
| 慣 | | | | | | | 익숙할 관 |
| 態 | | | | | | | 모양 태 |

| 漢字 | 例文 | 漢字 | 例文 |
|---|---|---|---|
| 構 [木10] コウ, かま | ① 新しい 小説の 構想を ねる。<br>② いざと いうときの 心構えが たいせつだ。 | 綿 [糸8] メン, わた | ① これまでの 出来ごとを 綿々と 話す。<br>② 祖母が 綿入れの 着物を 作って くれました。 |
| 演 [水11] エン | ① かれは リア王を 見事に 演じた。<br>② 候補者の 立ち会い 演説会が 開かれている。 | 製 [衣8] セイ | ① これは スイス製の とけいです。<br>② 手製の 弓矢で 鳥や 獣を とってくらした。 |
| 精 [米8] セイ, ショウ | ① 乗りこした 人は まど口で 精算してください。<br>② 仏道に 精進する。 | 複 [衣9] フク | ① この 書類を 複写して ください。<br>② 駅からの 道順が 複雑で わかりにくいです。 |
| 総 [糸8] ソウ | ① みんなの 意見を 総合する。<br>② 読み方の わからない 字を 総画索引で 引く。 | 酸 [酉7] サン, す | ① 成功するまでには 多くの 辛酸を なめました。<br>② この ぶどうは 酸っぱい。 |

| | | | | | | | | |
|---|---|---|---|---|---|---|---|---|
| 構 | | | | | | | | 엮을구 構 |
| 演 | | | | | | | | 연습할연 |
| 精 | | | | | | | | 깨끗할정 精 |
| 総 | | | | | | | | 거느릴총 總 |
| 綿 | | | | | | | | 솜 면 |
| 製 | | | | | | | | 지을제 |
| 複 | | | | | | | | 겹칠복 |
| 酸 | | | | | | | | 신맛산 |

| 漢字 | 例文 | 漢字 | 例文 |
|---|---|---|---|
| 銭 〔金6〕 セン, ぜに | ① 父は 古銭を 集めています。<br>② バスに 乗るときは 小銭を 用意して おく。 | 導 〔寸12〕 ドウ, みちび | ① その 場所を よく 知っているので 私が 先導します。<br>② 今後も よろしく お導きください。 |
| 銅 〔金6〕 ドウ | ① 世界各国の 銅貨を 集める。<br>② 郷土の ために つくした人の 銅像が 建った。 | 敵 〔攵11〕 テキ, かたき | ① 予選で 強敵と 当たった。<br>② いくら 兄弟でも 運動会では 敵どうしだ。 |
| 雑 〔隹6〕 ザツ, ゾウ | ① 新宿駅は いつも 混雑している。<br>② お雑煮の 作り方は 地方によって ちがう。 | 暴 〔日11〕 ボウ, バク, あば | ① あの 店は 暴利を むさぼっている。<br>② 公務員の 不正を 暴露する。<br>③ 人の ひみつを 暴いては いけません。 |
| 領 〔頁5〕 リョウ | ① 品物は たしかに 受領しました。<br>② かれは 図工の 時間になると 本領を 発揮する。 | 潔 〔水12〕 ケツ, いさぎよ | ① 父は 潔癖な人で すこしの 不正も 許さない。<br>② 悪いと 知ったら 潔くあやまれ。 |

| | | | | | | | |
|---|---|---|---|---|---|---|---|
| 銭 | | | | | | | 돈 전<br>錢 |
| 銅 | | | | | | | 구리 동 |
| 雑 | | | | | | | 섞을 잡<br>雜 |
| 領 | | | | | | | 거느릴 령 |
| 導 | | | | | | | 인도할 도<br>導 |
| 敵 | | | | | | | 대적할 적 |
| 暴 | | | | | | | 사나울 폭 |
| 潔 | | | | | | | 깨끗할 결<br>潔 |

| 漢字 | 例文 | 漢字 | 例文 |
|---|---|---|---|
| 確 〔石 10〕 カク, たし | ① 戦争中は 食べ物を 確保することが たいへんだった。<br>② 辞書を ひいて 意味を 確かめる。 | 燃 〔火 12〕 ネン, も | ① ベンジンは 可燃性の 液体です。<br>② 山の つつじが 燃えるように 赤い。<br>③ 試合を 前に 闘志を 燃やす。 |
| 編 〔糸 9〕 ヘン, あ | ① トルストイの 長編小説「戦争と平和」を 読んだ。<br>② 赤い毛糸で セーターを 編む。 | 築 〔竹 10〕 チク, きず | ① 校舎を 新築する ことになった。<br>② 太田道灌という人が 江戸城を 築いたと いわれる。 |
| 賛 〔貝 8〕 サン | ① 友だちの 意見に 賛同する。<br>② よし子さんの ピアノ演奏に 絶賛の 拍手が おくられた。 | 興 〔臼 9〕 コウ, キョウ, おこ | ① 興奮して なかなか 眠れなかった。<br>② わたしは 音楽に 興味が ある。<br>③ 勇気を 興して 困難に 当たる。 |
| 質 〔貝 8〕 シツ, シチ, チ | ① えんりょなく 質問しなさい。<br>② 銀行に 建物を 質に 入れた。<br>③ 言質を 与える。 | 衛 〔行 10〕 エイ | ① 夏は とくに 衛生に 注意しよう。<br>② 町の 人々は 自衛の ために 立ち上がった。 |

| | | | | | | | | |
|---|---|---|---|---|---|---|---|---|
| 確 | | | | | | | | 확실할 확 |
| 編 | | | | | | | | 엮을 편 |
| 賛 | | | | | | | | 찬성할 찬 **贊** |
| 質 | | | | | | | | 바탕 질 |
| 燃 | | | | | | | | 불태울 연 |
| 築 | | | | | | | | 쌓을 축 |
| 興 | | | | | | | | 흥할 흥 |
| 衛 | | | | | | | | 지킬 위 **衞** |

| 漢字 | 例文 | 漢字 | 例文 |
|---|---|---|---|
| 輸〔車9〕ユ | ① ピストルを 密輸しようとした 人が つかまった。<br>② 韓国と 日本は 小麦を 輸入する。 | 織〔糸12〕ショク, シキ, お | ① 自動織機が 発明され、織物業は 急速に 発達した。<br>② 会社の 組織を あらためる。 |
| 績〔糸11〕セキ | ① この 町には 紡績工場が 多い。<br>② 今学期は よく 努力したので 成績が 上がった。 | 職〔耳12〕ショク | ① 職場の 空気を 明るくするように 努めている。<br>② 父は 昨年 定年で 退職した。 |
| 講〔言10〕コウ | ① お料理の 講習会が 開かれた。<br>② 一九五一年、サンフランシスコで 講和会議が 開かれた。 | 額〔頁9〕ガク, ひたい | ① 絵を 額ぶちに 入れて 壁に かけた。<br>② ねこの 額ほどの 土地に 家を 建てている。 |
| 謝〔言10〕シャ, あやま | ① 感謝の 手紙が たくさん 寄せられた。<br>② すぐに 謝ったので あまり しかられなかった。 | 識〔言12〕シキ | ① 地図と 標識を たよりに 山を こえた。<br>② いろいろな 本を 読んで たくさんの 知識を 身に つけた。 |

| | | | | | | |
|---|---|---|---|---|---|---|
| 輸 | | | | | | 실어낼 수 輸 |
| 績 | | | | | | 길쌈할 적 |
| 講 | | | | | | 강론할 강 講 |
| 謝 | | | | | | 사죄할 사 |
| 織 | | | | | | 짤 직 |
| 職 | | | | | | 직분 직 |
| 額 | | | | | | 이마 액 |
| 識 | | | | | | 알 식 |

| 漢字 | 例文 | 漢字 | 例文 |
|---|---|---|---|
| 護 [言13] ゴ | ① けが人や 病人を 救護する。<br>② とじこめられた あなの 中で 神の 加護を 念じた。 | 干 [干0] カン, ほ, ひ | ① この辺の 海は 干満の 差が 大きい。<br>② 物干しざおに せんたく物を 干す。<br>③ 日でりが 続いて池の水が 干上がった。 |
| 亡 [亠1] ボウ, モウ, な | ① 外国へ 亡命した 政治家が 多い。<br>② 我利我利亡者。<br>③ 祖母は 八十才で 亡くなりました。 | 仁 [人2] ジン, ニ | ① 仁徳の 高い 行いを する。<br>② 逃げようとする 者の 前に 仁王立ちになって 遮る。 |
| 寸 [寸0] スン | ① 一寸の 十倍を 一尺と いいます。<br>② 大雨のため 鉄道は 各地で 寸断されました。 | 収 [又2] シュウ, おさ | ① 森で 野鳥の 声を 収録した。<br>② この本には 短い 童話が 五編 収められている。 |
| 己 [己0] コ, キ, おのれ | ① 彼は 何を するにも 自己流だ。<br>② かれは 克己心の 強い 人です。<br>③ 己の 力を 知れ。 | 尺 [尸1] シャク | ① 巻き尺で へやの 広さを はかる。<br>② 尺八は 長さが 一尺八寸あることから 尺八と いわれます。 |

| | | | | | | | | |
|---|---|---|---|---|---|---|---|---|
| 護 | | | | | | | | 보호할 호 |
| 亡 | | | | | | | | 망할 망 亡 |
| 寸 | | | | | | | | 마디 촌 |
| 己 | | | | | | | | 자기 기 |
| 干 | | | | | | | | 마를 간 |
| 仁 | | | | | | | | 어질 인 |
| 収 | | | | | | | | 거둘 수 |
| 尺 | | | | | | | | 자 척 |

| 漢字 | 例文 | 漢字 | 例文 |
|---|---|---|---|
| 片 〔片0〕 ヘン, かた | ① ガラスの 破片で 手を 切った。<br>② この 先は 工事のため 片側通行に なっている。 | 庁 〔广2〕 チョウ | ① 警視庁の パトカーが 走り過ぎる。<br>② 休日の 官庁街は ひっそりと しずまりかえっている。 |
| 冊 〔冂3〕 サツ, サク | ① 雑誌を 買ったら 別冊の ふろくが ついて いました。<br>② 短冊に 願いごとを 書いて 下げる。 | 穴 〔穴0〕 ケツ, あな | ① 古代の 人は 穴居生活を していた。<br>② 穴が あったら はいりたい。<br>③ うら山に 大きな ほら穴が あります。 |
| 処 〔几3〕 ショ | ① 出処進退を あきらかに する。<br>② 病院に ついたときには もう 処置の しようが なかった。 | 危 〔卩4〕 キ, あぶ, あや | ① みずから 危地に とびこんで 行く。<br>② このままの 状態では 命が 危ない。<br>③ 危ういところを 助けてもらった。 |
| 幼 〔幺2〕 ヨウ, おさな | ① 弟は 幼稚園の 年長組です。<br>② 頭を かくのは 幼いころからの くせです。 | 吸 〔口3〕 キュウ, す | ① 体操の おわりに おもいきり 深呼吸を した。<br>② きれいな 空気を 胸いっぱい 吸う。 |

| | | | | | | | | |
|---|---|---|---|---|---|---|---|---|
| 片 | | | | | | | | 조각 편 |
| 冊 | | | | | | | | 책 책<br>册 |
| 処 | | | | | | | | 곳 처<br>處 |
| 幼 | | | | | | | | 어릴 유 |
| 庁 | | | | | | | | 관청 청<br>廳 |
| 穴 | | | | | | | | 구멍 혈<br>穴 |
| 危 | | | | | | | | 위험할 위 |
| 吸 | | | | | | | | 마실 흡 |

| 漢字 | 例文 | 漢字 | 例文 |
|---|---|---|---|
| 后 [口3] コウ | ① 皇太后の おすがたに 接した。<br>② 皇后の おいでになる ごてんを 皇后宮と いいます。 | 机 [木2] キ, つくえ | ① いくら りっぱな ことを 言っても 机上の 空論では だめだ。<br>② わき机の ついた 机が ほしい。 |
| 存 [子3] ソン, ゾン | ① 人間は 社会的存在だ。<br>② くさりやすいものは 冷蔵庫に 入れて保存する。 | 灰 [火2] カイ, はい | ① 大火で 町は 灰じんに 帰した。<br>② 火山灰に よって 農作物に 被害がでた。 |
| 宇 [宀3] ウ | ① ふと 見ると 林の中に 一宇の 堂が あった。<br>② 宇宙旅行は 人類の 夢で あった。 | 至 [至0] シ, いた | ① わたしは 至極満足している。<br>② こんどの 事件は わたしが 至らなかった ためです。 |
| 宅 [宀3] タク | ① 農地を つぶして 宅地に する。<br>② 容疑者が つかまって 家宅そうさくが 行われた。 | 乱 [乙6] ラン, みだ | ① おとなしい 子と 乱暴な 子。<br>② ことばの 使い方が 乱れている。<br>③ 横から はいりこんで 列を 乱すな。 |

| | | | | | | | | |
|---|---|---|---|---|---|---|---|---|
| 后 | | | | | | | | 왕후 후 |
| 存 | | | | | | | | 있을 존 |
| 宇 | | | | | | | | 집 우 |
| 宅 | | | | | | | | 집 택 |
| 机 | | | | | | | | 책상 궤 |
| 灰 | | | | | | | | 재 회 灰 |
| 至 | | | | | | | | 이를 지 |
| 乱 | | | | | | | | 어지러울 란 亂 |

| 漢字 | 例文 | 漢字 | 例文 |
|---|---|---|---|
| 卵<br>〔卩 5〕<br>ラン, たまご | ① 秋に なると 鮭は 産卵の ために 川を のぼる。<br>② 卵は 体に いい 食べ物です。 | 忘<br>〔心 3〕<br>ボウ, わす | ① 備忘録とは メモ帳の ことです。<br>② よく 知っている 地名なのに 度忘れしました。 |
| 否<br>〔口 4〕<br>ヒ, いな | ① ぼくの 案は けっきょく 否決されてしまった。<br>② 賛成か 否か 投票で きめよう。 | 我<br>〔戈 3〕<br>ガ, われ, わ | ① かれの 話は いつも 我田引水だ。<br>② 我に 返ると もう 暗くなっていた。<br>③ 我が国の 人口問題に ついて 述べよ。 |
| 困<br>〔口 4〕<br>コン, こま | ① 数々の 困難を のりこえて 行く。<br>② 人を 困らせるような ことを するのは よくない。 | 批<br>〔手 4〕<br>ヒ | ① かれは テレビに ついて 批判的な 意見を もっている。<br>② 内閣が 条約を 批准する。 |
| 孝<br>〔子 4〕<br>コウ | ① 年おいた 父母に 孝養を つくす。<br>② 親不孝な 者は えらくなれない。<br>③ あの 少年は 親孝行で 有名だ。 | 私<br>〔禾 2〕<br>シ, わたくし | ① 兄は 私費で フランスへ 留学しています。<br>② 公のものを 私しては いけない。 |

| | | | | | | | | |
|---|---|---|---|---|---|---|---|---|
| 卵 | | | | | | | | 알 란 |
| 否 | | | | | | | | 아니 부 |
| 困 | | | | | | | | 곤할 곤 |
| 孝 | | | | | | | | 효도할 효 孝 |
| 忘 | | | | | | | | 잊을 망 |
| 我 | | | | | | | | 나 아 |
| 批 | | | | | | | | 비평할 비 |
| 私 | | | | | | | | 사사로울 사 |

| 漢字 | 例文 | 漢字 | 例文 |
|---|---|---|---|
| 系 〔糸1〕 ケイ | ① もっと 系統だてて 話しなさい。<br>② わが家の 家系を たどると 昔は 武家だった。 | 刻 〔刀6〕 コク, きざ | ① はんこを ほることを 刻印という。<br>② とけいは 休む間もなく 時を 刻んでいます。 |
| 並 〔一7〕 ヘイ, な, なら | ① 学習と スポーツを 並行して 行った。<br>② これは 並の品とは できが ちがう。<br>③ 駅の 前には 店が 並んでいる。 | 呼 〔口5〕 コ, よ | ① 人間は 口と 鼻で 呼吸します。<br>② 学芸会の 呼び物は なんといっても ぼくたちの 劇だ。 |
| 乳 〔乙7〕 ニュウ, ちち, ち | ① 毎朝 乳酸飲料を 飲んでいます。<br>② 母の 乳が まだ 恋しい 年ごろだ。<br>③ むずかる 乳飲み子を あやす。 | 垂 〔土5〕 スイ, た | ① レントゲンを とってみたら 胃下垂だと わかった。<br>② 赤ちゃんが よだれを 垂らしている。 |
| 供 〔人6〕 キョウ, ク, そな, とも | ① 先祖の 霊を 供養する。<br>② 仏前に くだものを 供える。<br>③ 公園で 子供と いっしょに 遊んだ。 | 宗 〔宀5〕 シュウ, ソウ | ① 永平寺は 禅宗の お寺です。<br>② きょうの 会は おどりの 宗家の 集まりです。 |

| | | | | | | | | |
|---|---|---|---|---|---|---|---|---|
| 系 | | | | | | | | 이을 계 |
| 並 | | | | | | | | 나란할 병 系 |
| 乳 | | | | | | | | 젖 유 乳 |
| 供 | | | | | | | | 이바지할 공 |
| 刻 | | | | | | | | 새길 각 |
| 呼 | | | | | | | | 부를 호 |
| 垂 | | | | | | | | 드리울 수 |
| 宗 | | | | | | | | 제사 종 |

| 漢字 | 例文 | 漢字 | 例文 |
|---|---|---|---|
| 宙 [宀5] チュウ | ① 限りなく 広大な 宇宙。<br>② 家の 近くが もえている という 知らせに 宙を とんで 家に 帰った。 | 若 [艹5] ジャク, ニャク, わか, も | ① その団体には若干名の委員がいます。<br>② 老若男女の 区別なし。<br>③ あすは 雲り 若しくは 雨でしょう。 |
| 宝 [宀5] ホウ, たから | ① この 絵は 我が家の 家宝です。<br>② 海賊たちは 宝島で ついに 宝物を 手に 入れた。 | 忠 [心4] チュウ | ① ハチ公は 主人の いいつけを 守る 忠実な 犬でした。<br>② 先生の 忠告に 耳を 傾ける。 |
| 届 [尸5] とど | ① 赤ちゃんが 生まれたので 出生届を 出した。<br>② かゆい所に 手が 届かない。 | 拡 [手5] カク | ① 工場の 敷地を 拡張する。<br>② 拡声器を 使って みんなに 聞こえるように 話す。 |
| 延 [廴5] エン, の | ① 大雪のため 列車が 延着した。<br>② 国会の 会期が 延長されました。<br>③ 作文の しめ切り日を 延ばす。 | 担 [手5] タン, かつ, にな | ① けが人を 担架で 運びました。<br>② 大きな 荷物を かたに 担いで 歩いた。<br>③ 日本の 将来を 担う 若者たち。 |

| 宙 | | | | | | | | 집 주 |
| 宝 | | | | | | | | 보배 보 寶 |
| 届 | | | | | | | | 신고할 계 屆 |
| 延 | | | | | | | | 끌 연 延 |
| 若 | | | | | | | | 어릴 약 |
| 忠 | | | | | | | | 충성 충 |
| 拡 | | | | | | | | 넓힐 확 擴 |
| 担 | | | | | | | | 질 담 擔 |

| 漢字 | 例文 | 漢字 | 例文 |
|---|---|---|---|
| 拝 [手5] ハイ, おが | ① お手紙を 拝見しました。<br>② この 本を 三日ほど 拝借いたします。<br>③ 宝物を 拝ませて いただきたい。 | 城 [土6] ジョウ, しろ | ① 中国では 昔、北からの 敵を 防ぐ ために 万里の 長城を 築いた。<br>② 城あとに 立って 昔を しのぶ。 |
| 枚 [木4] マイ | ① そんな 小さな 事件は 枚挙に いと まが ない。<br>② 机の 上に 色紙が 三枚あります。 | 奏 [大6] ソウ, かな | ① ピアノの 独奏会を ききに 行った。<br>② この 方法が 功を 奏した。<br>③ 彼女は 静かに 琴を 奏でています。 |
| 沿 [水5] エン, そ | ① この 電車の 沿線は さくらの 名所 として 名高い。<br>② 谷川に 沿って 山を くだる。 | 姿 [女6] シ, すがた | ① 容姿の ととのった 美しい人。<br>② 和服を きた 自分の 姿を 姿見に うつしてみる。 |
| 巻 [己6] カン, ま, まき | ① これは 出品作中の 圧巻です。<br>② あさがおの つるが 垣根に 巻きつく。<br>③ 博物館で 源氏物語絵巻を 見た。 | 宣 [宀6] セン | ① 犯人は 死刑を 宣告された。<br>② 選手宣誓の 声が グラウンドに ひびきわたった。 |

| | | | | | | | |
|---|---|---|---|---|---|---|---|
| 拝 | | | | | | | 절할배<br>拝 |
| 枚 | | | | | | | 낱매 |
| 沿 | | | | | | | 좇을연 |
| 巻 | | | | | | | 책권<br>卷 |
| 城 | | | | | | | 성성 |
| 奏 | | | | | | | 연주할주 |
| 姿 | | | | | | | 모습자 |
| 宣 | | | | | | | 베풀선 |

| 漢字 | 例文 | 漢字 | 例文 |
|---|---|---|---|
| 専<br>[寸6]<br>セン, もっぱ | ① 塩は 政府の 専売事業である。<br>② 内科の 専門医に みてもらう。<br>③ 夏休みには 専ら 名作を 読もう。 | 段<br>[殳5]<br>ダン | ① 階段は 静かに おりなさい。<br>② 目的の ためには 手段を えらばない と いうのは よくない。 |
| 律<br>[彳6]<br>リツ, リチ | ① 法律を 定めるのは 国会の 仕事の 一つです。<br>② かれは 非常に 律儀な 人だ。 | 泉<br>[水5]<br>セン, いずみ | ① 手術した あとは 温泉に はいって 養生する。<br>② 泉の ほとりの 木かげで 休んだ。 |
| 映<br>[日5]<br>エイ,<br>うつ, は | ① きのう母と 映画を 見に 行きました。<br>② この 帯は この 着物に よく 映る。<br>③ 紅葉した 山々が 夕日に 映える。 | 洗<br>[水6]<br>セン, あら | ① 天気が いいので 洗濯物が よく 乾く。<br>② おふろに 入って 体を 洗った。<br>③ 顔を 洗うことを 洗顔という。 |
| 染<br>[木5]<br>セン, そ, し | ① 町民が 病気に 感染する。<br>② 若白髪が 多くて 毛髪を 染めた。<br>③ 雨水が 染みて 壁に 染みが できた。 | 派<br>[水6]<br>ハ | ① 派出所の おまわりさんが 来た。<br>② 特派員が 事故の 情況を 報告してきます。 |

| | | | | | | | 오로지 전<br>**専** |
|---|---|---|---|---|---|---|---|
| 専 | | | | | | | 법률 률 |
| 律 | | | | | | | 비칠 영 |
| 映 | | | | | | | 물들일 염 |
| 染 | | | | | | | 단계 단 |
| 段 | | | | | | | 샘 천 |
| 泉 | | | | | | | 씻을 세 |
| 洗 | | | | | | | 물결 파<br>**派** |
| 派 | | | | | | | |

| 漢字 | 例文 | 漢字 | 例文 |
|---|---|---|---|
| 皇 〔白4〕 コウ, オウ | ① ぼくたちの 町に 天皇陛下が おみえに なった。<br>② 皇位を 皇太子に おゆずりになる。 | 背 〔肉5〕 ハイ, せ, せい, そむ | ① おばあさんが 荷物を 背負った。<br>② 友だちと 背比べを しました。<br>③ 父の いいつけに 背いて しかられた。 |
| 看 〔目4〕 カン | ① 人の あやまちを 看過する。<br>② 刑務所の 看守の 目を ぬすんで 受刑者が にげだした。 | 肺 〔肉5〕 ハイ | ① 昔、炭鉱や 製糸工場では 肺の病気に なる人が 多かった。<br>② 肺臓は 呼吸器官です。 |
| 砂 〔石4〕 サ, シャ, すな | ① コーヒーに 角砂糖を 入れる。<br>② 雨が 土砂降りに なりそうだ。<br>③ 恋人たちが 美しい 砂浜を 散歩する。 | 革 〔革0〕 カク, かわ | ① 革で 作った ベルトや くつを 皮革製品という。<br>② 新しい 革靴を はいて 行きました。 |
| 紅 〔糸3〕 コウ, ク, べに, くれない | ① 真紅の 優勝旗を 高く かかげる。<br>② 紅花の 花から 紅色の 染料を とる。<br>③ やなぎは 緑、花は 紅。 | 値 〔人8〕 チ, ね, あたい | ① これは 読む 価値のある 本だ。<br>② あまり 高いので 値切って 買った。<br>③ 彼の したことは 表彰に 値する。 |

| | | | | | | | | |
|---|---|---|---|---|---|---|---|---|
| 皇 | | | | | | | | 임금 황 |
| 看 | | | | | | | | 지켜볼 간 |
| 砂 | | | | | | | | 모래 사 |
| 紅 | | | | | | | | 붉을 홍 |
| 背 | | | | | | | | 등 배 |
| 肺 | | | | | | | | 허파 폐 |
| 革 | | | | | | | | 가죽 혁 |
| 値 | | | | | | | | 값 치 |

| 漢字 | 例文 | 漢字 | 例文 |
|---|---|---|---|
| 俳 〔亻8〕 ハイ | ① 映画俳優に あこがれて 上京する。<br>② 俳句は 五・七・五の 十七音からなる 短い 詩です。 | 展 〔尸7〕 テン | ① いろいろな 商品を 展示する。<br>② 展望台からの ながめは じつに すばらしいです。 |
| 党 〔儿8〕 トウ | ① 与党と 野党の 党首が 話し合った。<br>② 平家の 残党が 住んでいたという 村落が ある。 | 座 〔广7〕 ザ, すわ | ① 木村君が おこりだしたので 急に 座が しらけた。<br>② 社長の いすに 座って 見ました。 |
| 射 〔寸7〕 シャ, い | ① 原子力発電所の 事故で 放射能を あびた 動物が 死んだ。<br>② 矢で 的を 射ました。 | 従 〔彳7〕 ジュウ, ショウ, ジュ, したが | ① 父は ダムの 工事に 従事している。<br>② 将軍は 従容として 死に つきました。<br>③ 兄の ことばに 従うことに した。 |
| 将 〔寸7〕 ショウ | ① 大将・中将・少将を 合わせて 将官と いう。<br>② ぼくは 野球部の 主将に なった。 | 降 〔阝7〕 コウ, お, ふ | ① パラシュートで 降下している。<br>② 車の 乗り降りは 順序よく しよう。<br>③ つめたい 雨が 降りしきる。 |

| | | | | | | | | |
|---|---|---|---|---|---|---|---|---|
| 俳 | | | | | | | | 광대 배 |
| 党 | | | | | | | | 무리 당<br>黨 |
| 射 | | | | | | | | 쓸 사 |
| 将 | | | | | | | | 장수 장<br>將 |
| 展 | | | | | | | | 펼 전 |
| 座 | | | | | | | | 앉을 좌 |
| 従 | | | | | | | | 좇을 종<br>從 |
| 降 | | | | | | | | 내릴 강 |

| 漢字 | 例文 | 漢字 | 例文 |
|---|---|---|---|
| 除 〔阝7〕 ジョ, ジ, のぞ | ① 北国の 冬は 除雪作業が ひと仕事だ。<br>② 日曜日に 家族で 大掃除を した。<br>③ 日曜日を 除いて 毎日 出勤します。 | 班 〔玉6〕 ハン | ① 通信班の 活躍は めざましい。<br>② 昔、朝廷が 人民に あたえた 田の ことを 班田と いった。 |
| 陛 〔阝7〕 ヘイ | ① 天皇・皇后 両陛下は おそろいで 米国の 大統領夫妻に お会いに なりました。 | 秘 〔禾5〕 ヒ, ひ | ① 書斎で 秘密の 文書を 発見した。<br>② この 寄付金に ついては 秘められた 美しい 話が ある。 |
| 朗 〔月6〕 ロウ, ほが | ① 姉が 詩を 朗々と 吟じる。<br>② 母の 病気が 直って みんな 朗らかに なりました。 | 純 〔糸4〕 ジュン | ① 純白の 運動服が よく にあう。<br>② 蒸留水は 不純物の 入っていない 水です。 |
| 株 〔木6〕 かぶ | ① 木の 株に こしを かけて 休んだ。<br>② 兄は 株式会社を 設立しました。<br>③ 切り株の 年輪を 数えてみる。 | 納 〔糸4〕 ノウ, ナッ, ナ, ナン, トウ, おさ | ① 納屋で ねずみを 捕えました。<br>② 納戸には たんすが 入っている。<br>③ 税金を 納める ことを 納税と いう。 |

| 除 | | | | | | | 제할 제 |
|---|---|---|---|---|---|---|---|
| 陛 | | | | | | | 임금 폐 |
| 朗 | | | | | | | 밝을 랑 朗 |
| 株 | | | | | | | 주식 주 |
| 班 | | | | | | | 나눌 반 |
| 秘 | | | | | | | 숨길 비 |
| 純 | | | | | | | 순수할 수 |
| 納 | | | | | | | 받을 납 |

| 漢字 | 例文 | 漢字 | 例文 |
|---|---|---|---|
| 胸 [肉6] キョウ, むね, むな | ① たいへん 度胸の いい 人です。<br>② 胸を 大きく はって 深呼吸を する。<br>③ 胸元に ペンダントが 光る。 | 骨 [骨0] コツ, ほね | ① 鉄棒から 落ちて 骨折した。<br>② ピアノを 運ぶのは 骨の 折れる 仕事です。 |
| 蚕 [虫4] サン, かいこ | ① 養蚕は 日本と 中国が 盛んです。<br>② 蚕には 春に 飼うものと 秋に かうものが ある。 | 域 [土8] イキ | ① 芸が 名人の 域に 達した。<br>② この おかは 民族の 神を まつる 聖域である。 |
| 討 [言3] トウ, う | ① もう一度よく 検討してから 発表する。<br>② 討っ手を たちまち けちらした。<br>③ にげる 敵に 追い討ちを かける。 | 密 [宀8] ミツ | ① 密閉した へやでは 換気に 注意すること。<br>② 都市は 人が 集中して 過密になった。 |
| 針 [金2] シン, はり | ① 時計の 短針は 時を、長針は 分を 示します。<br>② 針の 穴に 糸を 通す。 | 著 [艹8] チョ, あらわ, いちじる | ① これは 著名な 作家の 日記です。<br>② 研究の 結果を まとめて 本に 著す。<br>③ 戦いは 味方にとって 著しく 不利だ。 |

| 胸 | | | | | | 가슴 흉 |
|---|---|---|---|---|---|---|
| 蚕 | | | | | | 누에 잠 蠶 |
| 討 | | | | | | 찾을 토 |
| 針 | | | | | | 바늘 침 |
| 骨 | | | | | | 뼈 골 |
| 域 | | | | | | 구역 역 |
| 密 | | | | | | 빽빽할 밀 |
| 著 | | | | | | 나타날 저 著 |

| 漢字 | 例文 | 漢字 | 例文 |
|---|---|---|---|
| 郷 [阝8] キョウ, ゴウ | ① あの山の むこうには 理想郷が あるそうです。<br>② 郷に 入っては 郷に したがえ。 | 探 [手8] タン, さぐ, さが | ① 魚群探知器を 使って 魚の 群れを 探した。<br>② 暗やみの 中を 手探りで 歩く。 |
| 郵 [阝8] ユウ | ① 記念切手を 買いに 郵便局まで 行ってきた。<br>② クイズの 答えは 郵送してください。 | 欲 [欠7] ヨク, ほっ, ほ | ① 人間の 欲望には きりがない。<br>② 心の 欲するままに 行動する。<br>③ 欲しい物は 何でも あげます。 |
| 捨 [手8] シャ, す | ① 捨て身に なって ものごとに ぶつかる。<br>② 彼は 財産の 半分を 貧しい 人に 喜捨した。 | 済 [水8] サイ, す | ① 済度しがたい おろか者。<br>② 試験が 済んで ほっとした。<br>③ これは お金で 済む 問題ではない。 |
| 推 [手8] スイ, お | ① ぼくは 推理小説が 大好きです。<br>② 政府は この 計画を 来年も 推し進める 方針だ。 | 異 [田6] イ, こと | ① 山で 異様な 動物を 見た。<br>② 風習は 地方に よって ずいぶん 異なる。 |

| | | | | | | | | 시골 향<br>郷 |
|---|---|---|---|---|---|---|---|---|
| 郷 | | | | | | | | |
| 郵 | | | | | | | | 우편 우 |
| 捨 | | | | | | | | 버릴 사<br>捨 |
| 推 | | | | | | | | 헤아릴 추 |
| 探 | | | | | | | | 찾을 탐 |
| 欲 | | | | | | | | 하고자할 욕 |
| 済 | | | | | | | | 건널 제<br>濟 |
| 異 | | | | | | | | 다를 리<br>異 |

| 漢字 | 例文 | 漢字 | 例文 |
|---|---|---|---|
| 盛 [皿6] セイ, ジョウ, も, さか | ① おねえさんは 盛装して 出かけた。<br>② くだものを 盛った かごを かざる。<br>③ 山の 桜は 今 花盛りです。 | 視 [見4] シ | ① やたらに 人を 敵視するのは よくないです。<br>② 視力が 急に おとろえた。 |
| 窓 [穴6] ソウ, まど | ① 窓外の けしきを 写生する。<br>② となりの 人と 窓ごしに 話した。<br>③ みどりの 窓口で きっぷを かいました。 | 訪 [言4] ホウ, おとず, たず | ① 港の 朝を 探訪する。<br>② ひさびさに ふるさとを 訪れた。<br>③ きのう 友人の 家を 訪ねた。 |
| 翌 [羽5] ヨク | ① 翌々年は 閏年です。<br>② 代金は 品物を とどけた 翌月から いただきます。 | 訳 [言4] ヤク, わけ | ① 兄に 英語を 訳してもらった。<br>② 兄は 通訳の 仕事を しています。<br>③ ちこくした 訳を いいなさい。 |
| 脳 [肉7] ノウ | ① すばらしい 頭脳の もちぬし。<br>② 事故で 頭を 打ったので 脳波の 検査を うけた。 | 閉 [門3] ヘイ, と, し | ① 資料館は 午後 五時に 閉館します。<br>② 目を 閉じると 涙が 流れた。<br>③ 郵便局は 四時に 閉まります。 |

| 盛 | | | | | | | | 성할 성 |
| --- | --- | --- | --- | --- | --- | --- | --- | --- |
| 窓 | | | | | | | | 창 창 |
| 翌 | | | | | | | | 다음날 익 翌 |
| 脳 | | | | | | | | 머리 뇌 腦 |
| 視 | | | | | | | | 볼 시 視 |
| 訪 | | | | | | | | 찾을 방 |
| 訳 | | | | | | | | 통역할 역 譯 |
| 閉 | | | | | | | | 닫을 폐 |

| 漢字 | 例文 | 漢字 | 例文 |
|---|---|---|---|
| 頂 [頁2]<br>チョウ, いただ, いただき | ① 人々の 怒りは 頂点に 達した。<br>② この 本は ありがたく 頂きます。<br>③ やっと 山の 頂に 着きました。 | 善 [口9]<br>ゼン, よ | ① この 町の 人は みんな 善良です。<br>② 物事の 善悪を 弁える。<br>③ 善い 行いは すすんで しよう。 |
| 割 [刀10]<br>カツ, わ, わり, さ | ① 時間が ないので 一部 割愛する。<br>② 目かくしを して すいかを 割った。<br>③ いそがしい 時間を 割いて 人に 会う。 | 尊 [寸9]<br>ソン, たっと, とうと | ① 彼は いつも 尊大な 態度を とる。<br>② 父を 尊び、母を したう。<br>③ 戦争は 尊い 人命を うばう。 |
| 創 [刀10]<br>ソウ | ① かれは 新しい 作品の 創作に むちゅうに なっている。<br>② テレビの 放送局が 創設された。 | 就 [尢9]<br>シュウ, ジュ, つ | ① 兄は 東京の 会社に 就職した。<br>② 長い 間の 望みが 成就して 嬉しかった。<br>③ 何物 一個に 就き 二百円の 手数料。 |
| 勤 [力10]<br>キン, ゴン, つと | ① 朝の 電車は 通勤客で いっぱいだ。<br>② 僧が 勤行に 努める。<br>③ 父は 役所に 勤めています。 | 揮 [手9]<br>キ | ① 自分の 力を 思うぞんぶん 発揮して 優勝した。<br>② 彼は 合唱団の 指揮を しています。 |

| 한자 | | | | | | | | 훈음 |
|---|---|---|---|---|---|---|---|---|
| 頂 | | | | | | | | 정수리 정 |
| 割 | | | | | | | | 나눌 할 割 |
| 創 | | | | | | | | 시작할 창 |
| 勤 | | | | | | | | 부지런할 근 勤 |
| 善 | | | | | | | | 착할 선 |
| 尊 | | | | | | | | 존경할 존 尊 |
| 就 | | | | | | | | 이룰 취 |
| 揮 | | | | | | | | 휘두를 휘 |

| 漢字 | 例文 | 漢字 | 例文 |
|---|---|---|---|
| 敬 [攵8] ケイ, うやま | ① かれの 努力には 敬服しました。<br>② 九月十五日は 敬老の 日です。<br>③ 子は 親を 敬わなければ いけない。 | 筋 [竹6] キン, すじ | ① こんどの 家は 鉄筋コンクリート建てです。<br>② 物語の 筋を かんたんに 話す。 |
| 晩 [日8] バン | ① おじいさんは 晩年を 郷里で しあわせに おくった。<br>② 早晩 犯人は みつかるでしょう。 | 策 [竹6] サク | ① あすの 試合に そなえて 策を 練る。<br>② 問題を どのように 処理しようか、関係者が 対策を たてた。 |
| 棒 [木8] ボウ | ① 大きな 物音に 驚ろいて 馬が 棒立ちに なった。<br>② 先生は 鉄棒の 名手です。 | 衆 [血6] シュウ, シュ | ① 公衆の 面前で はずかしめられた。<br>② おしゃかさまは 衆生を 救おうと された。 |
| 痛 [疒7] ツウ, いた | ① かれの 話は 実に 痛快だった。<br>② 授業中に おなかが 痛くなりました。<br>③ 鉄棒から 落ちて 腰を 痛めた。 | 裁 [衣6] サイ, た, さば | ① きょう 裁判の 判決が くだる。<br>② 布を 裁って 着物を 作った。<br>③ 法を 破った 者は きびしく 裁かれる。 |

| | | | | | | | |
|---|---|---|---|---|---|---|---|
| 敬 | | | | | | | 공경할 경 |
| 晩 | | | | | | | 늦을 만 |
| 棒 | | | | | | | 막대기 봉 |
| 痛 | | | | | | | 통할 통 |
| 筋 | | | | | | | 힘줄 근 |
| 策 | | | | | | | 꾀 책 |
| 衆 | | | | | | | 무리 중 |
| 裁 | | | | | | | 마를 재 |

| 漢字 | 例文 | 漢字 | 例文 |
|---|---|---|---|
| 装 〔衣6〕 ソウ, ショウ, よそお | ① 高価な 装身具を 身に つけている。<br>② きらびやかな 衣装を つけて おどる。<br>③ 表面上は 冷静さを 装う。 | 傷 〔人11〕 ショウ, きず, いた | ① 交通事故で 重傷を 負った。<br>② けんかを して 相手を 傷つけた。<br>③ 本を 傷めないように 気を つける。 |
| 補 〔衣7〕 ホ, おぎな | ① 雨期に そなえて 堤防を 補強する。<br>② 山下さんは 委員長に 立候補した。<br>③ アルバイトをして 学費を 補っている。 | 幕 〔巾10〕 マク, バク | ① 複雑な 事件の わりには あっけない 幕切れだった。<br>② 徳川幕府は 二六五年間 続いた。 |
| 詞 〔言5〕 シ | ① 校歌の 歌詞を 覚える。<br>② ぼくは 最近、作詞に 興味を 持ちはじめた。 | 蒸 〔艹10〕 ジョウ, む | ① ひなたの 水が いつのまにか 蒸発してしまった。<br>② 毎日 蒸し暑い 日が 続いている。 |
| 貴 〔貝5〕 キ, たっと, とうと | ① 彼は 貴族の 家に 生まれた。<br>② 真理を 貴ぶ。<br>③ 冬山 登山で 貴い 体験を した。 | 暖 〔日9〕 ダン, あたた | ① 日本海流は 暖流です。<br>② 子どもが 老人を いたわる姿は 見ていて 心が 暖まる。 |

| | | | | | | | | |
|---|---|---|---|---|---|---|---|---|
| 装 | | | | | | | | 꾸밀 장<br>装 |
| 補 | | | | | | | | 도울 보 |
| 詞 | | | | | | | | 말 사 |
| 貴 | | | | | | | | 귀할 귀 |
| 傷 | | | | | | | | 상할 상 |
| 幕 | | | | | | | | 장막 막 |
| 蒸 | | | | | | | | 찔 증 |
| 暖 | | | | | | | | 따뜻할 난<br>暖 |

| 漢字 | 例文 | 漢字 | 例文 |
|---|---|---|---|
| 源 〔水 10〕 ゲン, みなもと | ① 世の中の 悪は 根源から 追放しなくては ならない。<br>② 事件の 源は お金だった。 | 聖 〔耳 7〕 セイ | ① かれは 聖人のように 行いの 正しい 人です。<br>② 聖火台に 聖火が 燃えている。 |
| 盟 〔皿 8〕 メイ | ① 同じ 考えの もとに かたい 約束を 結んだ友を 盟友と いいます。<br>② 盟主は 多数決で 決めよう。 | 腹 〔肉 9〕 フク, はら | ① わたしたちが さわいだので 先生が 立腹された。<br>② 夕ご飯を 腹 いっぱい 食べました。 |
| 絹 〔糸 7〕 ケン, きぬ | ① 昔、絹布は 貴重品であった。<br>② 日本では 正式の 着物の 材料は ほとんど 絹です。 | 裏 〔衣 7〕 リ, うら | ① 不安が 脳裏を かすめた。<br>② 学校の 裏門の 近くに 池が ある。<br>③ 友情を 裏切るような ことは するな。 |
| 署 〔罒 8〕 ショ | ① 出勤したら それぞれの 部署に ついて ください。<br>② この 書類に 署名してください。 | 誠 〔言 6〕 セイ, まこと | ① かれは 誠実な 人です。<br>② 誠に すみませんが たばこの 火を 貸してください。 |

| | | | | | | | | |
|---|---|---|---|---|---|---|---|---|
| 源 | | | | | | | | 근원 원 |
| 盟 | | | | | | | | 맹세 맹 |
| 絹 | | | | | | | | 비단 견 |
| 署 | | | | | | | | 서명할 서 署 |
| 聖 | | | | | | | | 성인 성 |
| 腹 | | | | | | | | 배 복 |
| 裏 | | | | | | | | 속 리 |
| 誠 | | | | | | | | 정성 성 |

| 漢字 | 例文 | 漢字 | 例文 |
|---|---|---|---|
| 賃 〔貝6〕 チン | ① 賃上げを 要求して 組合は ストライキに 突入した。<br>② 今日は 家賃を はらう 日だ。 | 模 〔木10〕 モ,ボ | ① 最近、弟は 模型飛行機を 作るのに 夢中です。<br>② 規模の 大きな 会社。 |
| 層 〔尸11〕 ソウ | ① 大昔の 人が すてた 貝がらが 層をなして 化石に なっている。<br>② 高層ビルが たち並ぶ 新しい町。 | 疑 〔疋9〕 ギ,うたが | ① 定期国会で 予算に ついて 質疑応答が 行われた。<br>② かれが 犯人では ないかと 疑う。 |
| 障 〔阝11〕 ショウ,さわ | ① 仕事の ことで 支障が おきた。<br>② その人の 名を 公表するのは 差し障りが ある。 | 磁 〔石9〕 ジ | ① 床の間に 青磁の つぼが かざって あります。<br>② 磁石は 鉄を ひきつける。 |
| 暮 〔日10〕 ボ,く | ① お世話に なった 人に お歳暮を おくる。<br>② 西の 空が 赤く そまって 静かに 日が 暮れる。 | 穀 〔禾9〕 コク | ① 秋に なると あちこちで 脱穀機を 動かす 音が 聞こえる。<br>② 雑穀を 混ぜ 飯を 炊いた。 |

| | | | | | | | |
|---|---|---|---|---|---|---|---|
| 賃 | | | | | | | 세낼 임 |
| 層 | | | | | | | 층 층 **層** |
| 障 | | | | | | | 막힐 장 |
| 暮 | | | | | | | 저물 모 |
| 模 | | | | | | | 본보기 모 |
| 疑 | | | | | | | 의심할 의 |
| 磁 | | | | | | | 자기 자 |
| 穀 | | | | | | | 곡물 곡 **穀** |

| 漢字 | 例文 | 漢字 | 例文 |
|---|---|---|---|
| 誤 〔言7〕 ゴ, あやま | ① 五人しか 集まらないとは 思わぬ 誤算だった。<br>② 問題を 見まちがえて 答えを 誤る。 | 劇 〔刀13〕 ゲキ | ① しばいは 大きく 分けると 悲劇と 喜劇に 分かれます。<br>② 父は 劇的な 一生を 送った。 |
| 誌 〔言7〕 シ | ① 一年生の ときから ずっと 日誌を つけています。<br>② 毎週、週刊誌を 買います。 | 蔵 〔艹12〕 ゾウ, くら | ① 父の 書斎は 蔵書で いっぱいです。<br>② 売れ残りの 品物を やすく 売ることを 蔵ばらいと いう。 |
| 認 〔言7〕 ニン, みと | ① 会員以外は はいれないのだが 黙認 してもらった。<br>② ここに 認めを おしてください。 | 遺 〔辶12〕 イ, ユイ | ① 父の 遺志を ついで 医者に なる。<br>② オリンピアの 遺跡を たずねる。<br>③ 遺言を 残して お亡くなりになりました。 |
| 閣 〔門6〕 カク | ① 総理大臣が 内閣を 作ることを 組閣と いいます。<br>② 大臣を 集めて 閣議を 開いた。 | 権 〔木11〕 ケン, ゴン | ① 会社では 社長が すべての 権限を もちます。<br>② 神の 権化の ような 人。 |

| | | | | | | |
|---|---|---|---|---|---|---|
| 誤 | | | | | | 그릇할 오<br>誤 |
| 誌 | | | | | | 기록할 지 |
| 認 | | | | | | 인정할 인 |
| 閣 | | | | | | 누각 각 |
| 劇 | | | | | | 연극 극 |
| 蔵 | | | | | | 감출 장<br>藏 |
| 遺 | | | | | | 남길 유<br>遺 |
| 権 | | | | | | 권세 권<br>權 |

| 漢字 | 例文 | 漢字 | 例文 |
|---|---|---|---|
| 潮 〔水 12〕 チョウ, しお | ① 干潮の ときには むこうの 岩まで 歩いて わたれる。<br>② 養殖の 魚が 赤潮の 害を 受けた。 | 論 〔言 8〕 ロン | ① ふたりの 作家の 論争は 一年以上も つづいた。<br>② その 問題に ついて 論議が 盛んです。 |
| 熟 〔火 11〕 ジュク, う | ① 卵を 半熟に してください。<br>② この 果物は まだ 未熟です。<br>③ よく 熟れた メロンが 食べたい。 | 奮 〔大 13〕 フン, ふる | ① 優勝した 夜は 興奮して ねむれなかった。<br>② 奮って 寒げいこに 参加してください。 |
| 諸 〔言 8〕 ショ | ① 明治の はじめ 日本は 西欧諸国から いろいろの ことを まなんだ。<br>② 諸君に 一言 お話ししたい。 | 憲 〔心 12〕 ケン | ① 日本の 政治は 憲法を もとにして 行われる 立憲政治です。<br>② その 行為は 違憲である。 |
| 誕 〔言 8〕 タン | ① あしたは 妹の 誕生日なので プレゼントを 買いに 行った。<br>② この 町に 新しい 銀行が 誕生した。 | 操 〔手 13〕 ソウ, みさお, あやつ | ① 毎朝 ラジオ体操を しています。<br>② 政治家としての 操を 守る。<br>③ 人形を 操って しばいを します。 |

| | | | | | | | | |
|---|---|---|---|---|---|---|---|---|
| 潮 | | | | | | | | 아침 조 |
| 熟 | | | | | | | | 익을 숙 |
| 諸 | | | | | | | | 여러 제 諸 |
| 誕 | | | | | | | | 태어날 탄 誕 |
| 論 | | | | | | | | 논할 논 |
| 奮 | | | | | | | | 떨칠 분 |
| 憲 | | | | | | | | 법 헌 |
| 操 | | | | | | | | 잡을 조 |

| 漢字 | 例文 | 漢字 | 例文 |
|---|---|---|---|
| 樹 〔木 12〕 ジュ | ① 果樹園の 中には りんご・なしなど いろいろな 木が ある。<br>② 目の 下に 樹海が 広がる。 | 鋼 〔金 8〕 コウ, はがね | ① 鋼鉄というのは 少量の 炭素を 含んだ 硬い鉄で 鋼ともいう。<br>② 鉄材を 買い入れて 製鋼する。 |
| 激 〔水 13〕 ゲキ, はげ | ① 戦争が 激化して 大ぜいの 人が 死んだ。<br>② 激しい 砂嵐に あい、一歩も 進めなくなった。 | 優 〔人 15〕 ユウ, やさ, すぐ | ① 優雅な ことばづかい。<br>② かれは 心の 優しい 人です。<br>③ この 学期で 優れた 成績を あげた。 |
| 糖 〔米 10〕 トウ | ① この おかしは 糖分が 少ないので あっさりした 味わいだ。<br>② 砂糖は さとうきびから つくる。 | 厳 〔⺌ 14〕 ゲン, ゴン, おごそ, きび | ① 冬休みは 厳冬の 北海道で 暮す。<br>② 講堂には 荘厳な 音楽が 流れている。<br>③ 厳かに 式を 行いました。 |
| 縦 〔糸 10〕 ジュウ, たて | ① 私は 飛行機を 操縦して 外国旅行が したい。<br>② この 便箋は 縦書き用です。 | 縮 〔糸 11〕 シュク, ちぢ | ① 反物を 水に 浸たら 収縮した。<br>② 図を 二分の一の 大きさに 縮めて かきなさい。 |

| | | | | | | | |
|---|---|---|---|---|---|---|---|
| 樹 | | | | | | | 나무 수 |
| 激 | | | | | | | 격할 격 |
| 糖 | | | | | | | 사탕 당 糖 |
| 縦 | | | | | | | 세로 종 縦 |
| 鋼 | | | | | | | 강철 강 |
| 優 | | | | | | | 뛰어날 우 |
| 厳 | | | | | | | 엄할 엄 嚴 |
| 縮 | | | | | | | 줄어들 축 |

| 漢字 | 例文 | 漢字 | 例文 |
|---|---|---|---|
| 覽 〔見 10〕 ラン | ① 隣の 家へ 回覧板を 届ける。<br>② 図書館で 本を 読む へやを 閲覧室と いいます。 | 臓 〔肉 15〕 ゾウ | ① 心臓の 手術に 成功した。<br>② 肉食動物は 倒した 獲物の 内臓を 始めに 食べる。 |
| 簡 〔竹 12〕 カン | ① 父から あずかった 書簡を 祖父にとどける。<br>② きょうの 宿題は 簡単だった。 | 警 〔言 12〕 ケイ | ① 婦人警官の ことを 婦警とも いう。<br>② 危険な 橋を 渡らないように 警告する。 |
| 臨 〔臣 11〕 リン, のぞ | ① 臨機応変の 処置を とりました。<br>② 校長先生は 病気にも 拘らず 式に臨まれた。 | 握 〔手 9〕 アク, にぎ | ① 文章の 要旨を 把握する。<br>② 経営権を 掌握する。<br>③ 彼と 手を 握って 事業に 乗り出す。 |
| 難 〔隹 10〕 ナン, かた, むずか | ① 思いがけない 災難に あって 困った。<br>② 彼の 行為は 許し難い。<br>③ この 問題は 小学生には 難しい。 | 請 〔言 8〕 セイ, シン, こ, う | ① 危険物の 許可を 申請する。<br>② 人に 助力を 請う。<br>③ 得意先の 仕事を 請ける。 |

| | | | | | | | | |
|---|---|---|---|---|---|---|---|---|
| 覽 | | | | | | | | 두루볼 람<br>覽 |
| 簡 | | | | | | | | 간단할 간 |
| 臨 | | | | | | | | 임할 임 |
| 難 | | | | | | | | 어려울 난<br>難 |
| 臓 | | | | | | | | 오장 장<br>臓 |
| 警 | | | | | | | | 경계할 경 |
| 握 | | | | | | | | 쥘 악 |
| 請 | | | | | | | | 청할 청<br>請 |

# 附録  1. 읽기 어려운 日本語 漢字

- 彼奴(あいつ) : 저놈
- 生憎(あいにく) : 공교롭게(도)
- 文色(あいろ) : 모양, 모습
- 灰汁(あく) : 잿물
- 欠伸(あくび) : 하품
- 胡座(あぐら) : 책상다리
- 明日(あす) : 내일
- 小豆(あずき) : 팥
- 斡旋(あっせん) : 알선
- 天晴れ(あっぱれ) : 매우 훌륭함, 장하다
- 痘痕(あばた) : 마마자국
- 家鴨(あひる) : 집오리
- 海女(あま) : 해녀
- 数多(あまた) : 많이
- 香魚(あゆ) : 은어
- 行火(あんか) : 휴대용 화로
- 塩海(あんばい) : 염해
- 硫黄(いおう) : 유황, 황
- 意気地(いくじ) : 고집, 기개
- 十六夜(いざよい) : 십육야 (달)
- 漁火(いさりび) : 고기잡이불
- 一言居士(いちげんこじ) : 일언거사
- 無花果(いちじく) : 무화과
- 一途(いちず) : 외곬
- 何時(いつ) : 언제, 어느 때
- 一対(いっつい) : 한 쌍, 한 벌
- 田舎(いなか) : 시골
- 息吹(いぶき) : 숨, 호흡
- 海参(いりこ) : 건해삼
- 文身(いれずみ) : 문신
- 転た寝(うたたね) : 선잠
- 海路(うなじ) : 해로
- 海原(うなばら) : 창해
- 乳母(うば) : 유모
- 初心(うぶ) : 순진함, 숫처녀, 숫총각
- 産声(うぶごえ) : (갓난아이의) 고고성
- 売場(うりば) : 매장
- 浮気(うわき) : 바람기
- 浮つく(うわつく) : 들뜨다
- 上手(うわて) : 위쪽, 상수
- 笑顔(えがお) : 웃는 얼굴
- 会釈(えしゃく) : 목례, 헤아림
- 得体(えたい) : 본체, 본성
- 干支(えと) : 간지
- 会得(えとく) : 터득
- 海老(えび) : 새우
- 横柄(おうへい) : 거만
- 可笑(おか)しい : 우습다
- 阿亀(おかめ) : 추녀, 여자를 욕하는 말
  ※ 우리 나라의 「호박」과 같은 뜻
- 白粉(おしろい) : (화장의) 분
- 億劫(おっくう) : 귀찮음
- 一昨日(おととい) : 그저께
- 大人(おとな) : 어른
- 女子(おなご) : 소녀, 여자
- 十八番(おはこ) : 장기, 특기

- 乙女(おとめ) : 소녀, 처녀
- 御神酒(おみき) : (제사 때의) 제주
- 重石(おもし) : 누름돌
- 母屋(おもや) : 건물 중앙의 중요한 부분, 몸채
- 母家(おもや) : 안채
- 案山子(かかし) : 허수아비
- 楽屋(がくや) : 무대 뒤, 분장실, 내막, (아악) 악사가 연주하는 곳
- 神楽(かぐら) : (신에게 제사지낼 때 연주하는) 무악
- 河岸(かし) : 강가
- 鍛治屋(かじや) : 대장간
- 風邪(かぜ) : 감기
- 気質(かたぎ) : 기질
- 合掌(がっしょう) : 합장
- 仮名(かな) : 가명
- 上手(かみて) : 위쪽, 상류
- 蚊帳(かや) : 모기장
- 仮初(かりそめ) : 임시
- 為替(かわせ) : 환(換)
- 河原(かわら) : 강가의 모래밭, 바닥이 드러난 강변
- 土器(かわらけ) : 토기
- 甲声(かんごえ) : 날카로운 목소리
- 雉子(きじ) : 꿩
- 牛車(ぎっしゃ) : 우차
- 昨日(きのう) : 어제
- 今日(きょう) : 오늘
- 曲者(くせもの) : 수상한 자 (놈)
- 百済(くだら) : 백제
- 供物(くもつ) : 공양물
- 水母(くらげ) : 해파리
- 玄人(くろうと) : 전문가
- 下戸(げこ) : 술을 잘 못하는 사람
- 今朝(けさ) : 오늘 아침
- 景色(けしき) : 경치
- 気色(けしき) : 기색
- 下衆(げす) : 미천한 사람
- 下手物(げてもの) : 조잡한 물건
- 健気(けなげ) : 기특함
- 仮病(けびょう) : 꾀병
- 喧伝(けんでん) : 선전
- 高麗(こうくり : こま) : 고려
- 格子(こうし) : 격자
- 虚空(こくう) : 허공
- 虚仮(こけ) : 바보
- 糊口(ここう) : 호구, 입에 풀칠
- 心地(ここち) : 기분, 마음
- 木末(こずえ) : 나뭇가지 끝
  ※ こぬれ로도 읽음
- 木霊(こだま) : 메아리
- 今年(ことし) : 올해, 금년
- 誤謬(ごびゅう) : 오류
- 声色(こわいろ) : 음색, 목청
- 早乙女(さおとめ) : (모내기하는) 처녀, 아가씨
- 石榴(ざくろ) : 석류나무
- 雑魚(ざこ) : 잡어
- 栄螺(さざえ) : 소라
- 細雪(ささめゆき) : 싸락눈
- 流石(さすが) : 과연
- 五月晴れ(さつきばれ) : 음력 5월 장마 때의 맑은 날씨
- 早苗(さなえ) : 볏모, 못자리벼
- 五月雨(さみだれ) : 소나기, (음력) 오

월 장마비
- 再来月(さらいげつ): 내훗달
- 百日紅(さるすべり): 백일홍
- 白湯(さゆ): 백비탕
- 時雨(しぐれ): 한 차례 지나가는 비
- 時化(しけ): 불경기, 흉어(기)
  - ※ 「시하」는 취음이다.
- 嗜好(しこう): 기호
- 質物(しちもつ): 전당물
- 下技(しづえ): 밑가지
- 竹刀(しない): 죽도
- 老舗(しにせ): 점포
- 芝生(しばふ): 잔디가 깔려 있는 자리
- 衣魚(しみ): 좀
  - ※ 紙魚(しみ)로도 씀
- 清水(しみず): 맑은 물, 솟아나는 물
- 下手(しもて): 아랫쪽, 하류
- 惹起(じゃっき): 야기
- 三味線(しゃみせん): (악기) 사미셍
- 砂利(じゃり): 자갈
- 酒落(しゃれ): 신소리, 익살
- 祝儀(しゅうぎ): 축의(금)
- 衆生(しゅじょう): 중생
- 数珠(じゅず): 염주
- 出家(しゅっけ): 출가
- 上戸(じょうご): 술을 좋아하는 사람
- 上手(じょうず): 능숙함
- 如雨露(じょうろ): 물뿌리개
- 如才(じょさい): 빈틈, 소홀
- 白髪(しらが): 백발
- 新羅(しらぎ): 신라
- 白面(しらふ): 맨 정신
- 素人(しろうと): 초심자

- 仕業(しわざ): 소행, 짓
- 師走(しわす): 섣달, 음력 12월
- 親身(しんみ): 육친
- 西瓜(すいか): 수박
  - ※ 水瓜(すいか)라고도 함
- 出納(すいとう): 출납
- 水団(すいとん): 수제비
- 数寄屋(すきや): 다실, 다실풍의 건물
- 頭巾(ずきん): 두건
- 双六(すごろく): 쌍륙, 주사위 놀이
- 素性(姓)(すじょう): 혈통, 신원, 내력
- 生絹(すずし): 생견
- 相撲(すもう): 씨름
- 節句(せっく): 명절
- 刹那(せつな): 순간
- 台詞(せりふ): 대사, 말투
- 雑木(ぞうき): 잡목
- 草履(ぞうり): 짚신, 샌들
- 其方(そち): 거기, 그쪽
- 算盤(そろばん): 주판, 셈
- 忖度(そんたく): 마음을 헤아림
- 凧揚げ(たこあげ): 연날리기
- 山車(だし): (축제 때의)장식 수레
- 出汁(だし): 우려낸 국물
  - ※ たしじる의 준말
- 太刀(たち): 허리에 차는 칼
  - ※ 大刀(たち)라고도 함
- 立ち退く(たちのく): 물러나다
- 手綱(たづな): 고삐
- 伊達(だて): 멋부림, 협기
- 仮令(たとい): 설령, 가령
- 七夕(たなばた): 베틀, 직기
- 足袋(たび): 일본식 버선

- 手向け(たむけ) : 공물, 전별
- 稚児(ちご) : (축제 때의) 때때옷을 입은 어린이
- 千千に(ちぢに) : 갖가지, 여러가지
- 一寸(ちょっと) : 조금, 잠깐
- 一日(ついたち) : 1일, 초하루
- 築山(つきやま) : 석가산(石假山)
- 対馬(つしま) : 대마도
- 九十九折(つづらおり) : 꾸불꾸불한 길
- 梅雨(つゆ) : 장마
- 木偶(でく) : 인형
- 手伝う(てつだう) : 남을 도와 일하다
- 丁稚(でっち) : 점원, 도제, 견습생
- 伝馬船(てんません) : 짐나르는 거룻배
- 投網(とあみ) : 투망
- 十重二十重(とえはたえ) : 이중삼중, 겹겹
- 読経(どきょう) : 독경
- 時計(とけい) : 시계
- 何処(どこ) : 어디, 어느 곳
- 常世(とこよ) : 영원불변
- 訥弁(とつべん) : 눌변
- 友達(ともだち) : 친구
- 仲人(なこうど) : 중매인
- 名残(なごり) : 자취, 흔적
- 雪崩(なだれ) : 눈사태
- 納屋(なや) : 헛간
- 奈良(なら) : (지명) 나라
- 納戸(なんど) : 골방
- 兄さん(にいさん) : 형님
- 二進も三進も(にっちもさっちも) : 이러지도 저러지도
- 姉さん(ねえさん) : 누님, 언니
- 野良(のら) : 들, 전답
- 海苔(のり) : 해초의 총칭
  ※ ほしのりは 말린 김
- 祝詞(のりと) : 축문
- 暖簾(のれん) : 상호가든 막(발), 포렴
- 烽火(のろし) : 봉화
- 場合(ばあい) : 경우, 사정
- 南風(はえ) : 남풍, 마파람
- 博士(はかせ) : 박사
- 歯車(はぐるま) : 톱니바퀴
- 刷毛(はけ) : 솔
- 方舟(はこぶね) : 방주
- 梯子(はしご) : 사다리
- 場所(ばしょ) : 장소, 곳
- 二十(はたち) : 20세
- 二十歳(はたち) : 스무살
- 二十日(はつか) : 20일
- 波止場(はとば) : 선창, 부부
- 破目(はめ) : 궁지
- 場面(ばめん) : 장면, 처지
- 流行(はやり) : 유행, 풍조
- 一向(ひたすら) : 오로지, 다만
- 一入(ひとしお) : 다만, 오로지
- 一晩(ひとばん) : 하룻밤, 밤새
- 一人(ひとり) : 한 사람
- 日向(ひなた) : 볕, 태양볕
- 日和(ひより) : 좋은 날씨, 형편
- 普請中(ふしんちゅう) : 공사중
- 二人(ふたり) : 두 사람
- 二日(ふつか) : 2일, 이틀
- 宿酔い(ふつかよい) : 숙취
- 吹雪(ふぶき) : 눈보라
- 不埒(ふらち) : 괘씸함
- 下手(へた) : 서툼

- 糸瓜(へちま) : 수세미외, 하찮은 것
- 反吐(へど) : 구역질
- 部屋(へや) : 방
- 灯影(ほかげ) : 등불, 등불로 생기는 그늘
- 黒子(ほくろ) : 흑점, 피부에 생기는 검
- 反古(ほご) : 휴지, 쓰레기
- 煩悩(ぼんのう) : 번뇌
- 迷子(まいご) : 미아
- 真砂(まさご) : 잔모래
- 真面目(まじめ) : 진면목
- 真っ赤(まっか) : 새빨감
- 真っ青(まっさお) : 새파람
- 愛弟子(まなでし) : 애제자
- 水子(みずご) : 갓난아이
  ※ 稚子(みずご)로도 씀
- 未曾有(みぞう) : 미증유
- 三十日(みそか) : 월말, 30일
  ※ 晦日(つごもり) : 그믐
- 見栄え(みばえ) : 보기에 좋음
- 土産(みやげ) : 토산물
- 六日(むいか) : 6일, 엿새
- 百足(むかで) : 지네
- 木槿(むくげ) : 무궁화
- 息子(むすこ) : 아들, 자식
- 刀背打ち(むねうち) : 칼등으로 침
- 眼鏡(めがね) : 안경
- 目眩(めまい) : 현기증
- 目見得(めみえ) : 초대면
- 面子(めんつ) : 체면
- 土竜(もぐら) : 두더지
- 猛者(もさ) : 맹자, 수완가
- 文字(もじ) : 문자
- 百舌(もず) : 때까치
- 望月(もちづき) : 보름달
- 勿体(もったい) : 거드름 부리는 모양
- 紅葉(もみじ) : 단풍
- 木綿(もめん) : 무명(실)
- 最寄り(もより) : 가장 가까움
- 八百長(やおちょう) : 미리 짜고 하는 엉터리 시합
- 八百屋(やおや) : 채소가게
- 八百万(やおよろず) : 수많은
- 大和(やまと) : 지금의 ならけん, 일본의 다른 이름
- 由緒(ゆいしょ) : 유래
- 結納(ゆいのう) : 약혼 선물 또는 금품
- 所縁(ゆかり) : 연고
- 浴衣(ゆかた) : 목욕 옷, 욕의
- 雪合戦(ゆきがっせん) : 눈싸움
- 行方(ゆくえ) : 행방
- 楊枝(ようじ) : 이쑤시개
- 用達(ようたし) : 용무, 용변
- 寄席(よせ) : 사람을 모아 돈을 받고 민담·야담·재담을 들려주는 소극장
- 礼賛(らいさん) : 부처를 예찬함
- 立錐(りっすい) : 설자리
- 輪廻(りんね) : 윤회
- 流布(るふ) : 유포
- 歪曲(わいきょく) : 왜곡
- 賄賂(わいろ) : 뇌물
- 若人(わこうど) : 젊은이, 청년
- 勿忘草(わすれなぐさ) : 물망초
- 早生(わせ) : 조생종
- 海中(わたなか) : 해중, 해상

## 2. 人名用漢字一覧

(한국어음 표기 가나다순)

〔ㄱ〕
가嘉/カ, よし・よしみ
겸鎌/ケン, かま
계桂/ケイ, かつら
광匡/キョウ, まさ・ただ・ただし・ただす
　洸/コウ, ひろ・ひろし
　紘宏/コウ, あつ・ひろ・ひろし
　紘/コウ, ひろし・ひろ
교喬/キョウ, たかし・たか・もと・すけ・ただ
구矩/ク, のり・かど・つね
　駒/ク, こま
　鳩/キュウ・ク, はと
귀亀/キ, かめ・ひさ・ひさし・すすむ
규圭/ケイ, たま・かと
　葵/キ, あおい・まもる
　赳/キュウ, たけし・たけ・つよし
귤橘/キツ, たちばな
금錦/キン, にしき
긍亘/コウ, わたる・ひさ・し・のぶ
기磯/キ, いそ

〔ㄴ〕
나那/ナ
　奈/ナ
남楠/ナン, くす・くすのき
내乃/ダイ・ナイ, の・おさむ

〔ㄷ〕
단旦/タン, あき・あきら
돈敦/トン, あつ・あつし・のぶ・つとむ・おさむ
　惇/トン・ジュン, あつし・まこと・とし
동桐/トウ・ドウ, きり
　瞳/トウ・ドウ, ひとみ
등藤/トウ, ふじ

〔ㄹ〕
란蘭/ラン
람藍/ラン, あい
량諒/リョウ, まこと・あきら・さとる
　亮/リョウ, あさ・あきら・すけ・ふさ・まこと
려呂/ロ・リョ, おと・とも
령怜/レイ, さとし
　玲/レイ, あきら・たま
　伶/レイ
　嶺/レイ, みね
로蕗/ロ, ふき
록禄/ロク, よし
　鹿/ロク, しか・か・しし
豆遼/リョウ, はるか
류瑠/リュウ・ル
릉綾/リョウ, あや
리莉/リ
　鯉/リ, こい
　璃/リ

〔ㅁ〕
마麿/まろ
말茉/マツ・マ
맹孟/モウ, はじめ・ふとし・つとむ・たけ
　萌/ホウ・ボウ, もえる・めばえ・きざし
모眸/ボウ, ひとみ
목睦/ボウ, ちか・むつ・むつみ・まこと・よし

묘卯/ボウ，しげ・しげる・う

미弥/ビ・ミ，わたる・や・いや・みつ・ます・やす・ひろ

〔ㅂ〕

벽碧/ヘキ，みどり・あお・たま

보甫/ホ，はじめ・なみ・もと・まさ・とし・すけ

輔/フ・ホ，すけ・たすく

부芙/フ

붕朋/ホウ，とも

비斐/ヒ，あきら・あや・なか・よし

緋/ヒ，あか

빈彬/ヒン，あきら・あき・よし

〔ㅅ〕

사沙/サ・シャ，すな

巳/シ，み

紗/サ・シャ

상翔/ショウ，とぶ・かける

서瑞/ズイ，みず

석汐/セキ，しお

세笹/ささ

송頌/ショウ・ジュ，かた・のぶ・つぐ

수須/シュ・ス，まつ・もち

脩/ショウ，おさむ・なが・のぶ

순淳/ジュン，すなお・あつ・あつし・きよし

洵/ジュン，まこと・ひさし・のぶ

숭嵩/スウ，たかし・たか

승丞/ジョウ，すけ・すすむ・たすく

〔ㅇ〕

아阿/ア・オ

악渥/アク，あつし・あつ

암巖/ガン・ゲン，いわ・いわお・よし・みね

압圧/ショウ

앙昂/コウ，あきら・たか・たかし

야也/ヤ，なり・あり

耶/ヤ

양穰/ジョウ，みのる・ゆたか

언彦/ゲン，ひこ・ひろ・よし

역亦/エキ・ヤク，また

염艶/エン，つや・よし

영瑛/エイ，ひかる

오伍/ゴ，くみ

吾/ゴ，あ・われ

요堯/ギョウ，たかし・ゆたか・あき

瑶/ヨウ，たま

遥/ヨウ，はるか・とお・みち・のぶ・はる

용蓉/ヨウ

우祐/ユウ，さち・すけ・まさ・たすく・むら

佑/ユウ・ウ，すけ・たすく

욱旭/キョク，あきら・あさひ・てる

郁/イク，かおる・ふみ

웅熊/ユウ，くま

원苑/エン・オン，その

유惟/イ・ユイ，あり・これ・ただ・のぶ

酉/ユウ，とり・みのる

侑/ユウ，すすむ・ゆき

윤允/イン，まこと・まさ・みつ・すけ・ちか・あたる・じょう

胤/イン たね・つぎ・つぐ

율栗/リツ，くり

응鷹/ヨウ，たか

의毅/キ，つよ・つよし・たか・たけし

이李/リ，すもも

梨/リ，なし

伊/イ，これ・よし・ただ

爾/ジ・ニ, ちか
인寅/イン, とら・とも・ふき・つら
임稔/ネン, みのる・とし・なる

〔ㅈ〕
재哉/サイ, や・ちか・はじめ・か・かな・き
梓/シ, あずさ
저渚/ショ, なぎさ
猪/チョ, い・しし
적迪/テキ, みち・ふみ・ただ
전槙/チン, こずえ・しげる・まき
점鮎/あゆ
접蝶/チョウ
정禎/テイ, よし・ただ・ただし・さだ・さち
靖/セイ, やす・やすし・おさむ・きよし・のぶ
제悌/チイ, やす・やすし・よし
조鯛/チョウ, たい
蔦/チョウ, つた
肇/チョウ, はじめ・はじむ・ただし・とし
준峻/シュン・スン, たかし・みち・ちか
駿/シュン, すぐる・とし

隼/シュン・ジュン, はやぶさ・はやし・はや
지之/シ, これ・ゆき・の
智/チ, さと・さとし・とも・のり・もと・とし
只/シ, ただ
진辰/シン, たつ・とき・よし
晋/シン, すすむ

〔ㅊ〕
창昌/ショウ, あき・すけ・まさ・よし
暢/チョウ, のぶ・なが・かど・まさ
천茜/あかね
초梢/ショウ, あずえ
총惣/ソウ
聡/ソウ, さとし・さとる・あき・あきら・とし
추萩/シュウ, はぎ
축丑/チュウ, うし
취翠/スイ, みどり

〔ㅌ〕
탁琢/タク, みがく

〔ㅍ〕
파巴/ハ, ともえ・とも
풍楓/フウ, かえで

〔ㅎ〕
하霞/カ, かすみ
학鶴/カク, つる・たず
해亥/ガイ, い
행杏/キョウ・アン, あんず
현絢/クン・ジュン, あや
형亨/コウ・キョウ, とおる・あきら・みち・ゆき・なが
馨/ケイ, か・かおる
혜慧/ケイ・エ, あきら・さとし・さとる
호冴/ゴ, さえ・さえる・すみ
浩/コウ, ひろ・ひろし・ゆたか
虎/コ, とら
皓/コウ, てる・あき・あきら
홍弘/コウ・グ, ひろ・ひろし・ひろむ・みつ
虹/コウ にじ
황晃/コウ, あきら・てる
흔欣/キン, よし
喜欽/キン, よし

# 3. 日本 全国 姓氏 읽기

- 相生(あいお)
- 愛洲(あいす)
- 粟飯原(あいはら)
- * 四十物(あいもの)
- 阿閉(あえ)
- 饗(あえ)
- 櫷(あおき)
- 英田(あがた)
- 赤埴(あかはに)
- 商長(あきおさ)
- * 齶田(あきた)
- 阿支奈(あきな)
- 安居院(あぐい)
- 圷(あくつ)
- 阿曲(あくま)
- 緋田(あけだ)
- * 阿慶田(あげた)
- 此口(あざ)
- 朝朵(あさだ)
- 莇(あざみ)
- 阿食(あじき)
- 味鋺(あじま)
- 足助(あすけ)
- * 小豆沢(あずさわ)
- * 的山(あずち)
- 飛鳥馬(あすま)
- 畔上(あぜがみ)
- * 丁嵐(あたらし)

- 孔王(あなお)
- 穴太(あのう)
- 溌(あばら)
- * 羅曳(あびき)
- 安蒜(あひる)
- 鐙(あぶみ)
- 網干(あぼし)
- 白水郎(あま)
- 大西風(あまさき)
- 天生(あもう)
- * 鹿(あらこ)
- 蘭(あららぎ)
- 五百木(いおぎ)
- 五百蔵(いおろい)
- * 猪甘(いかい)
- 五十土(いかずち)
- 五十海(いかり)
- 鵤(いかるが)
- * 一宮暴(いくせ)
- 活田(いくた)
- 的(いくわ)
- 入慶田(いげた)
- 生駒(いこま)
- 率川(いさがわ)
- 伊金(いさご)
- * 伊讃(いささ)
- 鯨伏(いさふし)
- 石和(いさわ)

- 石下(いしげ)
- 夷針(いじみ)
- 石母田(いしもだ)
- * 一寸木(いすき)
- * 石動木(いするぎ)
- 印貝(いそがい)
- 伊子志(いそし)
- 石上(いそのがみ)
- 石部(いそべ)
- * 立売堀(いたちぼり)
- 虎杖(いたどり)
- 一円(いちえん)
- * 九(いちじく)
- 一迫(いちのはざま)
- 櫟原(いちはら)
- 一雨(いちぶり)
- 一万田(いちまんだ)
- 斎(いつき)
- 怡土(いど)
- 因支(いなき)
- 員部(いなべ)
- 五百盤(いにわ)
- * 紅草(いぬたで)
- 庵原(いはら)
- * 伊福(いほき)
- * 一口(いもあらい)
- 妹川(いもかわ)
- 入交(いりあい)

—145—

- 不入斗(いりやまず)
- 石无(いわなす)
- 岩並(いわなみ)
- 磐余(いわれ)
- 忌部(いんべ)
- *外郎(ういろう)
- 烏我(うが)
- 海潮(うしお)
- *艮(うしとら)
- 櫁木(うつぎ)
- 靫(うつぼ)
- 台(うてな)
- *善知鳥(うとう)
- 控木(うとぎ)
- 海上(うなかみ)
- 海南(うなみ)
- 有年(うね)
- 卜部(うらべ)
- 閏田(うるた)
- 潤野(うるの)
- *衣枳(えき)
- 胡子(えびす)
- *生石(おいし)
- 大即(おおつき)
- 大峡(おおば)
- *大饗(おおば)
- 大更(おおふけ)
- 息長(おきなが)
- *刑事(おさかべ)
- 下石(おろし)
- 雄(おんどり)
- 垣内(かいと)
- 礚崎(かきざき)
- 県川(かけがわ)
- 勘解由(おげゆ)
- 膳(かしわ)
- 春日井(かすがい)
- 綛田(かせだ)
- 羯摩(かつま)
- *金城(かなぐすく)
- 金出地(かなじ)
- *蛹沢(かにざわ)
- 叶(かのう)
- 椛島(かばしま)
- 冠木(かぶき)
- 甲頭(かぶと)
- *一尺八寸(かまつかき)
- 禿(かむろ)
- 掃守(かもり)
- 賀陽(かや)
- 通生(かよう)
- 唐牛(かろうじ)
- 蝙蝠(かわぼり)
- *巌木(きうらぎ)
- 私(きさい)
- 芸都(きず)
- 蓋(きぬがさ)
- 木全(きまた)
- 古閑(くが)
- *十八成(くくなり)
- *日下(くさか)
- 日馬(くさま)
- 国巣(くず)
- 薬師(くすし)
- 朽木(くちき)
- 忽那(くつな)
- *功刀(くぬぎ)
- 神代(くましろ)
- 求名(ぐみょう)
- 公文(くもん)
- 車持(くらもち)
- 蔵人(くらんど)
- 来栖(くるす)
- *鶏知(けち)
- 鬼無(けなし)
- 監物(けんもつ)
- 巫部(こうなぎ)
- *興梠(こうろき)
- 五器所(ごきそ)
- 古爾(ここ)
- *九面(ここづら)
- 小師(こし)
- 巨勢(こせ)
- 社戸(こそべ)
- 木工(こたくみ)
- 遠峰谷(こだま)
- *庁(こばなわ)
- 小比類巻(こひるいまき)
- 五間(こま)
- 薦田(こもだ)
- 小師(こもろ)
- 挙母(ころも)
- *雑賀(さいが)
- *槐(さいかち)
- 佐脇(さいき)
- 三枝(さいぐさ)
- *道祖土(さいど)
- 叫(さえぎ)
- 小織(さおり)

- 坂合部(さかいべ)
- *尺度(さかど)
- 坡平(さかひら)
- 相模(さがみ)
- 相良(さがら)
- 十八女(さかり)
- 酒匂(さかわ)
- 狭川(さがわ)
- *目(さかん)
- 魁(さきがけ)
- *前刀(さきと)
- 左座(さくら)
- 廻口(さこ)
- 鷦鷯(ささき)
- 小栗(ささぐり)
- 雀部(ささべ)
- *九石(ささらい)
- 猿投(さなげ)
- 実方(さねかた)
- 佐糜(さび)
- 醒井(さめがい)
- *左良階(さらしな)
- 讃良(さらら)
- 佐渡(さわたり)
- 色摩(しかま)
- 磯城(しき)
- 宍戸(ししど)
- 害人(ししひと)
- *四十万(ししま)
- 志深(しじみ)
- *雨下石(しずくいし)
- 信太(しだ)
- 設楽(したら)

- 後月(しつき)
- *幣原(しではら)
- 倭文(しとり)
- 東雲(しののめ)
- 篠生(しのぶ)
- 斯波(しば)
- 新発田(しばた)
- *倭父(しぶ)
- 四止(しま)
- 七五三(しめ)
- 占野(しめの)
- *蛇喰(じゃばみ)
- 十二月田(しわすだ)
- 陶(すえ)
- *周枳(すき)
- 宿毛(すくも)
- 村主(すぐり)
- 勝呂(すぐろ)
- 鱸(すずき)
- *月出里(すだち)
- 漁川(すなかわ)
- 周布(すふ)
- 角倉(すみくら)
- 諏訪(すわ)
- 塞口(せきぐち)
- 悌江(せりえ)
- *左右田(そうだ)
- 村女(そうとめ)
- 十河(そがわ)
- 十合(そごう)
- 宗宜(そね)
- 岨野(その)
- 反町(そりまち)

- *間人(たいざ)
- 当麻(たいま)
- 平楽(たいら)
- 鷹司(たかつかさ)
- 高任(たかとう)
- *小鳥遊(たかなし)
- 高索(たかなわ)
- 高円(たかまど)
- 篁(たかむら)
- 用(たから)
- 託羅(たから)
- *財田(たからだ)
- 炬口(たきぐち)
- 当信(たきし)
- 工首(たくみ)
- *武子(たけし)
- 武部(たけるべ)
- *大児(たこ)
- 太城(たしろ)
- 鑪(たたら)
- 刀川(たちかわ)
- 橘樹(たちばな)
- 巽(たつみ)
- *碣石(たていし)
- 帯刀(たてわき)
- 峪(たに)
- 田総(たぶさ)
- 多配(たべ)
- 環(たまき)
- *玉祖(たまのや)
- *満水(たまり)
- 手向(たむけ)
- 垂見(たるみ)

- 税(ちから)
- 知父(ちちぶ)
- *千千石(ちちわ)
- 血沼(ちぬ)
- 街(ちまた)
- 道守(ちもり)
- 調月(つかずき)
- 調(つき)
- 舂米(つきしね)
- *竺志(つくし)
- 九十九(つくも)
- 拓植(つげ)
- 達(つじ)
- 十九浦(つつうら)
- *十(つなし)
- 椿井(つばい)
- 円(つぶら)
- *栗花落(つゆり)
- 水流(つる)
- 勅使河原(てしがわら)
- 子良(てら)
- 得居(どい)
- *百目鬼(どうめき)
- 兆(とき)
- 木賊(とくさ)
- 常滑(とこなめ)
- 野老(ところ)
- 鳥栖(とす)
- *百百(とど)
- *舎利弗(とどろき)
- 利子(とね)
- 苫米地(とまべち)
- 鳥甘(とりかい)
- *瀞(とろ)
- 曇田(とんだ)
- 中麻績(なかおみ)
- 長湫(ながくて)
- 長峡(ながさ)
- 中臣(なかとみ)
- 長岑(ながみね)
- 名理(なとり)
- 隠(はばり)
- 生井(なまい)
- 生田目(なまため)
- 行方(なめかた)
- 滑川(なめりかわ)
- 楽世(なら)
- *西風館(ならいだて)
- *業本(なりもと)
- 楠部(なんぶ)
- 贄(にえ)
- 和太(にぎた)
- 米錦(にしごり)
- 仁多(にた)
- 似内(にたない)
- 蜷川(になかわ)
- *一(にのまえ)
- 内生(にぶ)
- *土神(にわ)
- 接骨木(にわとこ)
- *各田部(ぬかたべ)
- 滑谷(ぬかりや)
- 貫(ぬき)
- 温井(ぬくい)
- 温品(ぬくしな)
- 塗師(ぬし)
- 禰宜田(ねぎた)
- 猫崎(ねこさき)
- *根来(ねごろ)
- 禰寝(ねしめ)
- 苗加(のうか)
- 直方(のうがた)
- 南畝(のうねん)
- 野迫川(のせがわ)
- *及位(のぞき)
- 埴原(はいばら)
- 坪和(はが)
- *流合(はぎえ)
- *波介(はけ)
- 峡(はざま)
- 椒(はしかみ)
- 階上(はしがみ)
- 櫨山(はじやま)
- 走部(はせべ)
- *甘板(はたち)
- 泊瀬(はつせ)
- *服織(はとり)
- 英(はなぶさ)
- 赤生(はにゅう)
- 礎沢(はのきざわ)
- *金祖(はばき)
- 祝(はふり)
- *駅家(はゆま)
- 服巻(はらまき)
- 治田(はるた)
- 榛沢(はんざわ)
- 吐田(はんだ)
- *判乃(はんのう)
- 柊(ひいらぎ)

- 日景(ひかげ)
- 氷鉋(ひかな)
- 日前(ひくま)
* 亀(ひさし)
- 泥谷(ひじたに)
- 菱科(ひしな)
- 廿九日(ひずめ)
- 月出(ひたち)
- 人面(ひとつら)
* 春夏秋冬(ひととせ)
- 陽田(ひなた)
* 夷守(ひなもり)
- 冰室(ひむろ)
- 比売(ひめ)
- 枚岡(ひらおか)
- 蒜間(ひるま)
- 蕗谷(ふきや)
* 浮気(ふけ)
- 汗(ふざかし)
* 毒島(ぶすじま)
- 圦(ふせ)
- 二方(ふたかた)
- 二赤(ふたまた)
- 布都(ふつ)
* 五六(ふのぼり)
- 文挟(ふばさみ)
- 二人(ふひと)
- 平栗(へぐり)
- 綣村(へそむら)
- 別役(べっちゃく)
- 母里(ほうり)
* 八朔(ほずみ)
- 母衣地(ほろち)

- 袰綿(ほろわた)
- 鈎(まがり)
* 纏向(まきむく)
* 真籠(まごめ)
- 柾木(まさき)
- 砂(まさご)
- 当宗(まさむね)
- 倍井(ますい)
- 斑目(まだらめ)
- 万刀(まと)
* 尽田(ままた)
- 檀田(まゆみた)
- 椀子(まりこ)
- 水分(みくまり)
- 御厨屋(みくりや)
- 食(みけ)
- 三角(みすみ)
* 蛇田(みた)
- 御手洗(みたらい)
- 三潴(みつま)
- 身人部(みとべ)
- 三屋(みとや)
- 美土路(みどろ)
* 薬袋(みない)
* 美袋(みなぎ)
- 己野(みの)
- 水生(みのお)
* 箕勾(みのわ)
- 壬生(みぶ)
- 美作(みまさか)
- 弥美(みみ)
- 三衆(みもろ)
- 三家(みやけ)

- 太山(みやま)
- 迷勒地(みろくち)
* 神(みわ)
- 百足(むかで)
- 牟邪(むぎ)
- 鉾久(むく)
- 武社(むさ)
* 八道(むさし)
- 六十谷(むそだに)
- 六人(むとり)
- 宗像(むなかた)
- 撫養(むや)
- 牟婁(むろ)
- 室生(むろお)
- 夫婦木(めおとぎ)
- 和布刈(めかり)
- 妻沼(めぬま)
- 米良(めら)
* 毛受(めんじょ)
- 校条(めんじょう)
* 妻鳥(めんどり)
* 鴟目(もずめ)
- 茂田(もた)
* 畳(もたい)
- 用瀬(もちかせ)
- 糯田(もちだ)
- 茂木(もてぎ)
- 本居(もとおり)
- 故木(もとき)
- 許山(もとやま)
- 水部(もとり)
* 物理(もとろい)
- 百渓(ももたに)

- 衆樹(もろき)
- 師山(もろやま)
- *八角田(やかた)
- 宅部(やかべ)
- 楊梖(やぎ)
- 位高(やごと)
- 社(やしろ)
- 泰阜(やすおか)
- 休場(やすんば)
- 八谷(やたがい)
- *谷内(やち)
- 谷(やつ)
- *八握脛(やつかはぎ)
- 矢集(やつめ)
- 寄生木(やどりき)
- *簗(やな)
- 簗瀬(やなせ)
- 矢作(やはぎ)
- 矢走(やはせ)
- 八生(やぶ)
- 山前(やまさき)
- 山科(やましな)
- *山背(やましろ)
- 山岨(やまそば)
- 山祇(やまつみ)
- 和徳(やまと)
- *月見里(やまなし)
- 由比(ゆい)
- *紫田(ゆうだ)
- 湯坐(ゆえ)
- 柚木(ゆき)
- 弓削(ゆげ)
- 靱負(ゆげい)
- 湯次(ゆすき)
- 檮原(ゆずはら)
- 杠葉(ゆずりは)
- 余綾(ゆるぎ)
- *四十八願(よいなら)
- *要垣内(ようかいち)
- 余社(よさ)
- 依羅(よさみ)
- 良階(よししな)
- 吉隠(よなばり)
- 米集(よねつめ)
- *一丁田(よぼろだ)
- 冷泉(れいぜい)
- *九足八鳥(ろくろみ)
- 若桜(わかさ)
- 若帯(わかたらし)
- 倭久(わく)
- 涌谷(わくや)
- 稙田(わさだ)
- 和達(わだ)
- 海祇(わたつみ)
- *競(わたなべ)
- 更衣(わたぬき)
- *度会(わたらい)
- 度(わたり)
- 丸邇(わに)
- 分目(わんめ)

# 4. 日本 全国 地名 읽기

- * 姶良(あいら)
- ・明科(あかしな)
- ・鮎喰(あくい)
- ・上石(あげし)
- ・厚狭(あさ)
- * 朝霞(あさか)
- ・庵治(あじ)
- ・鰺ヶ沢(あじがさわ)
- ・味方(あじかた)
- ・愛鷹山(あしたかやま)
- ・未真野(あじまの)
- ・安心院(あじむ)
- ・足寄(あしょろ)
- ・足助(あすけ)
- * 足羽(あすわ)
- * 安宅(あたか)
- ・愛宕山(あたごやま)
- ・厚岸(あっけし)
- * 渥美(あつみ)
- ・安曇(あづみ)
- ・左沢(あてらざわ)
- ・安曇川(あどがわ)
- ・海士(あま)
- * 雨晴(あまはらし)
- ・余目(あまるめ)
- ・綾部(あやべ)
- ・荒尾(あらお)
- ・有家(ありえ)

- * 安房(あわ)
- ・芦原(あわら)
- ・安八(あんぱち)
- ・飯豊(いいで)
- ・五十崎(いかざき)
- * 斑鳩(いかるが)
- ・生月(いきつき)
- ・諫早(いさはや)
- ・胆沢(いさわ)
- ・五十公野(いじみの)
- * 出石(いずし)
- ・夷隅(いすみ)
- ・出水(いずみ)
- ・石動(いするぎ)
- ・潮来(いたこ)
- * 厳島(いつくしま)
- ・厳原(いづはら)
- * 糸魚川(いといがわ)
- ・猪名川(いながわ)
- ・引佐(いなさ)
- ・揖斐(いび)
- ・指宿(いぶすき)
- * 今治(いまばり)
- ・射水(いみす)
- ・揖屋(いや)
- ・祖谷渓(いやだに)
- * 西表島(いりおもてじま)
- * 入間(いるま)

- * 磐田(いわた)
- * 岩槻(いわつき)
- ・因島(いんのしま)
- ・陰陽(いんよう)
- ・印旛(いんば)
- ・魚津(うおづ)
- ・鶯谷(うぐいすだに)
- ・碓氷(うすい)
- * 臼杵(うすき)
- ・太秦(うずまさ)
- ・内海(うちのみ)
- ・十六島鼻(うっぷるいばな)
- * 宇土(うと)
- ・宇奈月(うなづき)
- ・畝傍山(うねびやま)
- ・産山(うぶやま)
- ・宇摩(うま)
- * 浦添(うらそえ)
- ・瓜連(うりづら)
- ・嬉野(うれしの)
- ・穎娃(えい)
- ・相知(おうち)
- * 青梅(おうめ)
- ・邑楽(おうら)
- * 麻植(おえ)
- ・扇ガ谷(おうぎがやつ)
- ・大隅(おおすみ)
- ・邑智(おおち)

- ＊大府(おおぶ)
- ・大歩危(おおぼけ)
- ＊大曲(おおまがり)
- ・大間々(おおまま)
- ・大牟田(おおむた)
- ・大涌谷(おおわくだに)
- ＊男鹿(おが)
- ・邑久(おく)
- ・小国(おぐに)
- ・桶川(おけがわ)
- ・小郡(おごおり)
- ・越生(おごせ)
- ・雄琴(おごと)
- ＊牡鹿(おしが)
- ・長万部(おしゃまんべ)
- ・恐山(おそれざん)
- ・大楽毛(おたのしけ)
- ・越智(おち)
- ・小値賀(おぢか)
- ＊小千谷(おぢや)
- ・乙訓(おとくに)
- ・女化(おなばけ)
- ・遠敷(おにゅう)
- ＊尾道(おのみち)
- ・帯解(おびとけ)
- ・御前崎(おまえざき)
- ＊尾鷲(おわせ)
- ・温泉(おんせん)
- ・御嶽山(おんたけさん)
- ・音戸(おんど)
- ＊甲斐(かい)
- ・皆生(かいけ)
- ・鶏冠井(かいで)
- ・海部(かいふ)
- ・開聞岳(かいもんだけ)
- ＊各務原(かがみがはら)
- ・学(がく)
- ・鰍沢(かじかざわ)
- ・加治木(かじき)
- ・賢島(かしこじま)
- ・橿原(かしはら)
- ＊交野(かたの)
- ・月山(がっさん)
- ＊鹿角(かづの)
- ・嘉手納(かでな)
- ・門真(かどま)
- ＊可児(かに)
- ・鹿足(かのあし)
- ・鹿屋(かのや)
- ・蒲郡(がまごおり)
- ・香美(かみ)
- ＊上浮穴(かみうけな)
- ・神栖(かみす)
- ・上関(かみのせき)
- ・冠着山(かむりきやま)
- ・加悦(かや)
- ・唐桑(からくわ)
- ＊唐津(からつ)
- ・杏(からもも)
- ・川棚(かわたな)
- ＊川辺(かわなべ)
- ・香春(かわら)
- ・苅田(かんだ)
- ・鉄輪(かんなわ)
- ・蒲原(かんばら)
- ＊甘楽(かんら)
- ・騎西(きさい)
- ・象潟(きさかた)
- ・杵島(きしま)
- ・北茂安(きたしげやす)
- ＊杵築(きつき)
- ・喜連川(きつれがわ)
- ・鬼無里(きなさ)
- ・城崎(きのさき)
- ＊宜野湾(ぎのわん)
- ・肝属(きもつき)
- ・厳木(きゅうらぎ)
- ・行田(ぎょうだ)
- ・清洲(きよす)
- ・鋸南(きょなん)
- ・吉良(きら)
- ・桐生(きりゅう)
- ＊具志川(ぐしかわ)
- ・久住(くじゅう)
- ・郡上(ぐじょう)
- ＊釧路(くしろ)
- ・玖珠(くす)
- ・葛生(くずう)
- ・国玉(くだま)
- ＊下松(くだまつ)
- ・倶知安(くっちゃん)
- ・国東(くにさき)
- ・国立(くにたち)
- ・頸城(くびき)
- ・久万(くま)
- ・久里浜(くりはま)
- ・雞知(けち)
- ・祁答院(けどういん)
- ・下呂(げろ)

- 甲賀(こうか)
- *江津(ごうつ)
- 郷ノ浦(ごうのうら)
- *鴻巣(こうのす)
- 強羅(ごうら)
- 郡家(こおげ)
- *郡山(こおりやま)
- 粉河(こかわ)
- *御所(ごせ)
- 五泉(ごせん)
- 御殿場(ごてんば)
- 小浮気(こぶけ)
- 御坊(ごほう)
- 狛江(こまえ)
- 後免(ごめん)
- 小諸(こもろ)
- 昆陽池(こやいけ)
- 是政(これまさ)
- 犀川(さいがわ)
- 佐伯(さいき)
- *西都(さいと)
- 坂出(さかいで)
- *寒河江(さがえ)
- 坂祝(さかほぎ)
- 十八女(さかり)
- 酒匂川(さかわがわ)
- 篠山(ささやま)
- 貞光(さだみつ)
- *幸手(さって)
- 佐土原(さどわら)
- *鯖江(さばえ)
- 淋代(さびしろ)
- 様似(さまに)
- *狭山(さやま)
- 猿橋(さるはし)
- 寒川(さんがわ)
- 三田(さんだ)
- 三戸(さんのへ)
- *塩竈(しおがま)
- 潮岬(しおのみさき)
- 信楽(しがらき)
- 蕃山(しげやま)
- 宍喰(ししくい)
- 酒々井(しすい)
- *設楽(したら)
- 志度(しど)
- 尿前(しとまえ)
- 信夫山(しのぶやま)
- *新発田(しばた)
- 柴又(しばまた)
- 渋民(しぶたみ)
- 下筌(しもうけ)
- 甚目寺(じもくじ)
- *下野(しもつけ)
- 下仁田(しもにた)
- 石神井(しゃくじい)
- *積丹(しゃこたん)
- 十三(じゅうそう)
- 秋芳(しゅうほう)
- 修善寺(しゅぜんじ)
- *首里(しゅり)
- 荘川(しょうかわ)
- 上下(じょうげ)
- 承知川(しょうちがわ)
- 城端(じょうはな)
- 白老(しらおい)
- *白糠(しらぬか)
- 不知火(しらぬひ)
- 白骨(しらほね)
- 新宮(しんぐう)
- *宍道(しんじ)
- 新城(しんしろ)
- *新湊(しんみなと)
- 吹田(すいた)
- *宿毛(すくも)
- 珠洲(すず)
- 鋳銭司(すぜんじ)
- 須玉(すたま)
- 則(すなわち)
- 洲本(すもと)
- 銭司(ぜず)
- 膳所(ぜぜ)
- *摂津(せっつ)
- 銭函(ぜにばこ)
- 脊振(せふり)
- 千住(せんじゅ)
- *川内(せんだい)
- *善通寺(ぜんつうじ)
- 千厩(せんまや)
- *匝瑳(そうさ)
- 曽於(そお)
- 外海(そとめ)
- 大子(だいご)
- 醍醐(だいご)
- 間人(たいざ)
- 太地(たいじ)
- 大山(だいせん)
- *多賀城(たがじょう)
- 高槻(たがつき)

- 高遠(たかとお)
- 高梁(たかはし)
- 多久(たく)
- 焼火山(たくひやま)
- 詫間(たくま)
- *武雄(たけお)
- 武生(たけふ)
- 建部(たけべ)
- *太宰府(だざいふ)
- 立科(たてしな)
- *館林(たてばやし)
- 田無(たなし)
- 玉城(たまぐすく)
- 玉名(たまな)
- 多良木(たらぎ)
- 血洗島(ちあらいじま)
- 茅ヶ崎(ちがさき)
- 筑紫野(ちくしの)
- 千倉(ちくら)
- 知多(ちた)
- *秩父(ちちぶ)
- 千々石(ちぢわ)
- 智頭(ちづ)
- *千歳(ちとせ)
- 茅野(ちの)
- 知覧(ちらん)
- *知立(ちりゅう)
- 鎮西(ちんぜい)
- 都賀(つが)
- 佃(つくだ)
- 九十九湾(つくもわん)
- 豆酘(つつ)
- 綴喜(つづき)

- 都農(つの)
- 燕(つばめ)
- 嬬恋(つまごい)
- *都留(つる)
- *敦賀(つるが)
- 鶴来(つるぎ)
- 津和野(つわの)
- 弟子屈(てしかが)
- 土肥(とい)
- 東尋坊(とうじんぼう)
- 桃原(とうばる)
- *遠野(とおの)
- 戸隠(とがくし)
- 土岐(とき)
- 富来(とぎ)
- *常滑(とこなめ)
- 常呂(ところ)
- 鳥栖(とす)
- 等々力(とどろき)
- *砺波(となみ)
- 土成(どなり)
- 土圧(とのしょう)
- *鳥羽(とば)
- 砥部(とべ)
- 苫小牧(とまこまい)
- 砥用(ともち)
- 豊明(とよあけ)
- *豊栄(とよさか)
- 登米(とよま)
- 虎姫(とらひめ)
- 直入(なおいり)
- 直江津(なおえつ)
- *那賀(なが)

- 中頭(なかがみ)
- 長久手(ながくて)
- 長篠(ながしの)
- 長門(ながと)
- 中原(なかばる)
- 長柄(ながら)
- 今帰仁(なきじん)
- *名護(なご)
- 勿来(なこそ)
- *名瀬(なぜ)
- 浪速(なにわ)
- 那覇(なは)
- 奈半利(なはり)
- *名張(なばり)
- 鍋島(なべしま)
- 波方(なみかた)
- 行方(なめがた)
- *滑川(なめりかわ)
- 奈留(なる)
- 南蛇井(なんじゃい)
- 新冠(にいかつぶ)
- *新座(にいざ)
- 新居浜(にいはま)
- 新治(にいはり)
- 仁尾(にお)
- 日暮里(にっぽり)
- 邇摩(にま)
- 入善(にゅうぜん)
- 仁淀(によど)
- *韮崎(にらさき)
- 額田(ぬかた)
- 根上(ねあがり)
- 婦負(ねい)

- 根雨(ねう)
- 野市(のいち)
- ＊直方(のおがた)
- 鋸山(のこぎりやま)
- ＊能代(のしろ)
- 野火止(のびどめ)
- ＊延岡(のべおか)
- 野辺地(のへじ)
- ＊登別(のぼりべつ)
- 野母崎(のもざき)
- 榛原(はいばら)
- 南風原(はえばる)
- 伯方(はかた)
- 羽咋(はくい)
- 波佐見(はさみ)
- 幡豆(はず)
- 幡多(はた)
- 秦野(はだの)
- 旗振山(はたふりやま)
- ＊八戸(はちのへ)
- 馬頭(ばとう)
- 放出(はなてん)
- ＊羽生(はにゅう)
- 羽曳野(はびきの)
- 隼人(はやと)
- 播磨(はりま)
- ＊榛名(はるな)
- 羽合(はわい)
- 磐梯(ばんだい)
- 稗田(ひえだ)
- 斐川(ひかわ)
- ＊比企(ひき)
- 引田(ひけた)
- 英彦山(ひこさん)
- 久居(ひさい)
- 日出(ひじ)
- 肱川(ひじかわ)
- ＊常陸(ひたち)
- 備中(びっちゅう)
- ＊人吉(ひとよし)
- 日生(ひなせ)
- 夷守(ひなもり)
- ＊美唄(びばい)
- 氷見(ひみ)
- 日向(ひゅうが)
- 氷ノ山(ひょうのせん)
- 鵯越(ひよどりごえ)
- 平生(ひらお)
- 枚方(ひらかた)
- ＊平良(ひらら)
- 蒜山(ひるぜん)
- 日和佐(ひわさ)
- 枇杷島(びわじま)
- ＊袋井(ふくろい)
- 鳳至(ふげし)
- ＊豊前(ぶぜん)
- 扶桑(ふそう)
- 両子山(ふたごさん)
- 福生(ふっさ)
- 富津(ふっつ)
- 富良野(ふらの)
- 不破(ふわ)
- 日置(へき)
- 平群(へぐり)
- 奉還(ほうかん)
- ＊伯耆(ほうき)
- 坊津(ぼうのつ)
- ＊防府(ほうふ)
- 鉾田(ほこた)
- ＊本渡(ほんど)
- 松前(まさき)
- 増毛(ましけ)
- 益子(ましこ)
- 益田(ました)
- 馬渡島(まだらしま)
- ＊松任(まっとう)
- 松橋(まつばせ)
- 真鶴(まなつる)
- 摩文仁(まぶに)
- ＊真室川(まむろがわ)
- 満濃(まんのう)
- 三井楽(みいらく)
- ＊三面川(みおもてがわ)
- 美甘(みかも)
- 三朝(みささ)
- 箕郷(みさと)
- 御荘(みしょう)
- 水主(みずし)
- 美篶(みすず)
- ＊瑞浪(みずなみ)
- 三潴(みずま)
- 御調(みつぎ)
- 三刀屋(みとや)
- 湊川(みなとがわ)
- 美祢(みね)
- ＊箕面(みのお)
- 身延(みのぶ)
- 壬生(みぶ)
- 美馬(みま)

- 美作(みまさか)
- 三養基(みやき)
* 三次(みよし)
- 三厩(みんまや)
- 牟岐(むぎ)
* 向日(むこう)
* 宗像(むなかた)
- 撫養(むや)
- 妻沼(めぬま)
- 女満別(めまんべつ)
- 免鳥(めんどり)
* 真岡(もおか)
- 物集女(もずめ)
- 用瀬(もちがせ)
- 焼津(せいづ)
- 矢掛(やかげ)
- 夜須(やす)
* 安来(やすぎ)
- 八街(やちまた)
- 八尾(やつお)
- 駅館川(やつかんがわ)
* 八代(やつしろ)
- 弥富(やとみ)
- 柳井(やない)
* 柳川(やながわ)
- 柵原(やなはら)
- 耶馬渓(やばけい)
- 弥彦(やひこ)
* 山鹿(やまが)
- 山県(やまがた)
- 八女(やめ)
- 由比(ゆい)
- 由宇(ゆう)
* 結城(ゆうき)
- 由岐(ゆき)
* 行橋(ゆくはし)
- 弓削(ゆげ)
- 遊佐(ゆざ)
- 檮原(ゆすはら)
- 温泉津(ゆのつ)
- 湯布院(ゆふいん)
- 閖上(ゆりあげ)
- 丁子(ようろご)
- 余呉(よご)
- 吉敷(よしき)
- 淀江(よどえ)
* 米子(よなご)
- 呼子(よぶこ)
* 羅臼(らうす)
- 霊山(りょうぜん)
- 苓北(れいほく)
- 若桜(わかさ)
- 和気(わけ)
- 鷲敷(わじき)
- 鷲羽山(わしゅうざん)
- 亘理(わたり)
- 渡地(わたんじ)
* 稚内(わっかない)
- 和邇(わに)
* 蕨(わらび)

# 5.常用漢字音訓一覧表

① 漢字 위의 숫자는 画数를 나타낸다.
② *표가 붙은 漢字는 초등학교에서 배우는 글자이다.
③ 音은 カタカナ、訓은 ひらがな、굵은 글자는 送りがな를 나타낸다.
　音 또는 訓이 없는 경우는 [－]、읽는 방법이 특별하거나 용법이 아주 제한되어 있는 音訓에는 옆에 […] 표시를 하였다.

| 9 胃* イ | 9 威 イ | 8 委 イ | 8 依 イ | 7 医* イ | 7 囲* イ かこむ・かこう | 6 位* イ くらい | 6 衣* イ ころも | 5 以* イ | 5 [イ] | 13 暗* アン くらい | 10 案 アン | 6 安* アン やすい | 5 圧* アツ | 12 扱 あつかう | 11 握 アク にぎる | 11 悪* アク・オ わるい | 13 愛* アイ | 9 哀 アイ あわれ あわれむ | 7 亜 ア | [ア] |

| 9 為 イ | 11 尉 イ | 11 異* イ こと | 11 移* イ うつる うつす | 12 偉 イ えらい | 13 意* イ | 13 違 イ ちがう ちがえる | 14 維 イ | 15 慰 イ なぐさめる なぐさむ | 15 遺 イ・ユイ | 16 緯 イ | 11 域 イキ | 8 育* イク そだつ そだてる | 1 一* イチ・イツ ひとつ ひと | 7 壱 イチ | 11 逸 イツ | 6 芋 いも | 4 引* イン ひく ひける | 6 印* イン しるし | 6 因* イン よる | 9 姻 イン |

| 10 員* イン | 10 院* イン | 11 陰 イン かげ かげる | 12 飲* イン のむ | 14 隠 イン かくす かくれる | 19 韻 イン | 5 [ウ] | 5 右* ウ・ユウ みぎ | 6 宇 ウ | 6 羽* ウ はね は | 8 雨* ウ あめ あま | 12 運* ウン はこぶ | 12 雲* ウン くも | 5 [エ] | 5 永* エイ ながい | 8 泳* エイ およぐ | 8 英* エイ | 9 映* エイ うつる うつす はえる | 9 栄* エイ さかえる はえ・はえる | 12 営* エイ いとなむ |

| 12 詠 エイ よむ | 15 影 エイ かげ | 15 鋭 エイ するどい | 16 衛* エイ | 8 易 エキ・イ やさしい | 9 疫 エキ・ヤク | 10 益* エキ・ヤク | 11 液* エキ | 14 駅* エキ | 10 悦 エツ | 12 越 エツ こえる こす | 15 謁 エツ | 15 閲 エツ | 4 円* エン まるい | 8 延* エン のびる・のべる のばす | 8 沿* エン そう | 8 炎 エン ほのお | 10 宴 エン | 10 援 エン | 12 煙 エン けむる けむり・けむい | 13 猿 さる エン |

| 13 遠* エン・オン とおい | 13 鉛* エン なまり | 13 塩* エン しお | 14 園* エン その | 15 演* エン | 15 縁 エン ふち | 6 [オ] | 6 汚 オ きたない けがす・けがれる けがらわしい よごす・よごれる | 4 王* オウ | 5 凹 オウ | 7 央* オウ | 8 応* オウ こたえる | 8 往* オウ | 8 押 オウ おす・おさえる | 8 欧 オウ | 3 殴 オウ なぐる | 10 桜 オウ さくら | 10 翁 オウ | 12 奥 オウ おく | 15 横* オウ よこ |

## 【カ】

- 3 下 カ・ゲ/した・しも・もと/さげる・さがる/くだる・くだす・くださる/おろす・おりる
- 4 化* カ・ケ/ばける・ばかす
- 4 火 カ/ひ・ほ
- 5 加 カ/くわえる・くわわる
- 5 可* カ
- 6 仮* カ/かり・ケ
- 7 何* カ/なに・なん
- 16 穏* オン/おだやか
- 12 温* オン/あたたか・あたたかい・あたたまる・あたためる
- 10 恩* オン
- 9 音 オン・イン/おと・ね
- 8 卸 おろす・おろし
- 1 乙 オツ/おと
- 13 虞 おそれ
- 16 憶 オク
- 15 億 オク
- 9 屋* オク/や

- 11 華 カ/はな
- 10 荷 カ/に
- 10 家 カ・ケ/いえ・や
- 10 夏 カ・ゲ/なつ
- 9 架 カ/かける・かかる
- 9 科* カ
- 8 河* カ/かわ
- 8 果* カ/はたす・はてる
- 8 価* カ/あたい
- 8 佳 カ
- 7 花* カ/はな
- 14 寡 カ
- 13 靴 カ/くつ
- 13 禍 カ/わざわい
- 13 暇 カ/ひま
- 13 嫁 カ/よめ・とつぐ
- 12 過* カ/すぎる・すごす・あやまつ・あやまち
- 12 渦 カ/うず
- 12 貨* カ
- 11 菓 カ

- 13 雅 ガ
- 12 餓 ガ
- 15 賀* ガ
- 8 画 ガ・カク
- 8 芽 ガ/め
- 12 我 ガ/われ
- 10 課* カ
- 15 蚊 カ/か
- 15 稼 カ/かせぐ
- 14 箇 カ
- 14 歌 カ/うた・うたう
- 4 介 カイ
- 6 回 カイ・エ/まわる・まわす
- 6 灰 カイ/はい
- 6 会 カイ・エ/あう
- 7 快 カイ/こころよい
- 7 戒 カイ/いましめる
- 7 改 カイ/あらためる・あらたまる
- 8 怪 カイ/あやしい・あやしむ
- 8 拐 カイ
- 9 悔 カイ/くいる・くやむ・くやしい

- 14 概 ガイ
- 13 該 ガイ
- 13 慨 ガイ
- 13 街 ガイ・カイ/まち
- 12 涯 ガイ
- 10 害* ガイ
- 8 効 コウ/きく 
- 5 外 ガイ・ゲ/そと・ほか・はずす・はずれる
- 7 貝 かい
- 16 懐 カイ/ふところ・なつかしい・なつかしむ・なつく・なつける
- 16 壊 カイ/こわす・こわれる
- 13 塊 カイ/かたまり
- 13 解* カイ・ゲ/とく・とかす・とける
- 12 階* カイ
- 12 開* カイ/ひらく・ひらける・あく・あける
- 12 絵* カイ・エ
- 11 械* カイ
- 9 皆 カイ/みな
- 9 界* カイ
- 9 海* カイ/うみ

- 13 楽 ラク・ガク/たのしい・たのしむ
- 8 岳 ガク/たけ
- 8 学* ガク/まなぶ
- 18 穫 カク
- 17 嚇 カク
- 16 獲 カク/える
- 15 確* カク/たしか・たしかめる
- 14 閣 カク
- 13 隔 カク/へだてる・へだたる
- 13 較 カク
- 13 覚* カク/おぼえる・さます・さめる
- 12 郭 カク
- 11 殻 カク/から
- 11 核 カク
- 10 格 カク・コウ
- 9 革 カク/かわ
- 8 拡 カク
- 7 角 カク/かど・つの
- 6 各* カク/おのおの
- 9 垣 かき

- 13 幹 カン/みき
- 13 寛 カン
- 13 勧 カン/すすめる
- 13 閑 カン
- 12 間* カン・ケン/あいだ・ま
- 12 款 カン
- 12 棺 カン
- 12 敢 カン
- 12 換 カン/かえる・かわる
- 12 堪 カン/たえる
- 12 喚 カン
- 12 寒* カン/さむい
- 11 惠 カン/わずらう
- 11 貫 カン/つらぬく
- 11 勘 カン
- 11 乾 カン/かわく
- 11 陥 カン/おちいる・おとしいれる
- 10 喝 カツ
- 11 渇 カツ/かわく
- 11 割 カツ/わる・われる・さく
- 12 滑 カツ/なめらか・すべる
- 13 褐 カツ
- 14 且 かつ
- 17 轄 カツ
- 5 刊 カン
- 3 干 カン/ほす・ひる
- 5 甘 カン/あまい・あまえる・あまやかす
- 6 汗 カン/あせ
- 6 缶 カン
- 7 完 カン
- 7 肝 カン/きも
- 4 刈 かる
- 10 株 かぶ
- 18 額* ガク/ひたい
- 11 掛 かける・かかり・かかる
- 15 潟 かた
- 9 括 カツ
- 9 活* カツ
- 8 官 カン
- 9 冠 カン/かんむり
- 9 巻 カン/まく・まき
- 10 看 カン

| 画 | 漢字 | 読み |
|---|---|---|
| 11 | 眼* | ガン・ゲン / まなこ |
| 8 | 岩* | ガン / いわ |
| 8 | 岸* | ガン / きし |
| 7 | 含 | ガン / ふくむ・ふくめる |
| 3 | 丸 | ガン / まる・まるい・まるめる |
| 23 | 鑑 | カン |
| 21 | 艦 | カン |
| 18 | 観* | カン |
| 18 | 簡 | カン |
| 17 | 館* | カン |
| 16 | 環 | カン |
| 16 | 還 | カン |
| 15 | 憾 | カン |
| 15 | 緩 | カン / ゆるい・ゆるやか・ゆるむ・ゆるめる |
| 15 | 監 | カン |
| 15 | 歓 | カン |
| 14 | 関* | カン / せき |
| 14 | 管 | カン / くだ |
| 14 | 慣 | カン / なれる・ならす |
| 13 | 漢 | カン |
| 13 | 感 | カン |
| 13 | 頑 | ガン |
| 18 | 顔 | ガン / かお |
| 19 | 願 | ガン / ねがう |
| 6 | 企 | [キ] / くわだてる |
| 6 | 危 | キ / あぶない・あやうい・あやぶむ |
| 6 | 机 | キ / つくえ |
| 6 | 気 | キ・ケ |
| 7 | 岐 | キ |
| 7 | 希 | キ |
| 7 | 忌 | キ / いむ・いまわしい |
| 7 | 汽 | キ |
| 8 | 奇 | キ |
| 8 | 祈 | キ / いのる |
| 8 | 季* | キ |
| 9 | 紀* | キ |
| 9 | 軌 | キ |
| 10 | 既 | キ / すでに |
| 10 | 記* | キ / しるす |
| 10 | 起* | キ / おきる・おこる・おこす |
| 10 | 飢 | キ / うえる |
| 10 | 鬼 | キ / おに |
| 13 | 義* | ギ |
| 12 | 欺 | ギ / あざむく |
| 11 | 偽 | ギ / にせ・いつわる |
| 8 | 宜 | ギ |
| 6 | 技* | ギ / わざ |
| 18 | 騎 | キ |
| 16 | 機* | キ / はた |
| 15 | 輝 | キ / かがやく |
| 15 | 器* | キ / うつわ |
| 14 | 旗 | キ / はた |
| 13 | 棄 | キ |
| 12 | 貴 | キ / たっとい・たっとぶ・とうとい・とうとぶ |
| 12 | 棋 | キ・ゴ |
| 12 | 期 | キ・ゴ |
| 12 | 揮 | キ |
| 12 | 幾 | キ / いく |
| 12 | 喜 | キ / よろこぶ |
| 11 | 規 | キ |
| 11 | 寄 | キ / よせる |
| 11 | 基 | キ / もと・もとい |
| 10 | 帰* | キ / かえる・かえす |
| 14 | 疑* | ギ / うたがう |
| 15 | 儀 | ギ |
| 15 | 戯 | ギ / たわむれる |
| 17 | 擬 | ギ |
| 17 | 犠 | ギ |
| 20 | 議* | ギ |
| 11 | 菊 | キク |
| 6 | 吉 | キチ・キツ |
| 12 | 喫 | キツ |
| 13 | 詰 | キツ / つめる・つまる |
| 7 | 却 | キャク・カク |
| 9 | 客* | キャク・カク |
| 11 | 脚 | キャク・キャ / あし |
| 9 | 逆* | ギャク / さか・さからう |
| 9 | 虐 | ギャク / しいたげる |
| 2 | 九 | キュウ・ク / ここの・ここのつ |
| 3 | 久 | キュウ・ク / ひさしい |
| 3 | 及 | キュウ / およぶ・および・およぼす |
| 3 | 弓 | キュウ / ゆみ |
| 5 | 丘 | キュウ / おか |
| 5 | 旧* | キュウ |
| 10 | 挙* | キョ / あげる・あがる |
| 8 | 拠 | キョ・コ |
| 8 | 拒 | キョ / こばむ |
| 8 | 居 | キョ / いる |
| 5 | 巨 | キョ |
| 5 | 去* | キョ・コ / さる |
| 4 | 牛* | ギュウ / うし |
| 15 | 窮 | キュウ / きわめる・きわまる |
| 12 | 給* | キュウ |
| 11 | 球 | キュウ / たま |
| 11 | 救 | キュウ / すくう |
| 10 | 宮 | キュウ・グウ・ク / みや |
| 9 | 糾 | キュウ |
| 9 | 級* | キュウ |
| 9 | 急* | キュウ / いそぐ |
| 8 | 泣 | キュウ / なく |
| 7 | 究* | キュウ / きわめる |
| 7 | 求 | キュウ / もとめる |
| 7 | 朽 | キュウ / くちる |
| 6 | 吸 | キュウ / すう |
| 6 | 休* | キュウ / やすむ・やすまる・やすめる |
| 11 | 虚 | キョ・コ |
| 11 | 許* | キョ / ゆるす |
| 12 | 距 | キョ |
| 11 | 魚 | ギョ / さかな・うお |
| 11 | 御 | ギョ・ゴ / おん |
| 14 | 漁 | ギョ・リョウ |
| 4 | 凶 | キョウ |
| 6 | 共* | キョウ / とも |
| 6 | 叫 | キョウ / さけぶ |
| 7 | 狂 | キョウ / くるう・くるおしい |
| 8 | 京 | キョウ・ケイ |
| 8 | 享 | キョウ / とも・そなえる |
| 8 | 供 | キョウ・ク / とも・そなえる |
| 8 | 協 | キョウ |
| 8 | 況 | キョウ |
| 9 | 峡 | キョウ |
| 9 | 挟 | キョウ / はさむ・はさまる |
| 10 | 狭 | キョウ / せまい・せばめる・せまる |
| 10 | 恐 | キョウ / おそれる・おそろしい |
| 10 | 恭 | キョウ / うやうやしい |
| 10 | 胸 | キョウ / むね・むな |
| 7 | 均* | キン |
| 4 | 斤 | キン |
| 5 | 玉* | ギョク / たま |
| 12 | 極* | キョク・ゴク / きわめる・きわまる・きわみ |
| 7 | 曲* | キョク / まがる・まげる |
| 6 | 局* | キョク |
| 16 | 凝 | ギョウ / こる・こらす |
| 13 | 業* | ギョウ・ゴウ / わざ |
| 12 | 暁 | ギョウ / あかつき |
| 6 | 仰 | ギョウ・コウ / あおぐ・おおせ |
| 22 | 驚 | キョウ / おどろく・おどろかす |
| 20 | 響 | キョウ / ひびく |
| 20 | 競 | キョウ・ケイ / きそう・せる |
| 19 | 鏡 | キョウ / かがみ |
| 17 | 矯 | キョウ / ためる |
| 16 | 橋* | キョウ / はし |
| 14 | 境* | キョウ・ケイ / さかい |
| 11 | 郷 | キョウ・ゴウ |
| 11 | 教* | キョウ / おしえる・おそわる |
| 11 | 強 | キョウ・ゴウ / つよい・つよまる・つよめる・しいる |
| 10 | 脅 | キョウ / おびやかす・おどす・おどかす |

-159-

| 画数 | 漢字 | 読み |
|---|---|---|
| 11 | 偶* | グウ |
| 8 | 空 | クウ・そら・あく・から |
| 13 | 愚* | グ・おろか |
| 8 | 具* | グ |
| 14 | 駆* | ク・かける |
| 8 | 苦* | ク・くるしい・くるしむ・くるしめる・にがい・にがる |
| 5 | 句* | ク |
| 4 | 区* | ク |

**【ク】**

| 14 | 銀* | ギン |
| 14 | 吟 | ギン |
| 18 | 襟 | キン・えり |
| 17 | 謹* | キン・つつしむ |
| 15 | 緊 | キン |
| 13 | 禁* | キン |
| 12 | 筋 | キン・すじ |
| 12 | 琴 | キン・こと |
| 12 | 勤* | キン・ゴン・つとめる・つとまる |
| 11 | 菌 | キン |
| 8 | 金 | キン・コン・かね・かな |
| 7 | 近* | キン・ちかい |

| 12 | 遇 | グウ |
| 12 | 隅 | グウ・すみ |
| 8 | 屈 | クツ |
| 11 | 掘 | クツ・ほる |
| 19 | 繰 | くる |
| 7 | 君* | クン・きみ |
| 10 | 訓* | クン |
| 15 | 薫 | クン・かおる |
| 16 | 軍* | グン |
| 9 | 郡* | グン |
| 10 | 群* | グン・むれる・むれ・むら |
| 13 | 群* | | (see above) |

**【ケ】**

| 5 | 兄* | ケイ・あに |
| 6 | 刑 | ケイ |
| 7 | 形* | ケイ・ギョウ・かたち |
| 7 | 系* | ケイ |
| 8 | 径* | ケイ |
| 8 | 茎 | ケイ・くき |
| 9 | 係* | ケイ・かかる・かかり |
| 9 | 型* | ケイ・かた |

| 15 | 劇 | ゲキ |
| 19 | 鯨 | ゲイ・くじら |
| 7 | 迎 | ゲイ・むかえる |
| 7 | 芸* | ゲイ |
| 19 | 鶏 | ケイ・にわとり |
| 19 | 警* | ケイ |
| 16 | 憩 | ケイ・いこい |
| 15 | 慶 | ケイ |
| 13 | 継 | ケイ・つぐ |
| 13 | 携 | ケイ・たずさえる・たずさわる |
| 13 | 傾 | ケイ・かたむく・かたむける |
| 12 | 軽* | ケイ・かるい・かろやか |
| 12 | 景* | ケイ |
| 12 | 敬* | ケイ・うやまう |
| 11 | 蛍 | ケイ・ほたる |
| 11 | 経* | ケイ・キョウ・へる |
| 11 | 渓 | ケイ |
| 11 | 掲 | ケイ・かかげる |
| 10 | 啓 | ケイ |
| 10 | 恵 | ケイ・エ・めぐむ |
| 10 | 計* | ケイ・はかる・はからう |
| 9 | 契 | ケイ・ちぎる |

| 15 | 撃 | ゲキ・うつ |
| 16 | 激 | ゲキ・はげしい |
| 4 | 欠 | ケツ・かく |
| 5 | 穴 | ケツ・あな |
| 6 | 血 | ケツ・ち |
| 7 | 決 | ケツ・きめる・きまる |
| 12 | 結 | ケツ・むすぶ・ゆう |
| 13 | 傑 | ケツ |
| 15 | 潔* | ケツ・いさぎよい |
| 4 | 月* | ゲツ・ガツ・つき |
| 4 | 犬 | ケン・いぬ |
| 6 | 件 | ケン |
| 7 | 見* | ケン・みる・みえる・みせる |
| 8 | 券 | ケン |
| 8 | 肩 | ケン・かた |
| 9 | 建 | ケン・コン・たてる・たつ |
| 9 | 研* | ケン・とぐ |
| 9 | 県* | ケン |
| 10 | 倹 | ケン |
| 10 | 兼 | ケン・かねる |
| 10 | 剣 | ケン・つるぎ |
| 10 | 軒 | ケン・のき |

| 11 | 健* | ケン・すこやか |
| 11 | 険* | ケン・けわしい |
| 12 | 圏 | ケン |
| 12 | 堅 | ケン・かたい |
| 12 | 検* | ケン |
| 13 | 嫌 | ケン・ゲン・いや・きらう |
| 13 | 献 | ケン・コン |
| 13 | 絹 | ケン・きぬ |
| 13 | 遣 | ケン・つかう・つかわす |
| 15 | 権* | ケン・ゴン |
| 16 | 憲* | ケン |
| 16 | 賢 | ケン・かしこい |
| 17 | 謙 | ケン |
| 18 | 繭 | ケン・まゆ |
| 18 | 顕 | ケン |
| 18 | 験* | ケン・ゲン |
| 20 | 懸 | ケン・ケ・かける・かかる |
| 4 | 元* | ゲン・ガン・もと |
| 4 | 幻 | ゲン・まぼろし |
| 5 | 玄 | ゲン |
| 7 | 言* | ゲン・ゴン・いう・こと |

| 8 | 弦 | ゲン・つる |
| 9 | 限* | ゲン・かぎる |
| 10 | 原* | ゲン・はら |
| 11 | 現* | ゲン・あらわれる・あらわす |
| 13 | 減* | ゲン・へる |
| 13 | 源* | ゲン・みなもと |
| 17 | 厳 | ゲン・ゴン・おごそか・きびしい |
| 3 | 己* | コ・キ・おのれ |
| 4 | 戸* | コ・と |
| 5 | 古 | コ・ふるい・ふるす |
| 6 | 呼 | コ・よぶ |
| 8 | 固 | コ・かためる・かたまる・かたい |
| 9 | 孤 | コ |
| 9 | 故 | コ・ゆえ |
| 10 | 枯 | コ・かれる・からす |
| 10 | 個 | コ |
| 10 | 庫 | コ・ク |
| 12 | 湖 | コ・みずうみ |
| 12 | 雇 | コ・やとう |

**【コ】**

| 5 | 広* | コウ・ひろい・ひろまる・ひろめる・ひろがる・ひろげる |
| 5 | 巧 | コウ・たくみ |
| 5 | 功 | コウ・ク |
| 4 | 孔 | コウ |
| 4 | 公* | コウ・おおやけ |
| 3 | 工* | コウ・ク |
| 3 | 口 | コウ・ク・くち |
| 20 | 護* | ゴ |
| 14 | 誤* | ゴ・あやまる |
| 14 | 語* | ゴ・かたる・かたらう |
| 13 | 碁 | ゴ |
| 10 | 悟 | ゴ・さとる |
| 10 | 娯 | ゴ |
| 9 | 後* | ゴ・コウ・のち・あと・うしろ・おくれる |
| 7 | 呉 | ゴ |
| 7 | 午 | ゴ |
| 4 | 互 | ゴ・たがい |
| 4 | 五* | ゴ・いつ・いつつ |
| 21 | 顧 | コ・かえりみる |
| 13 | 鼓 | コ・つづみ |
| 13 | 誇 | コ・ほこる |

| 画数 | 漢字 | 読み |
|---|---|---|
| 9 | 恒 | コウ |
| 9 | 厚 | コウ・あつい |
| 9 | 侯 | コウ |
| 9 | 肯 | コウ |
| 8 | 拘 | コウ |
| 8 | 幸* | コウ・さち・さいわい・しあわせ |
| 8 | 効* | コウ・きく |
| 7 | 更 | コウ・さら・ふける |
| 7 | 攻 | コウ・せめる |
| 7 | 抗 | コウ |
| 7 | 孝* | コウ |
| 7 | 坑 | コウ |
| 7 | 行* | コウ・ギョウ・アン・いく・ゆき・ゆく・おこなう |
| 6 | 考* | コウ・かんがえる |
| 6 | 江 | コウ・え |
| 6 | 好 | コウ・このむ・すく |
| 6 | 后 | コウ |
| 6 | 向 | コウ・むく・むける・むこう |
| 6 | 光 | コウ・ひかる・ひかり |
| 6 | 交 | コウ・まじわる・まじえる・まじる・まざる・まぜる・かう・かわす |
| 5 | 甲 | コウ・カン |
| 12 | 項 | コウ |
| 12 | 絞 | コウ・しめる・しまる・しぼる |
| 12 | 硬 | コウ・かたい |
| 12 | 港* | コウ・みなと |
| 12 | 慌 | コウ・あわてる・あわただしい |
| 11 | 黄* | コウ・オウ・き・こ |
| 11 | 康* | コウ |
| 11 | 控 | コウ・ひかえる |
| 10 | 高* | コウ・たかい・たか・たかまる・たかめる |
| 10 | 降 | コウ・おりる・おろす・ふる |
| 10 | 貢 | コウ・みつぐ |
| 10 | 航 | コウ |
| 10 | 耕 | コウ・たがやす |
| 10 | 校* | コウ |
| 10 | 候* | コウ・そうろう |
| 10 | 香 | コウ・キョウ・か・かおり・かおる |
| 9 | 郊 | コウ |
| 9 | 荒 | コウ・あらい・あらす・あれる |
| 9 | 紅 | コウ・ク・べに・くれない |
| 9 | 皇 | コウ・オウ |
| 9 | 洪 | コウ |
| 13 | 溝 | コウ・みぞ |
| 13 | 鉱 | コウ |
| 14 | 構 | コウ・かまえる・かまう |
| 14 | 綱 | コウ・つな |
| 14 | 酵 | コウ |
| 14 | 稿 | コウ |
| 16 | 興* | コウ・キョウ・おこる・おこす |
| 16 | 衡 | コウ・はかね |
| 17 | 鋼 | コウ・はがね |
| 17 | 講 | コウ |
| 17 | 購 | コウ |
| 5 | 号* | ゴウ |
| 6 | 合* | ゴウ・ガッ・カッ・あう・あわす・あわせる |
| 9 | 拷 | ゴウ |
| 10 | 剛 | ゴウ |
| 14 | 豪 | ゴウ |
| 7 | 克 | コク |
| 7 | 告* | コク・つげる |
| 7 | 谷* | コク・たに |
| 8 | 刻 | コク・きざむ |
| 8 | 国* | コク・くに |
| 11 | 黒* | コク・くろ・くろい |
| 14 | 穀 | コク |
| 14 | 酷 | コク |
| 14 | 獄 | ゴク |
| 10 | 骨 | コツ・ほね |
| 5 | 込 | こむ・こめる |
| 4 | 今* | コン・キン・いま |
| 7 | 困 | コン・こまる |
| 8 | 昆 | コン |
| 9 | 恨 | コン・うらむ・うらめしい |
| 10 | 根 | コン・ね |
| 11 | 婚 | コン |
| 11 | 混 | コン・まじる・まざる・まぜる |
| 11 | 紺 | コン |
| 14 | 魂 | コン・たましい |
| 16 | 墾 | コン |
| 17 | 懇 | コン・ねんごろ |
| 5 | 左 | サ・ひだり |
| 7 | 佐* | サ |
| 9 | 査* | サ |
| 9 | 砂 | サ・シャ・すな |
| 10 | 唆 | サ・そそのかす |
| 10 | 差* | サ・さす |
| 12 | 詐 | サ |
| 18 | 鎖 | サ・くさり |
| 10 | 座 | ザ・すわる |
| 3 | 才* | サイ |
| 6 | 再* | サイ・サ・ふたたび |
| 7 | 災* | サイ・わざわい |
| 8 | 妻* | サイ・つま |
| 9 | 砕 | サイ・くだける |
| 10 | 宰 | サイ |
| 10 | 栽 | サイ |
| 11 | 彩 | サイ・いろどる |
| 11 | 採* | サイ・とる |
| 11 | 済* | サイ・すむ・すます |
| 11 | 祭* | サイ・まつる |
| 11 | 斎 | サイ |
| 11 | 細* | サイ・ほそい・ほそる・こまか・こまかい |
| 11 | 菜* | サイ |
| 12 | 最* | サイ・もっとも |
| 12 | 裁 | サイ・さばく |
| 13 | 債 | サイ |
| 13 | 催 | サイ・もよおす |
| 13 | 歳 | サイ・セイ |
| 13 | 載 | サイ・のせる・のる |
| 14 | 際* | サイ・きわ |
| 7 | 在* | ザイ・ある |
| 7 | 材* | ザイ |
| 10 | 剤 | ザイ |
| 10 | 財* | ザイ・サイ |
| 13 | 罪* | ザイ・つみ |
| 11 | 崎 | さき |
| 7 | 作* | サク・サ・つくる |
| 9 | 削 | サク・けずる |
| 9 | 昨* | サク |
| 10 | 索 | サク |
| 12 | 策* | サク |
| 12 | 酢 | サク・す |
| 13 | 搾 | サク・しぼる |
| 16 | 錯 | サク |
| 9 | 咲 | さく |
| 15 | 賛* | サン |
| 14 | 酸* | サン・すい |
| 14 | 算* | サン |
| 12 | 散* | サン・ちる・ちらす・ちらかす・ちらかる |
| 12 | 産* | サン・うむ・うまれる |
| 12 | 傘 | サン・かさ |
| 11 | 惨 | サン・ザン・みじめ |
| 10 | 蚕 | サン・かいこ |
| 10 | 桟 | サン |
| 8 | 参* | サン・まいる |
| 3 | 山* | サン・やま |
| 3 | 三* | サン・み・みつ・みっつ |
| 5 | 皿 | さら |
| 14 | 雑* | ザツ・ゾウ |
| 17 | 擦 | サツ・する |
| 15 | 撮 | サツ・とる |
| 14 | 察* | サツ |
| 10 | 殺* | サツ・サイ・セツ・ころす |
| 8 | 刷* | サツ・する |
| 5 | 札 | サツ・ふだ |
| 5 | 冊 | サツ・サク |

[サ]

# [シ]

| 画数 | 漢字 | 読み |
|---|---|---|
| 3 | 士* | シ |
| 15 | 暫 | ザン／しばらく |
| 10 | 残 | ザン／のこる・のこす |
| 6 | 至 | シ／いたる |
| 6 | 伺 | シ／うかがう |
| 7 | 志 | シ／こころざす・こころざし |
| 7 | 私 | シ／わたくし |
| 3 | 子 | シ・ス／こ |
| 4 | 支 | シ／ささえる |
| 4 | 止 | シ／とまる・とめる |
| 4 | 氏 | シ／うじ |
| 5 | 仕 | シ・ジ／つかえる |
| 5 | 史 | シ |
| 5 | 司 | シ |
| 5 | 四 | シ／よ・よっつ・よん |
| 5 | 市 | シ／いち |
| 6 | 矢 | シ／や |
| 6 | 旨 | シ／むね |
| 6 | 死 | シ／しぬ |
| 6 | 糸 | シ／いと |
| 8 | 使 | シ／つかう |

| 8 | 刺 | シ／ささる・さす |
| 8 | 始* | シ／はじめる・はじまる |
| 8 | 姉* | シ／あね |
| 8 | 枝 | シ／えだ |
| 8 | 祉 | シ |
| 8 | 肢 | シ |
| 9 | 姿 | シ／すがた |
| 9 | 思* | シ／おもう |
| 9 | 指 | シ／ゆび・さす |
| 9 | 施 | シ・セ／ほどこす |
| 10 | 師 | シ |
| 10 | 紙 | シ／かみ |
| 10 | 脂 | シ／あぶら |
| 11 | 視 | シ |
| 11 | 紫 | シ／むらさき |
| 12 | 詞* | シ |
| 12 | 歯* | シ／は |
| 13 | 嗣 | シ |
| 13 | 試 | シ／こころみる・ためす |
| 13 | 詩* | シ |
| 13 | 資* | シ |

| 14 | 磁 | ジ |
| 13 | 辞 | ジ／やめる |
| 13 | 雌 | シ／め・めす |
| 12 | 滋 | ジ |
| 10 | 時 | ジ／とき |
| 10 | 持 | ジ／もつ |
| 9 | 治 | ジ・チ／おさめる・おさまる・なおる・なおす |
| 8 | 侍* | ジ／さむらい |
| 8 | 事* | ジ・ズ／こと |
| 7 | 児* | ジ・ニ |
| 7 | 似 | ジ／にる |
| 6 | 自* | ジ・シ／みずから |
| 6 | 耳 | ジ／みみ |
| 6 | 次 | ジ・シ／つぐ |
| 6 | 寺 | ジ／てら |
| 6 | 字 | ジ／あざ |
| 5 | 示 | ジ・シ／しめす |
| 16 | 諮 | シ／はかる |
| 15 | 賜 | シ／たまわる |
| 13 | 誌 | シ |
| 13 | 飼 | シ／かう |

| 19 | 璽 | ジ |
| 6 | 式* | シキ |
| 19 | 識 | シキ |
| 12 | 軸 | ジク |
| 2 | 七 | シチ／なな・ななつ |
| 5 | 失* | シツ／うしなう |
| 9 | 室 | シツ／むろ |
| 10 | 疾 | シツ |
| 11 | 執 | シツ・シュウ／とる |
| 12 | 湿 | シツ／しめす |
| 14 | 漆 | シツ／うるし |
| 15 | 質 | シツ・シチ・チ |
| 8 | 実 | ジツ／み・みのる |
| 6 | 芝 | しば |
| 5 | 写* | シャ／うつす・うつる |
| 7 | 社* | シャ／やしろ |
| 7 | 車 | シャ／くるま |
| 8 | 舎 | シャ |
| 8 | 者* | シャ／もの |
| 10 | 射 | シャ／いる |
| 11 | 捨 | シャ／すてる |

| 11 | 赦 | シャ |
| 11 | 斜 | シャ／ななめ |
| 12 | 煮 | シャ／にる・にえる・にやす |
| 14 | 遮 | シャ／さえぎる |
| 17 | 謝* | シャ／あやまる |
| 8 | 邪* | ジャ |
| 11 | 蛇 | ジャ・ダ／へび |
| 3 | 勺 | シャク |
| 4 | 尺 | シャク |
| 10 | 借* | シャク／かりる |
| 10 | 酌 | シャク／くむ |
| 11 | 釈* | シャク |
| 17 | 爵 | シャク |
| 8 | 若* | ジャク・ニャク／わかい・もしくは |
| 10 | 弱* | ジャク／よわい・よわる・よわまる・よわめる |
| 11 | 寂 | ジャク・セキ／さびしい・さびれる |
| 4 | 手* | シュ／て・た |
| 5 | 主* | シュ・ス／おもに |
| 6 | 守* | シュ・ス／まもる・もり |
| 6 | 朱 | シュ |
| 8 | 取* | シュ／とる |

| 9 | 狩 | シュ／かる・かり |
| 9 | 首* | シュ／くび |
| 10 | 殊 | シュ／こと |
| 10 | 珠 | シュ |
| 10 | 酒* | シュ／さけ・さか |
| 14 | 種 | シュ／たね |
| 15 | 趣 | シュ／おもむき |
| 7 | 寿 | ジュ／ことぶき |
| 8 | 受* | ジュ／うける・うかる |
| 11 | 授* | ジュ／さずける・さずかる |
| 14 | 需 | ジュ |
| 16 | 儒 | ジュ |
| 16 | 樹 | ジュ |
| 4 | 囚 | シュウ |
| 5 | 州* | シュウ／す |
| 6 | 舟 | シュウ／ふね |
| 7 | 秀 | シュウ／ひいでる |
| 8 | 周 | シュウ／まわり |
| 8 | 宗* | シュウ・ソウ |
| 9 | 拾* | シュウ・ジュウ／ひろう |

| 9 | 秋* | シュウ／あき |
| 9 | 臭* | シュウ／くさい |
| 10 | 修 | シュウ／おさめる・おさまる |
| 10 | 終* | シュウ／おわる・おえる |
| 11 | 習* | シュウ／ならう |
| 11 | 週* | シュウ |
| 12 | 就* | シュウ・ジュ／つく・つける |
| 12 | 衆* | シュウ・シュ |
| 12 | 集* | シュウ／あつまる・あつめる・つどう |
| 13 | 愁 | シュウ／うれえる・うれい |
| 13 | 酬 | シュウ |
| 17 | 醜 | シュウ／みにくい |
| 22 | 襲 | シュウ／おそう |
| 2 | 十* | ジュウ・ジッ／とお・と |
| 5 | 汁 | ジュウ／しる |
| 6 | 充 | ジュウ／あてる |
| 7 | 住* | ジュウ／すむ |
| 9 | 柔* | ジュウ・ニュウ／やわらか・やわらかい |
| 9 | 重* | ジュウ・チョウ／え・おもい・かさねる・かさなる |
| 10 | 従* | ジュウ・ショウ・ジュ／したがう |

| 画数 | 漢字 | 読み |
|---|---|---|
| 9 | 盾 | ジュン・たて |
| 6 | 巡 | ジュン・めぐる |
| 6 | 旬 | ジュン |
| 9 | 瞬 | シュン・またたく |
| 9 | 旬 | シュン |
| 9 | 春 | シュン・はる |
| 9 | 俊 | シュン |
| 11 | 術 | ジュツ |
| 18 | 術 | ジュツ・スイ |
| 8 | 述 | ジュツ・のべる |
| 5 | 出* | シュツ・スイ・だす・でる |
| 15 | 熟 | ジュク・うれる |
| 14 | 塾 | ジュク |
| 17 | 縮 | シュク・ちぢむ・ちぢまる・ちぢめる・ちぢれる・ちぢらす |
| 11 | 宿* | シュク・やど・やどる・やどす |
| 11 | 淑 | シュク |
| 11 | 粛 | シュク |
| 9 | 叔 | シュク |
| 8 | 祝* | シュク・シュウ・いわう |
| 16 | 縦 | ジュウ・たて |
| 16 | 獣 | ジュウ・けもの |
| 14 | 銃 | ジュウ |
| 11 | 渋 | ジュウ・しぶ・しぶい・しぶる |

| 10 | 准 | ジュン |
| 10 | 殉 | ジュン |
| 10 | 純* | ジュン |
| 12 | 循 | ジュン |
| 12 | 順* | ジュン |
| 13 | 準* | ジュン |
| 15 | 潤 | ジュン・うるおう・うるおす・うるむ |
| 5 | 処* | ショ |
| 7 | 初* | ショ・はじめ・はじめて・はつ・うい・そめる |
| 8 | 所* | ショ・ところ |
| 10 | 書 | ショ・かく |
| 11 | 庶 | ショ |
| 12 | 暑* | ショ・あつい |
| 13 | 署* | ショ |
| 14 | 緒* | ショ・チョ・お |
| 15 | 諸* | ショ |
| 3 | 女* | ジョ・ニョ・ニョウ・おんな・め |
| 6 | 如 | ジョ・ニョ |
| 7 | 助* | ジョ・たすける・たすかる・すけ |
| 7 | 序* | ジョ |

| 9 | 叙 | ジョ |
| 10 | 徐 | ジョ |
| 10 | 除 | ジョ・ジ・のぞく |
| 3 | 小* | ショウ・ちいさい・こ・お |
| 4 | 升 | ショウ・ます |
| 4 | 少* | ショウ・すくない・すこし |
| 5 | 召 | ショウ・めす |
| 6 | 匠 | ショウ |
| 7 | 床 | ショウ・とこ・ゆか |
| 7 | 抄 | ショウ |
| 7 | 肖 | ショウ |
| 8 | 尚 | ショウ |
| 8 | 招* | ショウ・まねく |
| 8 | 承* | ショウ・うけたまわる |
| 8 | 昇 | ショウ・のぼる |
| 8 | 松 | ショウ・まつ |
| 8 | 沼 | ショウ・ぬま |
| 9 | 昭* | ショウ |
| 10 | 宵 | ショウ・よい |
| 10 | 将 | ショウ |
| 10 | 消* | ショウ・きえる・けす |

| 10 | 症 | ショウ |
| 10 | 祥 | ショウ |
| 10 | 称* | ショウ |
| 10 | 笑 | ショウ・わらう・えむ |
| 11 | 唱 | ショウ・となえる |
| 11 | 商 | ショウ・あきなう |
| 11 | 渉 | ショウ |
| 11 | 章 | ショウ |
| 11 | 紹 | ショウ |
| 11 | 訟 | ショウ |
| 12 | 勝* | ショウ・かつ・まさる |
| 12 | 掌 | ショウ |
| 12 | 晶 | ショウ |
| 12 | 焼* | ショウ・やく・やける |
| 12 | 焦 | ショウ・こげる・こがす・こがれる・あせる |
| 12 | 硝 | ショウ |
| 12 | 粧 | ショウ |
| 12 | 詔 | ショウ・みことのり |
| 12 | 証* | ショウ |
| 12 | 象 | ショウ・ゾウ |
| 13 | 傷 | ショウ・きず・いたむ・いためる |

| 13 | 奨 | ショウ |
| 13 | 照* | ショウ・てる・てらす |
| 13 | 詳 | ショウ・くわしい |
| 14 | 彰 | ショウ |
| 14 | 障 | ショウ・さわる |
| 15 | 衝 | ショウ |
| 15 | 賞 | ショウ |
| 17 | 償 | ショウ・つぐなう |
| 17 | 礁 | ショウ |
| 20 | 鐘 | ショウ・かね |
| 3 | 上* | ジョウ・ショウ・うえ・うわ・かみ・あげる・あがる・のぼる・のぼせる・のぼす |
| 3 | 丈 | ジョウ・たけ |
| 4 | 冗 | ジョウ |
| 7 | 条* | ジョウ |
| 7 | 状* | ジョウ |
| 9 | 乗* | ジョウ・のる・のせる |
| 9 | 城 | ジョウ・しろ |
| 9 | 浄 | ジョウ |
| 11 | 剰 | ジョウ |
| 11 | 常* | ジョウ・つね・とこ |

| 11 | 情 | ジョウ・セイ・なさけ |
| 12 | 場 | ジョウ・ば |
| 12 | 畳 | ジョウ・たたむ・たたみ |
| 13 | 蒸 | ジョウ・むす・むれる・むらす |
| 15 | 縄 | ジョウ・なわ |
| 16 | 壌 | ジョウ |
| 16 | 嬢 | ジョウ |
| 16 | 錠 | ジョウ |
| 20 | 譲 | ジョウ・ゆずる |
| 20 | 醸 | ジョウ・かもす |
| 6 | 色* | ショク・シキ・いろ |
| 9 | 食* | ショク・くう・くらう・たべる |
| 12 | 植 | ショク・うえる・うわる |
| 12 | 殖 | ショク・ふえる・ふやす |
| 13 | 飾 | ショク・かざる |
| 13 | 触 | ショク・ふれる・さわる |
| 15 | 嘱 | ショク |
| 18 | 織 | ショク・シキ・おる |
| 18 | 職 | ショク |
| 10 | 辱 | ジョク・はずかしめる |
| 4 | 心* | シン・こころ |

| 5 | 申* | シン・もうす |
| 7 | 伸 | シン・のびる・のばす |
| 7 | 臣* | シン・ジン |
| 7 | 身* | シン・み |
| 7 | 辛 | シン・からい |
| 9 | 侵 | シン・おかす |
| 9 | 信 | シン |
| 9 | 津 | シン・つ |
| 9 | 神* | シン・ジン・かみ・かん・こう |
| 9 | 唇 | シン・くちびる |
| 10 | 娠 | シン |
| 10 | 振 | シン・ふる・ふるう |
| 10 | 浸 | シン・ひたす・ひたる |
| 10 | 真 | シン・ま |
| 10 | 針 | シン・はり |
| 11 | 深* | シン・ふかい・ふかまる・ふかめる |
| 11 | 紳 | シン |
| 11 | 進* | シン・すすむ・すすめる |
| 12 | 森 | シン・もり |
| 12 | 診 | シン・みる |
| 13 | 寝 | シン・ねる・ねかす |

| 9 帥 スイ | 8 炊 スイ・たく | 8 垂 スイ・たれる・たらす | 4 水 スイ・みず | 7 吹 スイ・ふく | 7* 図 ズ・ト・はかる | [ス] | 12 陣 ジン | 10 迅 ジン | 9 甚 ジン・はなはだ・はなはだしい | 9 尋 ジン・たずねる | 6 尽 ジン・つくす・つきる | 4* 仁 ジン・ニ | 3 刃 ジン・は | 2 人 ジン・ニン・ひと | 16 親 シン・おや・したしい・したしむ | 16 薪 シン・たきぎ | 15 震 シン・ふるう・ふるえる | 15 審 シン | 13* 新 シン・あたらしい・あらた・にい | 13 慎 シン・つつしむ |

| 4 井 セイ・ショウ・い | 9* 是 ゼ | 19 瀬 せ | 10 畝 うね・せ | [セ] | 3 寸 スン | 7 杉 すぎ | 11 瀬 せ | 13 崇 スウ | 11 数 スウ・ス・かず・かぞえる | 8 枢 スウ | 19 髄 ズイ | 12 随 ズイ | 13 穂 スイ・ほ | 15 錘 スイ | 16 睡 スイ | 12 遂 スイ・とげる | 11 酔 スイ・よう | 11* 推 スイ・おす | 10* 衰 スイ・おとろえる | 10 粋 スイ |

| 12 婿 セイ・むこ | 11 盛 セイ・ジョウ・もる・さかる・さかん | 11* 清 セイ・ショウ・きよい・きよまる・きよめる | 10 逝 セイ・ゆく・いく | 10 省 セイ・ショウ・かえりみる・はぶく | 9 性 セイ・ショウ | 9 星 セイ・ショウ・ほし | 9* 政 セイ・ショウ・まつりごと | 8 斉 セイ | 8 青 セイ・ショウ・あお・あおい | 8 性 セイ・ショウ | 8* 征 セイ | 8 姓 セイ・ショウ | 8* 制 セイ | 7* 声 セイ・ショウ・こえ・こわ | 6* 西 セイ・サイ・にし | 6 成 セイ・ジョウ・なる・なす | 5* 生 セイ・ショウ・いきる・いかす・いける・うまれる・うむ・おう・はえる・なま・き | 5 正 セイ・ショウ・ただしい・ただす・まさ | 5* 世 セイ・セ・よ |

| 11 責 セキ・せめる | 11 惜 セキ・おしむ | 11 席 セキ | 10 隻 セキ | 10 昔 セキ・シャク・むかし | 8 析 セキ | 8 赤 セキ・シャク・あか・あかい・あからむ・あからめる | 7 斥 セキ | 5 石 セキ・シャク・コク・いし | 5 夕 セキ・ゆう | 3 夕 セキ | 12 税 ゼイ | 16 整 セイ・ととのえる・ととのう | 15 請 セイ・シン・こう・うける | 14 静 セイ・ジョウ・しず・しずか・しずまる・しずめる | 14 誓 セイ・ちかう | 14* 製 セイ | 14 精 セイ・ショウ | 13 誠 セイ・まこと | 13 聖 セイ | 13 勢 セイ・いきおい | 12 晴 セイ・はれる・はらす |

| 13 跡 セキ・あと | 16* 積 セキ・つむ・つもる | 17* 績 セキ | 20 籍 セキ | 4* 切 セツ・サイ・きる・きれる | 7* 折 セツ・おる・おり・おれる | 8* 拙 セツ | 9 窃 セツ | 11 接 セツ・つぐ | 11 設 セツ・もうける | 11 雪 セツ・ゆき | 13 摂 セツ | 13 節 セツ・セチ・ふし | 14 説 セツ・ゼイ・とく | 6 舌 ゼツ・した | 12 絶 ゼツ・たえる・たやす・たつ | 3 千 セン | 3 川 セン・かわ | 5 仙 セン | 6 占 セン・しめる・うらなう | 6 先 セン・さき |

| 17 鮮 セン・あざやか | 17 繊 セン | 17* 薦 セン・すすめる | 16* 選 セン・えらぶ | 15 遷 セン | 15* 線 セン | 14 銑 セン | 14 銭 セン・ぜに | 13 践 セン | 13 戦 セン・いくさ・たたかう | 11 船 セン・ふね・ふな | 11 旋 セン | 10 栓 セン | 10 扇 セン・おうぎ | 9 染 セン・そめる・そまる・しみる・しみ | 9 洗 セン・あらう | 9 浅 セン・あさい | 9 泉 セン・いずみ | 9* 専 セン・もっぱら | 9* 宣 セン |

| 6 壮 ソウ | 4 双 ソウ・ふた | 18 礎 ソ・いしずえ | 13 塑 ソ | 12 疎 ソ・うとい・うとむ | 12 訴 ソ・うったえる | 11 措 ソ | 11 粗 ソ・あらい | 11 組 ソ・くむ・くみ | 10 素 ソ・ス | 10 租 ソ | 9 祖 ソ | 8 阻 ソ・はばむ | [ソ] | 18 繕 ゼン・つくろう | 14 漸 ゼン | 13 禅 ゼン | 12 然 ゼン・ネン | 12* 善 ゼン・よい | 9* 前 ゼン・まえ | 6 全 ゼン・まったく |

| | | | | | | | | | | | | | | | | | |
|---|---|---|---|---|---|---|---|---|---|---|---|---|---|---|---|---|---|
| 6 早 はやい・はやめる・はやまる ソウ・サッ | 6 争 あらそう ソウ | 7 走 はしる ソウ | 9 奏 かなでる ソウ | 9 相 あい ソウ・ショウ | 9 荘 ソウ | 9 草 くさ ソウ | 10 送 おくる ソウ | 10 倉 くら ソウ | 10 捜 さがす ソウ | 11 挿 さす ソウ | 11 桑 くわ ソウ | 11 曹 ソウ | 11 巣 す ソウ | 12 窓 まど ソウ | 12 創 ソウ | 12 葬 ほうむる ソウ | 12 喪 も ソウ | 13 装 よそおう ソウ・ショウ | 6 僧 ソウ |

| | | | | | | | | | | | | | | | | | |
|---|---|---|---|---|---|---|---|---|---|---|---|---|---|---|---|---|---|
| 13 想 ソウ・ソ | 14 層 ソウ | 14 総 ソウ | 14 遭 あう ソウ | 15 槽 ソウ | 16 操 みさお・あやつる ソウ | 17 燥 ソウ | 17 霜 しも ソウ | 18 騒 さわぐ ソウ | 19 藻 も ソウ | 10 造 つくる ゾウ | 14 像 ゾウ | 14 増 ふえる・ます・ふやす ゾウ | 14 憎 にくい・にくむ・にくしみ・にくらしい ゾウ | 15 蔵 くら ゾウ | 18 贈 おくる ゾウ・ソウ | 19 臓 ゾウ | 7 即 ソク | 7 束 たば ソク | 7 足 あし・たる・たりる・たす ソク | 9 促 うながす ソク |

| | | | | | | | | | | | | | | | |
|---|---|---|---|---|---|---|---|---|---|---|---|---|---|---|---|
| 9 則 ソク | 10 息 いき ソク | 10 速 はやい・はやめる・すみやか ソク | 11 側 かわ ソク | 12 測 はかる ソク | 11 俗 ゾク | 12 族 ゾク | 13 属 ゾク | 13 賊 ゾク | 8 続 つづく・つづける ゾク | 11 率 ひきいる ソツ・リツ | 8 卒 ソツ | 6 存 ソン・ゾン | 7 村 むら ソン | 10 孫 まご ソン | 12 尊 たっとい・とうとい・とうとぶ・たっとぶ ソン | 13 損 そこなう・そこねる ソン | 【夕】 | 5 他 タ | 6 多 おおい タ |

| | | | | | | | | | | | | | | | | | |
|---|---|---|---|---|---|---|---|---|---|---|---|---|---|---|---|---|---|
| 5 打 うつ ダ | 7 妥 ダ | 12 堕 ダ | 12 惰 ダ | 14 駄 ダ | 4 太 ふとい・ふとる タイ・タ | 7 対 タイ・ツイ | 7 体 からだ タイ・テイ | 9 耐 たえる タイ | 7 待 まつ タイ | 9 怠 おこたる・なまける タイ | 9 胎 タイ | 9 退 しりぞく・しりぞける タイ | 9 帯 おびる・おび タイ | 10 泰 タイ | 11 袋 ふくろ タイ | 11 逮 タイ | 12 替 かえる・かわる タイ | 12 貸 かす タイ | 12 隊 タイ | 13 滞 とどこおる タイ |

| | | | | | | | | | | | | | | | | | |
|---|---|---|---|---|---|---|---|---|---|---|---|---|---|---|---|---|---|
| 14 態 タイ | 3 大 おおきい・おお・おおいに ダイ・タイ | 5 代 かえる・かわる・よ・しろ ダイ・タイ | 5 台 ダイ・タイ | 11 第 ダイ | 18 題 ダイ | 13 滝 たき たき | 6 宅 タク | 7 択 タク | 7 沢 さわ タク | 8 卓 タク | 9 拓 タク | 10 託 タク | 17 濯 タク | 15 諾 ダク | 16 濁 にごる・にごす ダク | 7 但 ただし タン | 12 達 タツ | 11 脱 ぬぐ・ぬげる ダツ | 14 奪 うばう ダツ | 12 棚 たな |

| | | | | | | | | | | | | | | | | | |
|---|---|---|---|---|---|---|---|---|---|---|---|---|---|---|---|---|---|
| 4 丹 タン | 8 担 になう・かつぐ タン | 9 単 タン | 9 炭 すみ タン | 9 胆 タン | 11 探 さぐる・さがす タン | 11 淡 あわい タン | 12 短 みじかい タン | 13 嘆 なげく・なげかわしい タン | 14 端 はし・は・はた タン | 15 誕 タン | 17 鍛 きたえる タン | 6 男 おとこ ダン・ナン | 7 団 ダン・トン | 9 段 ダン | 11 弾 ひく・はずむ・たま ダン | 12 断 たつ・ことわる ダン | 13 暖 あたたか・あたたかい・あたたまる・あたためる ダン | 15 談 ダン | 16 壇 ダン・タン |

| | | | | | | | | | | | | | | | | | |
|---|---|---|---|---|---|---|---|---|---|---|---|---|---|---|---|---|---|
| 4 丹 タン | | | | | | 14 嫡 チャク | 12 着 きる・きせる・つく・つける チャク・ジャク | 11 茶 チャ・サ | 9 室 シツ | 10 秩 チツ | 16 築 きずく チク | 13 蓄 たくわえる チク | 10 逐 チク | 10 畜 チク | 13 竹 たけ チク | 13 置 おく チ | 13 稚 チ | 13 痴 チ | 12 遅 おくれる・おそい チ | 10 致 いたす チ | 10 恥 はじる・はじらい・はずかしい チ | 10 値 ね・あたい チ | 8 知 しる チ | 6 池 いけ チ・ジ | 6 地 チ・ジ | 【チ】 |

| # | 漢字 | 読み |
|---|---|---|
| 8 | 長* | チョウ・ながい |
| 2 | 町* | チョウ・まち |
| 6 | 兆 | チョウ・きざす・きざし |
| 5 | 庁 | チョウ |
| 6 | 弔 | チョウ |
| 2 | 丁 | チョウ・テイ |
| 12 | 貯 | チョ |
| 11 | 著* | チョ・あらわす・いちじるしい |
| 15 | 鋳 | チュウ・いる |
| 15 | 駐 | チュウ |
| 9 | 衷 | チュウ |
| 9 | 柱 | チュウ・はしら |
| 9 | 昼 | チュウ・ひる |
| 8 | 注 | チュウ・そそぐ |
| 8 | 抽 | チュウ |
| 8 | 忠 | チュウ |
| 7 | 沖 | チュウ・おき |
| 8 | 宙 | チュウ |
| 6 | 虫 | チュウ・むし |
| 6 | 仲 | チュウ・なか |
| 4 | 中 | チュウ・なか |

| 8 | 直* | チョク・ジキ・ただちに・なおす・なおる |
| 18 | 懲 | チョウ・こりる・こらす・こらしめる |
| 17 | 聴 | チョウ・きく |
| 15 | 調* | チョウ・しらべる・ととのう・ととのえる |
| 15 | 澄 | チョウ・すむ・すます |
| 14 | 潮 | チョウ・しお |
| 13 | 徴 | チョウ |
| 13 | 腸* | チョウ |
| 12 | 跳 | チョウ・はねる・とぶ |
| 12 | 超 | チョウ・こす・こえる |
| 12 | 朝* | チョウ・あさ |
| 12 | 脹 | チョウ |
| 11 | 鳥* | チョウ・とり |
| 11 | 頂 | チョウ・いただく・いただき |
| 11 | 釣 | チョウ・つる |
| 11 | 眺 | チョウ・ながめる |
| 11 | 彫 | チョウ・ほる |
| 11 | 張 | チョウ・はる |
| 11 | 帳 | チョウ |
| 9 | 挑 | チョウ・いどむ |

| 9 | 勅 | チョク |
| 7 | 沈 | チン・しずむ・しずめる |
| 9 | 珍 | チン・めずらしい |
| 10 | 朕 | チン |
| 11 | 陳 | チン |
| 13 | 賃 | チン |
| 18 | 鎮 | チン・しずめる・しずまる |
| 9 | 追* | ツイ・おう |
| 15 | 墜 | ツイ |
| 10 | 通 | ツウ・ツ・とおる・とおす・かよう |
| 12 | 痛 | ツウ・いたい・いたむ・いためる |
| 12 | 塚 | つか |
| 14 | 漬 | つける・つかる |
| 8 | 坪 | つぼ |
| 7 | 低* | テイ・ひくい・ひくまる・ひくめる |
| 7 | 呈 | テイ |
| 7 | 廷 | テイ |
| 7 | 弟* | テイ・ダイ・デ・おとうと |
| 8 | 定* | テイ・ジョウ・さだめる・さだまる・さだか |

【ツ】

【テ】

| 8 | 底* | テイ・そこ |
| 8 | 抵 | テイ |
| 8 | 邸 | テイ |
| 9 | 亭 | テイ |
| 9 | 貞 | テイ |
| 9 | 帝 | テイ |
| 10 | 訂 | テイ |
| 10 | 庭 | テイ・にわ |
| 10 | 逓 | テイ |
| 11 | 停 | テイ |
| 11 | 偵 | テイ |
| 12 | 堤 | テイ・つつみ |
| 12 | 提 | テイ・さげる |
| 12 | 程 | テイ・ほど |
| 13 | 艇 | テイ |
| 15 | 締 | テイ・しまる・しめる |
| 8 | 泥 | デイ・どろ |
| 8 | 的* | テキ・まと |
| 11 | 笛 | テキ・ふえ |
| 14 | 摘 | テキ・つむ |
| 14 | 滴* | テキ・しずく・したたる |

| 6 | 吐 | ト・はく |
| 4 | 斗 | ト |
| 13 | 電* | デン |
| 6 | 殿 | デン・との・どの |
| 13 | 伝* | デン・つたわる・つたえる・つたう |
| 5 | 田 | デン・た |
| 11 | 転* | テン・ころがる・ころげる・ころがす・ころぶ |
| 11 | 添 | テン・そえる・そう |
| 10 | 展 | テン |
| 9 | 点* | テン |
| 8 | 店* | テン・みせ |
| 8 | 典* | テン |
| 4 | 天* | テン・あめ・あま |
| 15 | 撤 | テツ |
| 15 | 徹 | テツ |
| 13 | 鉄* | テツ |
| 13 | 哲 | テツ |
| 8 | 迭 | テツ |
| 15 | 敵* | テキ・かたき |
| 14 | 適* | テキ |

【ト】

| 10 | 徒 | ト |
| 10 | 途 | ト |
| 11 | 都 | ト・ツ・みやこ |
| 12 | 渡 | ト・わたる・わたす |
| 13 | 塗 | ト・ぬる |
| 3 | 土 | ド・ト・つち |
| 5 | 奴 | ド |
| 7 | 努 | ド・つとめる |
| 9 | 怒 | ド・おこる・いかる |
| 9 | 度 | ド・ト・タク・たび |
| 2 | 刀 | トウ・かたな |
| 5 | 冬 | トウ・ふゆ |
| 6 | 灯 | トウ・ひ |
| 6 | 当 | トウ・あたる・あてる |
| 7 | 投 | トウ・なげる |
| 7 | 豆 | トウ・ズ・まめ |
| 8 | 東 | トウ・ひがし |
| 8 | 到 | トウ |
| 9 | 逃 | トウ・にげる・のがす・のがれる |
| 10 | 倒 | トウ・たおれる・たおす |
| 10 | 凍 | トウ・こおる・こごえる |

| 15 | 踏 | トウ・ふむ・ふまえる |
| 14 | 稲 | トウ・いね・いな |
| 12 | 統* | トウ・すべる |
| 12 | 筒 | トウ・つつ |
| 12 | 等* | トウ・ひとしい |
| 12 | 答* | トウ・こたえる・こたえ |
| 12 | 登* | トウ・ト・のぼる |
| 12 | 痘 | トウ |
| 12 | 湯 | トウ・ゆ |
| 12 | 棟 | トウ・むね・むな |
| 12 | 搭 | トウ |
| 12 | 塔 | トウ |
| 11 | 陶 | トウ |
| 11 | 盗 | トウ・ぬすむ |
| 11 | 悼 | トウ・いたむ |
| 10 | 党* | トウ |
| 10 | 透 | トウ・すく・すける・すかす |
| 10 | 討* | トウ・うつ |
| 10 | 桃 | トウ・もも |
| 10 | 島* | トウ・しま |
| 10 | 唐 | トウ・から |

| 画数 | 漢字 | 読み |
|---|---|---|
| 14 | 徳 | トク |
| 13 | 督 | トク |
| 11 | 得 | トク・える |
| 10 | 特 | トク |
| 10 | 匿 | トク |
| 9 | 峠 | とうげ |
| 15 | 導 | ドウ・みちびく |
| 14 | 銅 | ドウ |
| 13 | 働 | ドウ・はたらく |
| 12 | 道 | ドウ・みち |
| 12 | 童 | ドウ・わらべ |
| 11 | 堂 | ドウ |
| 11 | 動 | ドウ・うごく・うごかす |
| 10 | 胴 | ドウ |
| 9 | 洞 | ドウ・ほら |
| 6 | 同 | ドウ・おなじ |
| 20 | 騰 | トウ |
| 18 | 闘 | トウ・たたかう |
| 17 | 騰 | トウ |
| 16 | 頭 | トウ・ズ・ト・あたま・かしら |
| 16 | 糖 | トウ |
| 16 | 篤 | トク |
| 8 | 毒 | ドク |
| 9 | 独 | ドク・ひとり |
| 14 | 読 | ドク・トク・トウ・よむ |
| 5 | 凸 | トツ |
| 8 | 突 | トツ・つく |
| 8 | 届 | とどける・とどく |
| 4 | 屯 | トン |
| 11 | 豚 | トン・ぶた |
| 12 | 鈍 | ドン・にぶい・にぶる |
| 16 | 曇 | ドン・くもる |

【ナ】

| 4 | 内 | ナイ・ダイ・うち |
| 9 | 南 | ナン・ナ・みなみ |
| 11 | 軟 | ナン・やわらか・やわらかい |
| 18 | 難 | ナン・むずかしい |

【二】

| 2 | 二 | ニ・ふた・ふたつ |
| 5 | 尼 | ニ・あま |
| 6 | 弐 | ニ |
| 6 | 肉 | ニク |
| 8 | 入 | ニュウ・いる・いれる・はいる |
| 8 | 乳 | ニュウ・ちち |
| 7 | 尿 | ニョウ |
| 6 | 任 | ニン・まかす・まかせる |
| 7 | 妊 | ニン |
| 7 | 忍 | ニン・しのぶ・しのばせる |
| 14 | 認 | ニン・みとめる |

【ネ】

| 14 | 寧 | ネイ |

【ノ】

| 15 | 熱 | ネツ・あつい |
| 6 | 年 | ネン・とし |
| 8 | 念 | ネン |
| 11 | 粘 | ネン・ねばる |
| 16 | 燃 | ネン・もえる・もやす・もす |
| 10 | 悩 | ノウ・なやむ・なやます |
| 10 | 納 | ノウ・ナッ・ナ・トウ・おさめる・おさまる |
| 10 | 能 | ノウ |
| 11 | 脳 | ノウ |
| 13 | 農 | ノウ |
| 16 | 濃 | ノウ・こい |

【ハ】

| 7 | 把 | ハ |
| 8 | 波 | ハ・なみ |
| 9 | 派 | ハ |
| 10 | 破 | ハ・やぶる・やぶれる |
| 19 | 覇 | ハ |
| 10 | 馬 | バ・うま |
| 11 | 婆 | バ |
| 8 | 拝 | ハイ・おがむ |
| 8 | 杯 | ハイ・さかずき |
| 9 | 背 | ハイ・せ・せい・そむく・そむける |
| 9 | 肺 | ハイ |
| 10 | 俳 | ハイ |
| 10 | 配 | ハイ・くばる |
| 11 | 排 | ハイ |
| 11 | 敗 | ハイ・やぶれる |
| 12 | 廃 | ハイ・すたれる・すたる |
| 15 | 輩 | ハイ |
| 7 | 売 | バイ・うる・うれる |
| 10 | 倍 | バイ |
| 10 | 梅 | バイ・うめ |
| 11 | 培 | バイ・つちかう |
| 11 | 陪 | バイ |
| 12 | 媒 | バイ |
| 12 | 買 | バイ・かう |
| 15 | 賠 | バイ |
| 5 | 白 | ハク・ビャク・しろ・しろい・しら |
| 7 | 伯 | ハク |
| 8 | 拍 | ハク・ヒョウ |
| 8 | 泊 | ハク・とまる・とめる |
| 8 | 迫 | ハク・せまる |
| 11 | 舶 | ハク |
| 12 | 博 | ハク・バク |
| 16 | 薄 | ハク・うすい・うすめる・うすまる・うすらぐ |
| 7 | 麦 | バク・むぎ |
| 13 | 漠 | バク |
| 16 | 縛 | バク・しばる |
| 19 | 爆 | バク |
| 15 | 箱 | はこ |
| 9 | 畑 | はた・はたけ |
| 6 | 肌 | はだ |
| 2 | 八 | ハチ・や・やっつ・よう |
| 9 | 発 | ハツ・ホツ |
| 13 | 鉢 | ハチ・ハツ |
| 6 | 伐 | バツ |
| 7 | 抜 | バツ・ぬく・ぬかす・ぬける・ぬかる |
| 14 | 罰 | バツ・バチ |
| 14 | 閥 | バツ |
| 4 | 反 | ハン・ホン・タン・そる・そらす |
| 5 | 半 | ハン・なかば |
| 5 | 犯 | ハン・おかす |
| 6 | 帆 | ハン・ほ |
| 7 | 伴 | ハン・バン・ともなう |
| 7 | 判 | ハン・バン |
| 7 | 坂 | ハン・さか |
| 8 | 板 | ハン・バン・いた |
| 8 | 版 | ハン |
| 10 | 班 | ハン |
| 10 | 畔 | ハン |
| 10 | 般 | ハン |
| 11 | 販 | ハン |
| 12 | 飯 | ハン・めし |
| 13 | 搬 | ハン |
| 13 | 煩 | ハン・ボン・わずらう・わずらわす |
| 13 | 頒 | ハン |
| 15 | 範 | ハン |
| 16 | 繁 | ハン |
| 18 | 藩 | ハン |
| 12 | 晩 | バン |
| 12 | 番 | バン |
| 12 | 蛮 | バン |
| 15 | 盤 | バン |

【ヒ】

| 4 | 比 | ヒ・くらべる |
| 5 | 皮 | ヒ・かわ |
| 6 | 妃 | ヒ |
| 7 | 否 | ヒ・いな |
| 7 | 批 | ヒ |
| 8 | 彼 | ヒ・かれ・かの |
| 8 | 披 | ヒ |
| 8 | 肥 | ヒ・こえる・こやす・こえ・こやし |
| 8 | 非 | ヒ |
| 9 | 卑 | ヒ・いやしい・いやしむ・いやしめる |

| | | | | | | | | | | | | | | | | | | | | |
|---|---|---|---|---|---|---|---|---|---|---|---|---|---|---|---|---|---|---|---|---|
| 5 氷<br>ヒョウ<br>こおり・ひ | 6 *百<br>ヒャク | 5 *姫<br>ひめ | 12 筆<br>ヒツ<br>ふで | 8 必<br>ヒツ<br>かならず | 5 *匹<br>ヒツ・ヒ | 14 *鼻<br>ビ<br>はな | 13 微<br>ビ | 12 備<br>ビ<br>そなえる・そなわる | 9 美<br>ビ<br>うつくしい | 7 尾<br>お<br>ビ | 16 罷<br>ヒ | 15 避<br>さける<br>ヒ | 14 *碑<br>ヒ | 12 *扉<br>とびら<br>ヒ | 12 悲<br>ヒ<br>かなしい・かなしむ | 12 被<br>こうむる<br>ヒ | 10 秘<br>ヒ<br>ひめる | 10 疲<br>つかれる<br>ヒ | 9 *飛<br>ヒ<br>とぶ・とばす | |
| 4 *夫<br>フ・ブ<br>おっと | 4 不<br>フ・ブ | 【フ】 | 11 瓶<br>ビン | 10 敏<br>ビン | 11 頻<br>ヒン | 16 賓<br>ヒン | 11 貧<br>ヒン・ビン<br>まずしい | 10 浜<br>ヒン<br>はま | 9 品<br>ヒン<br>しな | 11 猫<br>ビョウ<br>ねこ | 11 描<br>ビョウ<br>えがく | 10 病<br>ビョウ・ヘイ<br>やむ・やまい | 9 秒<br>ビョウ | 8 *苗<br>なえ・なわ<br>ビョウ | 15 標<br>ヒョウ | 14 漂<br>ヒョウ<br>ただよう | 12 *評<br>ヒョウ | 11 票<br>ヒョウ | 10 俵<br>ヒョウ<br>たわら | 8 表<br>おもて・あらわす・あらわれる |
| 4 父<br>ちち | 5 *付<br>フ<br>つける・つく | 5 布<br>フ<br>ぬの | 7 *扶<br>フ | 8 府<br>フ | 8 怖<br>フ<br>こわい | 8 *附<br>フ | 9 負<br>フ<br>まける・おう | 9 赴<br>フ<br>おもむく | 10 浮<br>フ<br>うく・うかれる・うかべる | 11 婦<br>フ | 11 符<br>フ | 12 富<br>フ・フウ<br>とみ | 14 普<br>フ | 14 腐<br>フ<br>くさる・くされる・くさらす | 15 敷<br>フ・しく | 15 膚<br>フ | 15 *譜<br>フ | 19 賦<br>フ | 8 武<br>ブ・ム | 8 *侮<br>ブ<br>あなどる |
| 12 雰<br>フン | 10 紛<br>フン<br>まぎれる・まぎらす・まぎらわしい | 10 粉<br>フン<br>こな | 8 *物<br>ブツ・モツ<br>もの | 4 仏<br>ブツ<br>ほとけ | 8 払<br>フツ<br>はらう | 8 沸<br>フツ<br>わかす・わく | 18 覆<br>フク<br>おおう・くつがえす | 14 複<br>フク | 13 腹<br>フク<br>はら | 13 福<br>フク | 12 復<br>フク | 12 幅<br>フク<br>はば | 11 *副<br>フク | 8 服<br>フク | 6 伏<br>フク<br>ふせる | 9 風<br>フウ・フ<br>かぜ・かざ | 9 封<br>フウ・ホウ | 15 舞<br>ブ<br>まい・まう | 11 *部<br>ブ | |
| 12 噴<br>フン<br>ふく | 15 墳<br>フン | 15 憤<br>フン<br>いきどおる | 16 *奮<br>フン<br>ふるう | 4 *分<br>ブン・フン・ブ<br>わける・わかれる・わかつ | 14 *聞<br>ブン・モン<br>きく・きこえる | 4 文<br>ブン・モン・ふみ<br>前代 | 【ヘ】 | 5 *丙<br>ヘイ | 5 *平<br>ヘイ・ビョウ<br>たいら・ひら | 7 *兵<br>ヘイ・ヒョウ | 8 併<br>ヘイ<br>あわせる | 8 並<br>ヘイ<br>なみ・ならべる・ならぶ・ならびに | 9 *柄<br>ヘイ<br>がら | 10 陛<br>ヘイ | 11 閉<br>ヘイ<br>とじる・とざす・しめる・しまる | 12 塀<br>ヘイ | 15 幣<br>ヘイ | 15 弊<br>ヘイ | 6 *米<br>ベイ・マイ<br>こめ | 16 壁<br>ヘキ<br>かべ |
| 18 癖<br>ヘキ<br>くせ | 7 *別<br>ベツ<br>わかれる | 4 片<br>ヘン<br>かた | 5 辺<br>ヘン<br>べ | 7 返<br>ヘン<br>かえす・かえる | 9 変<br>ヘン<br>かわる・かえる | 11 偏<br>ヘン<br>かたよる | 12 遍<br>ヘン | 15 編<br>ヘン<br>あむ | 5 *弁<br>ベン | 9 便<br>ベン・ビン<br>たより | 10 勉<br>ベン | 【ホ】 | 5 *歩<br>ホ・ブ・フ<br>あるく・あゆむ | 8 保<br>ホ<br>たもつ | 9 捕<br>ホ<br>とる・とらえる・つかまる・つかまえる | 10 浦<br>ホ<br>うら | 10 補<br>ホ<br>おぎなう | 12 舗<br>ホ | 5 母<br>ボ<br>はは | |
| 12 募<br>ボ<br>つのる | 13 *墓<br>ボ<br>はか | 14 *慕<br>ボ<br>したう | 14 暮<br>ボ<br>くれる・くらす | 19 簿<br>ボ | 4 *方<br>ホウ<br>かた | 5 包<br>ホウ<br>つつむ | 7 *芳<br>ホウ<br>かんばしい | 7 邦<br>ホウ | 8 奉<br>ホウ<br>たてまつる | 8 宝<br>ホウ<br>たから | 8 抱<br>ホウ<br>いだく・かかえる | 8 放<br>ホウ<br>はなす・はなれる・はなつ | 8 *法<br>ホウ・ハッ・ホッ | 8 泡<br>ホウ<br>あわ | 9 胞<br>ホウ | 10 俸<br>ホウ | 10 *倣<br>ホウ<br>ならう | 10 峰<br>ホウ<br>みね | 10 砲<br>ホウ | 11 崩<br>ホウ<br>くずれる・くずす |

| # | 漢字 | 音訓 |
|---|---|---|
| 12 | 傍 | ボウ/かたわら |
| 11 | 望* | ボウ・モウ/のぞむ |
| 10 | 冒 | ボウ/おかす |
| 10 | 剖 | ボウ |
| 9 | 紡 | ボウ/つむぐ |
| 9 | 某 | ボウ |
| 8 | 肪 | ボウ |
| 8 | 房 | ボウ/ふさ |
| 7 | 防* | ボウ/ふせぐ |
| 7 | 忘 | ボウ/わすれる |
| 7 | 妨 | ボウ/さまたげる |
| 7 | 坊 | ボウ・ボッ |
| 6 | 忙 | ボウ/いそがしい |
| 4 | 乏 | ボウ/とぼしい |
| 3 | 亡 | ボウ・モウ/ない |
| 16 | 縫 | ボウ/ぬう |
| 15 | 褒 | ホウ/ほめる |
| 13 | 飽 | ホウ/あきる |
| 13 | 豊* | ホウ/ゆたか |
| 12 | 報* | ホウ/むくいる |
| 11 | 訪 | ホウ/おとずれる・たずねる |

| | | |
|---|---|---|
| 9 | 盆 | ボン |
| 3 | 凡 | ボン・ハン |
| 18 | 翻 | ホン/ひるがえす |
| 5 | 奔 | ホン |
| 11 | 本* | ホン/もと |
| 15 | 堀 | ほり |
| 7 | 没 | ボツ |
| 15 | 撲 | ボク |
| 14 | 墨 | ボク/すみ |
| 14 | 僕 | ボク |
| 8 | 牧* | ボク/まき |
| 6 | 朴 | ボク |
| 4 | 木* | ボク・モク/き・こ |
| 5 | 北* | ホク/きた |
| 16 | 謀 | ボウ・ム/はかる |
| 16 | 膨 | ボウ/ふくらむ |
| 15 | 暴* | ボウ・バク/あばく |
| 12 | 貿* | ボウ |
| 12 | 棒 | ボウ |
| 12 | 帽 | ボウ |

| | | |
|---|---|---|
| | 【マ】 | |
| 11 | 麻 | マ/あさ |
| 15 | 摩 | マ |
| 16 | 磨 | マ/みがく |
| 21 | 魔 | マ |
| 6 | 毎 | マイ |
| 8 | 妹 | マイ/いもうと |
| 8 | 枚 | マイ |
| 10 | 埋 | マイ/うめる・うまる |
| 13 | 幕 | マク・バク |
| 14 | 膜 | マク |
| 2 | 又 | また |
| 5 | 末* | マツ・バツ/すえ |
| 8 | 抹 | マツ |
| 3 | 万* | マン・バン |
| 12 | 満 | マン/みちる |
| 14 | 慢 | マン |
| 14 | 漫 | マン |
| | 【ミ】 | |
| 5 | 未* | ミ |
| 8 | 味 | ミ/あじ・あじわう |
| 13 | 盟* | メイ |
| 9 | 迷* | メイ/まよう |
| 8 | 明* | メイ・ミョウ/あかり・あかるい・あからむ・あきらか・あく・あくる・あける |
| 8 | 命* | メイ・ミョウ/いのち |
| 6 | 名* | メイ・ミョウ/な |
| | 【メ】 | |
| 10 | 娘 | むすめ |
| 10 | 夢 | ム/ゆめ |
| 19 | 霧 | ム/きり |
| 13 | 無* | ム・ブ/ない |
| 12 | 務* | ム/つとめる |
| 11 | 矛 | ム/ほこ |
| | 【ム】 | |
| 5 | 民* | ミン/たみ |
| 10 | 眠 | ミン/ねむい・ねむる |
| 7 | 妙 | ミョウ |
| 10 | 脈 | ミャク |
| 11 | 密 | ミツ |
| 8 | 岬 | みさき |
| 15 | 魅 | ミ |

| | | |
|---|---|---|
| 14 | 銘 | メイ |
| 14 | 鳴* | メイ/なく・ならす |
| 13 | 滅 | メツ/ほろびる・ほろぼす |
| 8 | 免 | メン/まぬかれる |
| 9 | 面* | メン/おも・おもて・つら |
| 14 | 綿* | メン/わた |
| | 【モ】 | |
| 8 | 茂 | モ/しげる |
| 14 | 模 | モ・ボ |
| 4 | 毛* | モウ/け |
| 8 | 妄 | モウ・ボウ |
| 10 | 盲 | モウ |
| 10 | 耗 | モウ・コウ |
| 14 | 猛 | モウ |
| 14 | 網 | モウ/あみ |
| 15 | 目* | モク・ボク/め・ま |
| 8 | 黙 | モク/だまる |
| 10 | 門* | モン/かど |
| 11 | 紋 | モン |
| 11 | 問* | モン/とう・とい |
| 4 | 匁 | もんめ |

| | | |
|---|---|---|
| 9 | 勇* | ユウ/いさむ |
| 6 | 有* | ユウ・ウ/ある |
| 4 | 友* | ユウ/とも |
| 11 | 唯 | ユイ・イ |
| 18 | 癒 | ユ |
| 16 | 輸* | ユ |
| 16 | 諭 | ユ/さとす |
| 12 | 愉 | ユ |
| 8 | 油* | ユ/あぶら |
| 5 | 由 | ユ・ユウ・ユイ/よし |
| | 【ユ】 | |
| 21 | 躍 | ヤク/おどる |
| 16 | 薬* | ヤク/くすり |
| 11 | 訳 | ヤク/わけ |
| 9 | 約* | ヤク |
| 7 | 役 | ヤク・エキ |
| 4 | 厄 | ヤク |
| 11 | 野* | ヤ/の |
| 8 | 夜 | ヤ/よる |
| | 【ヤ】 | |

| | | |
|---|---|---|
| 9 | 幽 | ユウ |
| 11 | 悠 | ユウ |
| 11 | 郵 | ユウ |
| 12 | 猶 | ユウ |
| 12 | 裕 | ユウ |
| 12 | 遊* | ユウ・ユ/あそぶ |
| 12 | 雄 | ユウ/お・おす |
| 14 | 誘 | ユウ/さそう |
| 15 | 憂 | ユウ/うれえる・うれい・うい |
| 16 | 融 | ユウ |
| 17 | 優 | ユウ/やさしい・すぐれる |
| 3 | 与 | ヨ/あたえる |
| 4 | 予* | ヨ |
| 7 | 余* | ヨ/あまる |
| 13 | 誉 | ヨ/ほまれ |
| 13 | 預* | ヨ/あずける・あずかる |
| 5 | 幼 | ヨウ/おさない |
| 5 | 用* | ヨウ/もちいる |
| 6 | 羊 | ヨウ/ひつじ |
| 9 | 洋* | ヨウ |
| | 【ヨ】 | |

| 画数 | 漢字 | 音訓 |
|---|---|---|
| 11 | 翌 | ヨク |
| 11 | 欲 | ヨク/ほっする・ほしい |
| 10 | 浴* | ヨク/あびる・あびせる |
| 7 | 抑 | ヨク/おさえる |
| 18 | 曜 | ヨウ |
| 16 | 謡 | ヨウ/うたい・うたう |
| 16 | 擁 | ヨウ |
| 15 | 養* | ヨウ/やしなう |
| 15 | 窯 | ヨウ/かま |
| 14 | 踊 | ヨウ/おどる・おどり |
| 14 | 様* | ヨウ/さま |
| 13 | 腰 | ヨウ/こし |
| 13 | 溶 | ヨウ/とける・とかす・とく |
| 12 | 陽* | ヨウ |
| 12 | 葉* | ヨウ/は |
| 12 | 揺 | ヨウ/ゆれる・ゆる・ゆらぐ・ゆさぶる・ゆする・あげる |
| 11 | 庸 | ヨウ |
| 10 | 容* | ヨウ |
| 9 | 要* | ヨウ/いる |

| 画数 | 漢字 | 音訓 |
|---|---|---|
| 17 | 翼 | ヨク/つばさ |
| 13 | 履 | リ/はだか |
| 19 | 羅 | ラ |
| 7 | 来* | ライ/くる・きたる・きたす |
| 13 | 雷 | ライ/かみなり |
| 16 | 頼 | ライ/たのむ・たよる・たのもしい |
| 12 | 落* | ラク/おちる・おとす |
| 12 | 絡 | ラク/からむ・からまる |
| 13 | 酪 | ラク |
| 7 | 乱 | ラン/みだれる・みだす |
| 7 | 卵 | ラン/たまご |
| 17 | 覧 | ラン |
| 18 | 濫 | ラン |
| 20 | 欄 | ラン |

**【リ】**

| 画数 | 漢字 | 音訓 |
|---|---|---|
| 6 | 吏 | リ |
| 7 | 利* | リ/きく |
| 7 | 里* | リ/さと |
| 11 | 理* | リ |
| 11 | 痢 | リ |
| 13 | 裏 | リ/うら |
| 15 | 履 | リ/はく |
| 18 | 離 | リ/はなれる・はなす |
| 11 | 陸 | リク |
| 5 | 立* | リツ/たつ・たてる |
| 9 | 律 | リツ・リチ |
| 11 | 略 | リャク |
| 9 | 柳 | リュウ/やなぎ |
| 10 | 流* | リュウ・ル/ながれる・ながす |
| 10 | 留 | リュウ・ル/とめる・とまる |
| 11 | 竜 | リュウ/たつ |
| 11 | 粒 | リュウ/つぶ |
| 12 | 隆 | リュウ |
| 10 | 硫 | リュウ |
| 13 | 旅* | リョ/たび |
| 15 | 虜 | リョ |
| 2 | 了 | リョウ |
| 6 | 両* | リョウ |
| 7 | 良* | リョウ/よい |
| 10 | 料* | リョウ |
| 10 | 涼 | リョウ/すずしい |
| 11 | 猟 | リョウ |
| 11 | 陵 | リョウ/みささぎ |
| 12 | 量* | リョウ/はかる |
| 14 | 僚 | リョウ |
| 14 | 領* | リョウ |
| 15 | 寮 | リョウ |
| 17 | 療 | リョウ |
| 18 | 糧 | リョウ・ロウ/かて |
| 2 | 力* | リョク・リキ/ちから |
| 14 | 緑* | リョク・ロク/みどり |
| 8 | 林* | リン/はやし |
| 9 | 厘 | リン |
| 10 | 倫 | リン |
| 15 | 輪 | リン/わ |
| 16 | 隣 | リン/となる・となり |
| 18 | 臨* | リン/のぞむ |

**【ル】**

| 画数 | 漢字 | 音訓 |
|---|---|---|
| 10 | 涙 | ルイ/なみだ |
| 11 | 累 | ルイ |
| 12 | 塁 | ルイ |
| 18 | 類* | ルイ |

**【レ】**

| 画数 | 漢字 | 音訓 |
|---|---|---|
| 10 | 恋 | レン/こう・こい・こいしい |
| 12 | 裂 | レツ/さく・さける |
| 10 | 烈 | レツ |
| 6 | 劣 | レツ/おとる |
| 10 | 列* | レツ |
| 6 | 歴* | レキ |
| 14 | 暦 | レキ/こよみ |
| 14 | 齢 | レイ |
| 19 | 麗 | レイ/うるわしい |
| 17 | 隷 | レイ |
| 16 | 霊 | レイ・リョウ/たま |
| 15 | 零 | レイ |
| 13 | 鈴 | レイ・リン/すず |
| 8 | 例* | レイ/たとえる |
| 7 | 戻 | レイ/もどす・もどる |
| 7 | 励 | レイ/はげむ・はげます |
| 7 | 冷* | レイ/つめたい・ひえる・ひや・ひやす・ひやかす・さめる・さます |
| 5 | 礼* | レイ・ライ |
| 5 | 令* | レイ |

**【ロ】**

| 画数 | 漢字 | 音訓 |
|---|---|---|
| 10 | 連 | レン/つらなる・つらねる・つれる |
| 13 | 廉 | レン |
| 14 | 練 | レン/ねる |
| 16 | 錬 | レン |
| 8 | 炉 | ロ |
| 13 | 路 | ロ/じ |
| 21 | 露 | ロ・ロウ/つゆ |
| 6 | 老* | ロウ/ふける・おいる |
| 7 | 労 | ロウ |
| 9 | 郎 | ロウ |
| 10 | 朗 | ロウ/ほがらか |
| 10 | 浪 | ロウ |
| 12 | 廊 | ロウ |
| 13 | 楼 | ロウ |
| 14 | 漏 | ロウ/もる・もれる・もらす |
| 4 | 六* | ロク/む・むつ・むっつ・むい |
| 16 | 録* | ロク |
| 15 | 論* | ロン |

**【ワ】**

| 画数 | 漢字 | 音訓 |
|---|---|---|
| 8 | 和* | ワ・オ/やわらぐ・やわらげる・なごむ・なごやか |
| 13 | 話* | ワ/はなす・はなし |
| 13 | 賄 | ワイ/まかなう |
| 12 | 惑 | ワク/まどう |
| 8 | 枠 | わく |
| 12 | 湾 | ワン |
| 12 | 腕 | ワン/うで |

# 本文用例漢字 찾아보기
(한국어음 표기 가나다순)

[ㄱ]
가 加/67
　可/91
　家/34
　歌/39
　街/85
　仮/92
　価/95
각 刻/118
　各/69
　角/29
　閣/133
　覚/85
간 刊/91
　干/114
　幹/107
　看/122
　簡/136
　間/38
감 感/62
　減/105
강 康/81
　講/113
　鋼/135
　降/123
　強/35

개 個/99
　改/72
　開/62
객 客/51
거 去/42
　居/96
　挙/79
건 件/92
　健/81
　建/76
검 検/105
격 格/100
　激/135
견 絹/131
　見/20
　犬/17
결 決/46
　潔/111
　結/85
　欠/66
경 京/30
　敬/129
　景/84
　競/90
　耕/100
　警/136

径/74
経/103
軽/62
境/109
鏡/90
계 係/50
　季/73
　械/82
　界/52
　系/118
　計/33
　階/60
　届/119
고 古/24
　告/71
　固/73
　庫/55
　故/98
　考/27
　苦/49
　高/35
곡 曲/44
　穀/132
　谷/29
곤 困/117
골 骨/125

공 供/118
　共/69
　救/82
　功/67
　工/21
　空/18
　公/22
과 果/74
　科/33
　課/89
　過/105
관 官/73
　管/88
　慣/109
　関/88
　館/65
　観/90
광 光/25
　広/25
　鉱/108
교 教/36
　橋/65
　交/25
　校/15
구 久/91
　九/12
　口/14

句/91
救/82
求/72
球/58
究/46
区/41
旧/92
具/47
構/110
국 局/46
　国/30
군 君/45
　群/108
　軍/77
　郡/79
궁 宮/54
　弓/21
권 券/95
　巻/120
　権/133
궤 机/116
귀 貴/130
　帰/34
규 規/103
균 均/94
극 劇/133

極/84
근 勤/128
　根/56
　近/29
　筋/129
금 今/21
　禁/107
　金/13
급 急/51
　級/53
　給/84
기 器/88
　基/101
　寄/101
　己/114
　技/94
　旗/87
　期/60
　紀/77
　記/35
　起/56
　汽/29
　気/18
　機/89

| [ㄴ] | 大/13 | [ㄹ] | 類/90 | 맹 盟/131 | 迷/98 |
|---|---|---|---|---|---|
| 난 暖/130 | 待/51 | 락 落/59 | 륙 陸/82 | 면 綿/110 | 민 民/68 |
| 難/136 | 貸/106 | 楽/39 | 륜 輪/89 | 面/54 | 密/125 |
| 남 南/32 | 対/46 | 란 卵/117 | 률 律/121 | 勉/54 | |
| 男/15 | 帯/78 | 乱/116 | 率/103 | 명 名/19 | [ㅂ] |
| 납 納/124 | 隊/83 | 람 覽/136 | 리 利/70 | 命/48 | 박 博/83 |
| 내 內/22 | 덕 德/109 | 랑 朗/124 | 理/36 | 明/31 | 반 反/41 |
| 녀 女/15 | 도 刀/21 | 래 来/29 | 里/30 | 鳴/40 | 班/124 |
| 년 年/19 | 導/111 | 랭 冷/70 | 裏/131 | 皿/43 | 返/46 |
| 념 念/74 | 島/55 | 략 略/103 | 림 林/16 | 모 暮/132 | 半/24 |
| 노 努/71 | 度/51 | 량 良/72 | 臨/136 | 模/132 | 飯/86 |
| 농 農/63 | 徒/79 | 量/85 | 립 立/20 | 母/25 | 발 発/53 |
| 뇌 脳/127 | 道/37 | 両/43 | | 毛/23 | 방 放/49 |
| 능 能/101 | 都/57 | 려 旅/55 | [ㅁ] | 목 木/13 | 方/23 |
| | 図/28 | 력 力/19 | 마 馬/35 | 牧/75 | 訪/127 |
| [ㄷ] | 독 毒/75 | 歷/87 | 막 幕/130 | 目/14 | 防/94 |
| 다 多/26 | 独/99 | 련 練/64 | 만 晚/129 | 몽 夢/107 | 배 倍/54 |
| 단 段/121 | 読/40 | 렬 列/44 | 万/21 | 묘 墓/107 | 背/122 |
| 短/61 | 동 冬/24 | 령 令/66 | 満/84 | 무 務/101 | 配/56 |
| 団/93 | 動/57 | 領/111 | 말 末/68 | 武/97 | 俳/123 |
| 単/76 | 同/26 | 례 例/72 | 망 亡/114 | 無/84 | 拝/120 |
| 断/102 | 東/31 | 礼/43 | 忘/117 | 貿/106 | 백 白/16 |
| 달 達/83 | 童/61 | 로 老/69 | 望/82 | 문 問/57 | 百/12 |
| 담 談/65 | 銅/111 | 路/63 | 매 妹/30 | 文/19 | 번 番/38 |
| 担/119 | 働/86 | 労/71 | 梅/79 | 聞/39 | 범 犯/92 |
| 답 答/38 | 두 豆/47 | 록 緑/64 | 毎/26 | 門/32 | 법 法/75 |
| 당 堂/81 | 頭/40 | 録/90 | 買/38 | 물 物/50 | 변 弁/92 |
| 糖/135 | 득 得/81 | 론 論/134 | 枚/120 | 미 味/47 | 辺/67 |
| 党/123 | 등 登/61 | 료 料/79 | 売/28 | 未/68 | 変/76 |
| 当/26 | 等/61 | 류 流/56 | 맥 麦/30 | 米/27 | 별 別/70 |
| 대 代/42 | 灯/69 | 留/100 | 脈/80 | 美/54 | 병 兵/70 |

| | | | | | |
|---|---|---|---|---|---|
| 並/118 | 悲/60 | 捨/126 | 西/27 | 소 小/14 | 熟/134 |
| 病/56 | 批/117 | 砂/122 | 署/131 | 少/22 | 순 純/124 |
| 보 保/97 | 比/91 | 糸/20 | 暑/60 | 所/49 | 順/85 |
| 報/104 | 秘/124 | 写/42 | 석 夕/18 | 昭/52 | 술 術/103 |
| 步/31 | 肥/97 | 社/29 | 席/78 | 燒/84 | 述/96 |
| 補/130 | 費/85 | 辞/87 | 石/18 | 笑/80 | 습 拾/52 |
| 宝/119 | 非/97 | 飼/108 | 昔/49 | 素/100 | 習/59 |
| 복 復/105 | 飛/77 | 산 山/16 | 선 先/15 | 消/56 | 승 承/96 |
| 服/49 | 鼻/64 | 散/83 | 善/128 | 巢/82 | 乘/50 |
| 腹/131 | 빈 貧/104 | 産/83 | 宣/120 | 속 束/72 | 勝/59 |
| 複/110 | 빙 冰/43 | 算/39 | 線/40 | 速/55 | 시 始/48 |
| 福/63 | | 酸/110 | 船/36 | 属/105 | 市/24 |
| 본 本/19 | [ㅅ] | 살 殺/80 | 選/88 | 続/86 | 時/35 |
| 봉 棒/129 | 사 事/47 | 삼 三/11 | 설 舌/93 | 손 孫/78 | 示/92 |
| 부 付/66 | 仕/41 | 森/16 | 設/104 | 損/107 | 詩/63 |
| 副/81 | 使/47 | 参/73 | 雪/36 | 송 松/74 | 試/87 |
| 否/117 | 司/67 | 상 上/13 | 説/88 | 送/51 | 矢/25 |
| 夫/66 | 史/67 | 傷/130 | 성 城/120 | 쇄 刷/73 | 視/127 |
| 婦/101 | 四/11 | 像/109 | 性/96 | 수 修/99 | 식 式/44 |
| 富/104 | 士/66 | 常/101 | 成/69 | 垂/118 | 息/55 |
| 府/74 | 寺/26 | 想/63 | 星/33 | 守/44 | 植/60 |
| 負/54 | 射/123 | 相/53 | 盛/127 | 手/14 | 識/113 |
| 部/57 | 師/99 | 象/85 | 省/77 | 樹/135 | 食/34 |
| 父/23 | 思/32 | 賞/89 | 聖/131 | 水/12 | 신 信/75 |
| 북 北/24 | 査/98 | 箱/65 | 誠/131 | 輸/113 | 新/39 |
| 분 奮/134 | 死/45 | 商/57 | 声/28 | 首/34 | 申/43 |
| 分/22 | 私/117 | 状/95 | 세 世/41 | 収/114 | 臣/72 |
| 粉/80 | 舎/95 | 색 色/27 | 勢/107 | 受/47 | 身/47 |
| 불 不/66 | 詞/130 | 생 生/15 | 洗/121 | 授/102 | 神/53 |
| 仏/91 | 謝/113 | 서 序/94 | 細/36 | 数/39 | 실 失/67 |
| 비 備/104 | 似/93 | 書/35 | 税/105 | 숙 宿/57 | 室/32 |

-173-

|  |  |  |  |  |  |  |  |  |  |  |
|---|---|---|---|---|---|---|---|---|---|---|
|  | 実/48 | 양 | 洋/52 |  | 泳/49 |  | 雨/18 |  | 銀/64 | 〔ㅈ〕 |
| 심 | 心/23 |  | 羊/45 |  | 氷/92 |  | 羽/27 | 음 | 音/19 | 자 姉/30 |
|  | 深/58 |  | 陽/60 |  | 英/74 | 운 | 運/59 |  | 飲/62 | 字/19 |
| 십 | 十/12 |  | 様/64 |  | 栄/76 |  | 雲/38 | 읍 | 泣/75 | 姿/120 |
| 씨 | 氏/66 |  | 養/89 |  | 営/104 | 원 | 元/21 | 응 | 応/94 | 子/15 |
|  |  | 어 | 漁/87 | 예 | 預/108 |  | 原/34 | 의 | 意/62 | 磁/132 |
| 〔ㅇ〕 |  |  | 語/40 |  | 予/41 |  | 員/54 |  | 疑/132 | 者/50 |
| 아 | 我/117 |  | 魚/37 |  | 芸/71 |  | 園/38 |  | 義/108 | 自/27 |
|  | 芽/74 | 억 | 億/88 | 오 | 五/11 |  | 源/131 |  | 衣/69 | 資/108 |
|  | 児/70 | 언 | 言/29 |  | 午/22 |  | 院/55 |  | 議/90 | 작 作/28 |
| 악 | 悪/58 | 엄 | 厳/135 |  | 誤/133 |  | 願/90 |  | 医/45 | 昨/76 |
|  | 握/136 | 업 | 業/63 | 옥 | 屋/51 |  | 円/20 | 이 | 二/11 | 잔 残/79 |
| 안 | 安/44 | 여 | 余/93 |  | 玉/20 |  | 遠/38 |  | 以/66 | 잠 蚕/125 |
|  | 岸/48 | 역 | 域/125 | 온 | 温/60 | 월 | 月/12 |  | 易/96 | 잡 雑/111 |
|  | 案/79 |  | 役/46 | 완 | 完/71 | 위 | 位/70 |  | 異/126 | 장 場/37 |
|  | 眼/103 |  | 易/96 | 왕 | 往/96 |  | 危/115 |  | 移/103 | 帳/57 |
|  | 顔/40 |  | 逆/98 |  | 王/20 |  | 委/48 |  | 耳/14 | 張/101 |
| 암 | 暗/63 |  | 訳/127 | 외 | 外/24 |  | 胃/77 | 익 | 益/100 | 章/58 |
|  | 岩/30 |  | 駅/64 | 요 | 曜/40 |  | 衛/112 |  | 翌/127 | 腸/87 |
| 압 | 圧/91 | 연 | 連/79 |  | 要/77 |  | 囲/71 | 인 | 人/14 | 長/31 |
| 앙 | 央/42 |  | 延/119 | 욕 | 欲/126 | 유 | 乳/118 |  | 仁/114 | 障/132 |
| 애 | 愛/86 |  | 演/110 |  | 浴/80 |  | 幼/115 |  | 印/69 | 将/123 |
| 액 | 液/102 |  | 然/84 | 용 | 勇/76 |  | 有/44 |  | 因/93 | 装/130 |
|  | 額/113 |  | 燃/112 |  | 容/99 |  | 油/50 |  | 引/23 | 蔵/133 |
| 앵 | 桜/100 |  | 研/53 |  | 用/25 |  | 由/43 |  | 認/133 | 臓/136 |
| 야 | 夜/30 |  | 沿/120 | 우 | 優/135 |  | 遊/60 | 일 | 一/11 | 재 再/93 |
|  | 野/36 | 열 | 熱/89 |  | 友/22 |  | 遺/133 |  | 日/12 | 在/93 |
| 약 | 約/77 | 염 | 染/121 |  | 右/13 | 육 | 六/11 | 임 | 任/93 | 才/21 |
|  | 若/119 |  | 塩/86 |  | 宇/116 |  | 育/50 |  | 賃/132 | 材/72 |
|  | 弱/34 | 엽 | 葉/59 |  | 牛/23 |  | 肉/27 | 입 | 入/19 | 災/95 |
|  | 薬/65 | 영 | 映/121 |  | 郵/126 | 은 | 恩/100 |  |  | 裁/129 |

-174-

|   |   |   |   |   |   |   |   |   |   |
|---|---|---|---|---|---|---|---|---|---|
|   | 財/101 | 접 | 接/102 |   | 照/86 |   | 週/36 | 〔ㅊ〕 |   | 晴/37 |
| 쟁 | 争/68 | 정 | 丁/41 |   | 組/36 |   | 昼/33 | 차 | 茶/32 |   | 請/136 |
| 저 | 低/70 |   | 停/81 |   | 訂/65 | 죽 | 竹/17 |   | 借/78 | 체 | 体/28 |
|   | 底/74 |   | 定/48 |   | 造/99 | 준 | 準/107 |   | 差/78 | 초 | 初/70 |
|   | 著/125 |   | 庭/55 |   | 鳥/37 | 중 | 中/14 |   | 次/45 |   | 招/96 |
|   | 貯/85 |   | 政/98 |   | 条/95 |   | 仲/68 |   | 車/18 |   | 秒/53 |
| 적 | 敵/111 |   | 整/65 |   | 祖/99 |   | 衆/129 | 착 | 着/62 |   | 草/17 |
|   | 的/75 |   | 正/16 | 족 | 族/58 |   | 重/54 | 찬 | 賛/112 | 촌 | 寸/114 |
|   | 積/89 |   | 程/106 |   | 足/14 | 증 | 蒸/130 | 찰 | 察/87 |   | 村/18 |
|   | 績/113 |   | 頂/128 | 존 | 存/116 |   | 証/106 |   | 札/68 | 총 | 総/110 |
|   | 赤/15 |   | 町/18 |   | 尊/128 |   | 増/109 | 창 | 倉/78 | 최 | 最/84 |
|   | 適/109 |   | 情/102 | 졸 | 卒/73 | 지 | 地/26 |   | 創/128 | 추 | 推/126 |
|   | 笛/58 |   | 精/110 | 종 | 宗/118 |   | 志/94 |   | 唱/81 |   | 秋/33 |
| 전 | 全/43 |   | 静/88 |   | 種/88 |   | 持/52 |   | 窓/127 |   | 追/51 |
|   | 典/72 | 제 | 制/95 |   | 終/59 |   | 指/52 | 채 | 菜/82 | 축 | 祝/77 |
|   | 前/32 |   | 弟/28 |   | 従/123 |   | 支/91 |   | 採/102 |   | 築/112 |
|   | 展/123 |   | 提/105 |   | 縦/135 |   | 枝/97 | 책 | 策/129 |   | 縮/135 |
|   | 田/17 |   | 祭/58 | 좌 | 佐/13 |   | 止/23 |   | 責/104 | 춘 | 春/32 |
|   | 電/39 |   | 第/58 |   | 座/123 |   | 池/26 |   | 冊/115 | 출 | 出/20 |
|   | 畑/53 |   | 製/110 | 죄 | 罪/107 |   | 知/31 | 처 | 妻/96 | 충 | 忠/119 |
|   | 伝/68 |   | 諸/134 | 주 | 主/41 |   | 紙/35 |   | 処/115 |   | 虫/17 |
|   | 専/121 |   | 除/124 |   | 住/45 |   | 至/116 | 척 | 尺/114 | 취 | 取/47 |
|   | 転/59 |   | 際/109 |   | 周/73 |   | 誌/133 | 천 | 千/12 |   | 就/128 |
|   | 戦/86 |   | 題/65 |   | 奏/120 | 직 | 直/31 |   | 天/17 | 측 | 側/81 |
|   | 銭/111 |   | 済/126 |   | 宙/119 |   | 織/113 |   | 川/16 |   | 測/105 |
| 절 | 切/22 | 조 | 兆/68 |   | 州/44 |   | 職/113 |   | 泉/121 | 층 | 層/132 |
|   | 節/86 |   | 助/45 |   | 柱/52 | 진 | 進/57 |   | 浅/76 | 치 | 値/122 |
|   | 絶/106 |   | 操/134 |   | 株/124 |   | 真/56 | 철 | 鉄/64 |   | 治/75 |
|   | 折/71 |   | 早/16 |   | 注/49 | 질 | 質/112 | 청 | 庁/115 |   | 置/87 |
| 점 | 店/31 |   | 朝/37 |   | 走/29 | 집 | 集/62 |   | 青/16 |   | 歯/62 |
|   | 点/33 |   | 潮/134 |   | 酒/56 |   |   |   | 清/82 | 칙 | 則/97 |

| | | | | |
|---|---|---|---|---|
| 친 親/40 | 판 板/49 | 何/28 | 협 協/73 | 효 效/95 |
| 칠 七/11 | 版/97 | 夏/34 | 형 兄/24 | 후 候/78 |
| 침 針/125 | 坂/46 | 河/97 | 型/76 | 厚/98 |
| | 判/94 | 荷/55 | 形/28 | 後/32 |
| | 팔 八/11 | 賀/106 | 호 呼/118 | 后/116 |
| [ㅋ] | 패 敗/82 | 학 鶴/136 | 好/69 | 훈 訓/80 |
| 쾌 快/94 | 貝/17 | 学/15 | 戶/23 | 휘 揮/128 |
| | 편 便/75 | 한 寒/59 | 湖/61 | 휴 休/20 |
| [ㅌ] | 片/115 | 限/98 | 護/114 | 흉 胸/125 |
| 타 他/42 | 編/112 | 漢/63 | 号/42 | 흑 黑/37 |
| 打/42 | 평 平/42 | 할 割/128 | 혼 混/102 | 흡 吸/115 |
| 탄 炭/52 | 評/106 | 합 合/25 | 홍 紅/122 | 흥 興/112 |
| 誕/134 | 폐 肺/122 | 항 航/80 | 화 化/41 | 희 喜/83 |
| 탐 探/126 | 閉/127 | 港/61 | 和/48 | 希/71 |
| 탕 湯/61 | 陛/124 | 해 害/78 | 火/12 | |
| 태 台/24 | 포 布/92 | 海/33 | 花/17 | |
| 太/22 | 包/67 | 解/108 | 話/39 | |
| 態/109 | 폭 暴/111 | 행 幸/48 | 貨/83 | |
| 택 宅/116 | 표 標/89 | 行/27 | 画/31 | |
| 토 土/13 | 票/83 | 향 向/44 | 확 確/112 | |
| 討/125 | 表/50 | 鄕/126 | 拡/119 | |
| 통 痛/129 | 俵/99 | 허 許/104 | 환 丸/21 | |
| 通/35 | 품 品/51 | 헌 憲/134 | 活/33 | |
| 統/106 | 풍 豊/108 | 험 險/102 | 황 皇/122 | |
| 퇴 退/98 | 風/34 | 驗/90 | 黃/37 | |
| 투 投/46 | 피 皮/43 | 혁 革/122 | 회 回/26 | |
| 특 特/80 | 필 必/67 | 현 現/103 | 灰/116 | |
| | 筆/61 | 懸/136 | 会/25 | |
| [ㅍ] | | 県/53 | 絵/38 | |
| 파 波/50 | [ㅎ] | 혈 血/45 | 횡 橫/64 | |
| 破/100 | 하 下/13 | 穴/115 | 효 孝/117 | |
| 派/121 | | | | |

# 本文用例対訳

[p.11] (1학년)
一 ① 나는 소학교의 1(학)년 학생입니다.
② 금붕어가 한 마리 헤엄치고 있습니다.
③ 책상 위에 사과가 한 개 있습니다.
二 ① 연필을 두 자루 샀습니다.
② 개가 두 마리 놀고 있습니다.
③ 귤을 두 개 먹었습니다.
三 ① 정류소에 버스가 세(석) 대 있습니다.
② 집에 삼색의 얼룩 고양이가 있습니다.
③ 바구니 안에 바나나가 세 개 있습니다.
四 ① 다음 달은 4월입니다.
② 나는 사형제입니다.
③ 붓(모필)은 네(넉) 자루 밖에 없습니다.
五 ① 가족은 합해서 다섯 사람입니다.
② 오후 다섯 시에 공원에서 만납시다.
③ 남동생은 다섯 살이 됩니다.
六 ① 여섯 사람이 함께 놉니다.
② 바구니에 배가 여섯 개 있습니다.
③ 오늘은 1월 6일입니다.
七 ① 7월 7일은 칠석제(다나바타 마쯔리)입니다.
② 책장(서가)에 책이 일곱 권 있습니다.
③ 칠전팔기(일곱번 넘어져도 여덟 번 일어나기).
八 ① 빨간 사과를 여덟 개 샀습니다.
② 겹벚꽃이 피어 있습니다.
③ 내일은 8월 8일입니다.

[p.12]
九 ① 뜰(마당)에 닭이 아홉 마리 있습니다.
② 교실에 아홉 사람의 학생이 있습니다.
③ 그는 나보다 아홉 살이나 연상입니다.
十 ① 보름달(십오야 달)이 구름 속에서 나왔다.
② 이책은 열 번도(이나) 읽었다.
③ 10월 10일은 체육의 날입니다.
百 ① 영어테스트에서 100점을 얻었(땄)습니다.
② 돈이 300엔 있습니다.
③ 저기에 백화점이 있습니다.
千 ① 천엔(권)을 내고 물건을 산다.
② 평화를 기원해서 천마리 학을 접는다.
③ 수공지(색종이)로 예쁜 상자를 만들었다.
日 ① 형은 밤낮으로 공부합니다.
② 한낮의 햇살이 강하다.
③ 5월 5일은 어린이날(축일)입니다.
月 ① 이번 달은 몇월입니까.
② 이제 곧 설입니다.
③ 오늘 밤은 달이 아름다운 밤입니다.
火 ① 월요일 다음은 화요일입니다.
② 불없는 곳에 연기는 나지않는다(立たない).
(아니면 굴뚝에 연기나랴)
③ 멀리에서 불빛이 희미하게 보였다.
水 ① 물레방아는 물의 힘으로 돈다.
② 오늘은 4월 6일 수요일입니다.
③ 열띤 스모로 지쳤을 때 잠시 쉬며 물을 마시게 하는 것.

[p.13]
木 ① 올려(쳐)다볼 만한 큰 나무가 서있다.
② 형과 함께 목마를 타고 논다.
③ 바람으로 나뭇잎이 떨어졌습니다.
金 ① 금빛으로 빛나는 긴카쿠지를 바라보았다.
② 할아버지는 마을 제일가는 부자입니다.
③ 철물점에서 가위를 샀습니다.
土 ① 건물의 기초(토대)를 단단히 다진다.
② 넓은 토지를 혼자서 갈았다.
③ 흙에서 식물이 싹을 틔웠습니다.
左 ① 왼쪽으로 도는 것을 좌회전이라고 (말)합니다.
② 일본에서는 차가 왼쪽(좌측)을 통행합니다.
右 ① 좌우를 잘 보고 건너세요.
② 사람은 오른쪽, 차는 왼쪽.
③ 왼손잡이인데도 오른손으로 볼을 던진다.
上 ① 거북이가 정상에 기를 (깃발을) 세웠다.
② 의자 위에 상의가 있습니다.
③ 계단을 올라, 옥상에 간(오른)다.
下 ① 상스러운 말은 쓰지마(라).
② 발밑을 조심하면서 걷고 있다.
③ 하행 열차에 탄다.
大 ① 총리대신(수상)이 결정됐다.
② 그는 과학자로서 대성한다.
③ 언덕에 희고 큰 집이 들어섰다.

[p.14]
中 ① 도회의 중심에 공원이 있습니다.
② 비로 야구는 중지한다.
③ 숲속의 좁은 길을 혼자서 걷는다.
小 ① (달력상의) 달에는 작은 달과 큰 달이 있다.
② 작은 새가 아름다운 소리로 운다(지저귄다).
③ 맑은 시냇물이 흘렀다.
目 ① 여름휴가의 목표를 세운다.
② 아침 일찍 잠을 깼다.

- 177 -

耳 ① 귀가 아파서, 이비인후과 선생(의사)에게 진찰을 받았다.
　 ② 길거리에서 귀에 거슬리는 소리가 난다.
口 ① 세계의 인구를 조사한다.
　 ② 뚜렷한 어조로 이야기한다.
　 ③ 입을 크게 벌리고 웃는다.
手 ① 야구선수가 되었습니다.
　 ② 일의 순서를 생각(고려)한다.
　 ③ 말에 타고 고삐를 잡는다.
足 ① 내일은 즐거운 소풍(날)이다.
　 ② 보조를 맞추어 걷는다.
　 ③ 이정도 있으면 충분합니다.
人 ① 옛날, 피리의 명인이 있었다.
　 ② 야마다군은 인기있는 사람이다.
　 ③ 여행에서 친절한 사람을 만났다.
[p.15]
子 ① 아이들을 남자와 여자로 가른다.
　 ② 돈이란 것을 금전이라고도 말한다.
　 ③ 귀여운 새끼고양이를 두 마리 얻었다.
女 ① 여자들의 코러스(합창곡)가 들린다.
　 ② 그녀는 선녀처럼 춤추고 있다.
　 ③ 연극에서 여신의 역을 했다.
男 ① 남자와 여자로 갈려 도지볼(dodge ball)을 한다.
　 ② 나는 장남입니다.
　 ③ 남자아이들이 야구를 한다.
先 ① 선생님의 말씀에 귀를 기울인다.
　 ② 행렬의 선두에 섭니다.
　 ③ 먼저 가서 준비를 한다.
生 ① 친구의 생일에 선물을 한다.
　 ② 고양이 새끼가 다섯 마리 태어났다.
　 ③ 천을 사(구입해)서 옷을 만든다.
学 ① 동생은 내년에 소학교에 입학합니다.
　 ② 잘(열심히) 배우고, 잘(재미있게) 놀아라.
　 ③ 어시장을 견학했습니다.
校 ① 교정에 화단을 만들어 (꽃)씨를 뿌렸다.
　 ② 다 함께 교가를 부른다.
　 ③ 먼 읍에서 전학해왔다.
赤 ① 축하차 팥찰밥을 먹었다.
　 ② 햇볕에 탄 구리빛(적동색) 피부.
　 ③ 적색은 멈추라, 청색은 진행(전진)하라.
[p.16]
青 ① 청년(들)이 모여서 서로 이야기하고 있다.
　 ② 구리의 녹을 녹청이라고 한다.
　 ③ 푸른 하늘, 푸른 바다.

白 ① 먼 하늘에(하늘 멀리)서 백조가 날아왔다.
　 ② 백팀은 흰색 머리띠를 맨다.
　 ③ 아버지의 새치를 뽑는다.
正 ① 정사각을 정방형이라고 한다.
　 ② 자네가 말하는 것이 옳다고 생각한다.
　 ③ 틀림없이(바로) 내가 잃어버린 시계다.
早 ① 이른 봄의 바람은 아직도 차다.
　 ② 재빨리 일에 착수했다.
　 ③ 출발시간을 앞당긴다.
山 ① 아버지와 후지산에 올랐다.
　 ② 한 무더기 이백엔 하는 과일을 샀다.
　 ③ 산 정상에 서니 정신이 맑아진다.
川 ① 산천초목이란 (것은) 산이나 내와, 자라고 있는 풀이나 나무 같은 것(을 말한다).
　 ② 강하류에 큰 읍이 있다.
林 ① 삼림에 사는 동물은 어떤 것이 있습니까?
　 ② 공장의 굴뚝이 늘어선다.
　 ③ 어머니와 숲에서 밤줍기를 했다.
森 ① 큰 숲(인 것)을 삼림이라고도 한다.
　 ② 숲으로 둘러 쌓인 동네에 살고 있다.
　 ③ 숲 속의 작은 집.
[p.17]
田 ① 널찍널찍한 수전(무논)이 이어져 있다.
　 ② 한적한 전원의 풍경.
　 ③ 모두 모내기로 바쁘다.
竹 ① 어릴 적부터의 친구를 죽마고우라(고) 한다.
　 ② 죽마를 타고 논다.
草 ① 초원을 말 무리가(이 떼지어) 달린다.
　 ② 잡초처럼 끈질기게 산다.
　 ③ 풀이나 나무를 소중히 여긴다.
花 ① 꽃병에 장미꽃이 꽂혀 있다.
　 ② 축하차로 꽃다발을 받았다.
　 ③ 4월 8일은 하나마쯔리(칸브쯔에: 관불회: 석가탄신날 불상에 감차를 뿌리는 불공)입니다.
犬 ① 두 마리의 파수견이 왕왕 짖었다.
　 ② 사냥개를 데리고 사냥하러 간다.
　 ③ 귀여운 강아지를 두 마리 얻었다.
貝 ① 패총(조개무지)은 아주 먼 옛날 사람이 조개 껍질을 버린 흔적(유적)입니다.
　 ② 바닷가에서 쌍각류 조개나 고둥을 줍는다.
虫 ① 곤충에는 익충(누에・꿀벌 따위)과 해충(모기・파리 따위)이 있습니다.
　 ② 기모노(옷)의 일광소독을 한다.
天 ① 하늘에(을) 나는(올라가는) 듯한 기분이다.
　 ② 하늘 아래(세상)에 숨길 수 없는 사실입니다.

③ 은하수가 아름답게 보인다.
　[p.18]
空 ① 산 공기는 맑아져 있다.
　　② 빈 깡통을 모은다.
　　③ 과자 상자가 비어진다.
気 ① 중병이 나아서 기력이 회복되었습니다.
　　② 그는 기품이 있는 사람입니다.
夕 ① 건강한 신체는, 짧은 시일(일조일석)에 되는 것은 아니다.
　　② 새빨간 석양이 진다.
雨 ① 비내리는 날(인 것)을 우천이라고 한다.
　　② 나무 아래에서 비를 피한다.
　　③ 차가운 진눈깨비가 내려왔다.
村 ① 촌장이 이 마을의 옛이야기를 해 주었다.
　　② 동구(산문) 밖의 지장보살님.
町 ① 동사무소에 가서 동장님을 만났습니다.
　　② 내일은 읍내의 운동회입니다.
石 ① 해변에서 조개의 화석을 발견했습니다.
　　② 자석의 바늘은 언제나 북쪽을 가리킨다.
　　③ 예쁜 작은 돌을 주웠다.
車 ① 전차의 차장이 차표를 조사하러 왔습니다.
　　② 바람개비를 돌리며 논다.
　[p.19]
音 ① 모음에는 다섯가지 음이 있습니다.
　　② 멀리에서 북소리가 들린다.
　　③ 아름다운 음색의 피리입니다.
本 ① 서점에서 그림책을 두 권 샀다.
　　② 본정신이 되어(정신차려) 공부한다.
　　③ 원래부터 사람은 흉내를 좋아한다.
字 ① 올바른 글자를 쓴다.
　　② 자전(옥편)으로 한자를 찾는다.
　　③ 여기는 야마다정(동리) 한 구획 야마나가입니다.
文 ① 여동생은 그림일기 문장을 쓰고 있다.
　　② 한푼없이(빈털터리가) 되어 버렸습니다.
　　③ 면학(학문)의 세월을 보내면서 기회를 기다린다.
力 ① 운동회에서 전력을 다해(내어) 달린다.
　　② 이 분은 마구우치(씨름 대전표 맨 윗단이 쓰인 스모꾼 이상)의 씨름꾼입니다.
　　③ 힘을 합쳐 불을 끈다.
名 ① 성씨와 이름을 합쳐 성명이라고 합니다.
　　② 아동의 가슴에 명찰을 단다.
年 ① 소년축구의 시합이 있다.
　　② 새해가 밝으면 설입니다.
　　③ 나이가 든 사람이 걸어온다.

入 ① 아들은 작년에 소학교에 입학했다.
　　② 고양이를 상자 안에 넣는다.
　　③ 형은 올해 중학교에 들어갔다.
　[p.20]
出 ① 어머니는 야마구치현(의) 출신입니다.
　　② 뒷산에 너구리가 나타났다.
　　③ 아버지는 화가 나서 큰 소리를 질렀다.
立 ① 모두 일제히 일어섰다.
　　② 타 버린 절을 새로이 건립한다.
　　③ 아기가 겨우 일어섰다.
見 ① 천문학자가 새로운 별을 발견한다.
　　② 망원경으로 달을 본다.
　　③ 잠깐 보여 주시지 않겠습니까?
休 ① 후지산은 휴화산입니다.
　　② 음악을 들으면 마음이 편안해진다.
　　③ 낮 휴식시간에 책을 읽는다.
円 ① 컴퍼스로 원을 그린다.
　　② 비행접시(미확인 비행물체)를 보았다.
　　③ 아주 둥근달(보름달)이 떴습니다.
王 ① 옛날, 어느 임금님이 있었습니다.
　　② 세 분의 왕자님이 있었습니다.
　　③ 나는 스케이트의 여왕이다.
玉 ① 임금님의 보석 왕관.
　　② 운동회에서 공넣기와 장목박터뜨리기를 했다.
糸 ① 견사를 만드는 공장을 제사공장이라고 한다.
　　② 어머니는 털실로 스웨터(털재킷)를 짰다(떴다).
　[p.21] (2학년)
刀 ① 일본도는 무사의 정신이라고 말해지고 있었다.
　　② 검(큰 칼)이 한 자루 있습니다.
万 ① 회장에는 만명이 넘는 사람이 모였다.
　　② 그는 만민으로부터 추앙받고 있다.
丸 ① 이 환약은 위장병에 잘 듣는다.
　　② 외나무다리를 겁먹으며 건너고 있다.
　　③ 집은 화재로 전소되었다.
弓 ① 오후에 궁도장에서 활쏘기연습을 했습니다.
　　② 활줄(시위)에 화살을 메긴다.
工 ① 공작시간에 종이로 꽃을 만든다.
　　② 수도공사가 시작되어 단수되었다.
　　③ 목수가 집을 짓는다.
才 ① 자네(너)에게는 글재주(문재)가 있다.
　　② 훌륭한 재능이 있는 사람.
　　③ 베토벤은 음악의 천재이다.
今 ① 오늘밤은 불꽃놀이 대회가 있다.
　　② 지금의 천황을 금상천황이라고 한다.
　　③ 당장에라도 비가 내릴 것 같다.

- 179 -

元 ① 건강히 학교에 다닌다.
　 ② 1월 1일(설날)부터 일기를 쓴다.
　 ③ 불기가 있는 곳을 조심하자.
[p.22]
公 ① 일요일에 친구들과 공원에서 놀았다.
　 ② 재판을 공정히 시행한다.
　 ③ 살인사건이 알려지게 되었다.
内 ① 입상하는 사람은 십인이내.
　 ② 스님이 절의 경내를 청결하게 한다.
　 ③ (입춘 전날에 볶은콩을 뿌리며) 복은 안으로, 악귀는 밖으로.
切 ① 사고로 오른다리를 절단하게 되었다.
　 ② 전무에게 업무일체를 맡긴다.
　 ③ 커다란 나무를 베어 넘긴다.
分 ① 빵을 반씩으로 나누어 먹는다.
　 ② 열이 38도 5분이다.
　 ③ 말씀은 잘 알겠습니다.
午 ① 정오의 싸이렌이 울린다.
　 ② 매일, 오전 여섯시에 일어나서, 오후 9시에 잔다.
友 ① 우정이란 것은, 친구로서 배려해주는 마음입니다.
　 ② 공원에서 친구를 만났다.
太 ① 새빨간 태양이 진다.
　 ② 태고라는 것은 아주 옛날을 말하는 것입니다.
　 ③ 나는 지난해보다 3kg 살쪘습니다.
少 ① 건강한 소년소녀.
　 ② 숙제 때문에 놀 시간이 적다.
　 ③ 저금통에 돈이 조금 남아 있다.
[p.23]
引 ① 교과서의 문장을 인용해서 설명한다.
　 ② 줄다리기 밧줄을 잡아당긴다.
　 ③ 학교(수업)는 늘(항상) 세시에 끝난다.
心 ① 선생님을 중심으로 원형을 이루자.
　 ② 어머니는 마음이 고운 사람입니다.
　 ③ 진심을 담은 선물을 받았다.
戸 ① 시끄러우니까 문밖에서 놀아주세요.
　 ② 찬장에 간식이 있다.
　 ③ 비가 올 것 같기 때문에 빈지문을 닫는다.
方 ① 남쪽에 바다가 보인다.
　 ② 전방에 높은 산이 보인다.
　 ③ 저분은 누구십니까?
止 ① 여기에 주차하는 것을 금지합니다.
　 ② 작은 새가 홰에 앉는다.
毛 ① 담요(모포)를 뒤집어쓰고 잤다.
　 ② 어머니는 털실로 스웨터를 뜨고 있다.
　 ③ 할아버지의 머리털이 희어졌다.
父 ① 부모에게 걱정을 끼치지 않으려 하고 있다.
　 ② 부친을 꼭(아주) 닮은 아들.
牛 ① 매일 우유를 마십니다.
　 ② 고깃간(푸줏간)에서 소고기를 500g을 샀다.
　 ③ 소처럼 천천히 걷는다.
[p.24]
兄 ① 선배를 형으로 모신다.
　 ② 형제싸움을 해서는 안됩니다.
　 ③ 형은 올해 중학 일학년 학생이 되었다.
冬 ① 개구리나 뱀은 겨울이 되면 동면한다.
　 ② 겨울휴가 계획을 세운다.
北 ① 북두칠성이 빛나고 있다.
　 ② 북쪽지방에도 드디어 봄이 찾아왔습니다.
　 ③ 차가운 북풍이 분다.
半 ① 수박을 반으로 자른다.
　 ② 친구와 한나절(반날)을 놀았다.
　 ③ 벌써 일년의 반이 지났다.
古 ① 옛도읍의 가을을 즐긴다.
　 ② (오랫동안) 써서 낡아진 필통을 갖고 있다.
　 ③ 가방이 낡아졌다.
台 ① 사진을 대지에 붙였다.
　 ② 햇빛이 잘 드는 돈대(고대)의 집.
　 ③ 태풍으로 파도가 높게 친다.
外 ① 여름휴가 때에 외국에 가보고 싶다.
　 ② 외부사람은 못들어갑니다.
　 ③ 보턴(단추)이 끌러져 있다.
市 ① 시청에서 시장님의 말씀을 들었습니다.
　 ② 이 거리에 아침 장이 선다.
[p.25]
広 ① 농부가 광대한 토지를 경작한다.
　 ② 마음이 넓은 사람이 되고싶다.
　 ③ 커다란 천을 펼친다.
母 ① 보모가 되고싶다.
　 ② 어머니는 저녁까지 집을 비웁니다.
　 ③ 필요는 발명의 어머니입니다.
用 ① 용건을 마치고 나서 가세요.
　 ② 학급문고를 이용하자.
　 ③ 붓을 사용해서 편지를 씁니다.
矢 ① (비난·공격 따위에) 한방 되날린다.
　 ② 사건이 연달아(잇따라) 일어난다.
　 ③ 화살꽂이대가 달각달각 거린다.
交 ① 도로가 교차해 있는 곳을 교차로라고 한다.
　 ② 친구를 만나서 아침인사를 주고받는다.
会 ① 학급회의 사회를 했다.

② 아직, 잘 이해할 수 없다.
③ 길에서 아주머니를 만났다.
光 ① 외국에서 온 많은 관광객.
② 성적이 단연 뛰어나 있다.
③ 달빛이 고요하게 비친다.
合 ① 아침, 8시 운동장에 집합한다.
② 세키가하라의 전투이야기를 듣는다.(1600년 토요토미 히데요시가 죽은 뒤, 그의 아들 히데요리측 이시다 미쓰나리와의 기후현의 세키가하라 전투로 도쿠가와 이예야스가 실권을 잡음)
③ 시험의 답을 맞춰본다.
[p.26]
同 ① 야마다군의 생각에 나도 동감입니다.
② 역에 도착하자 동시에 전차가 왔다.
③ 같은 날에 태어난 사람.
回 ① 팽이가 회전한다.
② 선조의 회향(불공을 드려 죽은 사람의 명복을 빔)을 한다.
③ 눈이 돌 정도로 바쁘다.
地 ① 인공위성이 지구를 돈다.
② 산기슭에 연한 지방은 대설이다.
③ 그는 본래 목소리가 크다.
多 ① 모임의 인파의 다소는 날씨와는 관계없다.
② 구름이 많아서, 달이 보이지 않는다.
寺 ① 친구와 여기저기의 고찰을 보며 걸었습니다.
② 산사의 종소리가 울린다.
当 ① 당일, 도시락은 필요치않습니까?
② 당연한 일을 했을 뿐이다.
③ 복권에 당첨되었다.
毎 ① 매일아침 아버지와 산보한다.
② 우리 팀은 매회 힘을 다해 싸웠다.
池 ① 건전지로 장난감 자동차를 달리게 합니다.
② 연못에 잉어가 헤엄치고 있다.
[p.27]
考 ① 지쳐서 사고력이 둔해진다.
② 새끼고양이에게 붙일 이름을 생각하고 있습니다.
米 ① 달에 미국 깃발을 세웠다.
② 현미로 밥을 짓는다.
③ 쌀은 일본인의 주식입니다.
羽 ① 작은 새의 연한 깃털.
② 설에는 「하네쯔키(놀이)」를 한다.
③ 날개가 돋아서 나는 것 같이(돋친듯이) 팔린다.
肉 ① 쇠고기도 돼지고기도 먹습니다.

② 세균은 육안으로는 보이지 않는다.
③ 육친(부모・형제)과 떨어져 살고 있습니다.
自 ① 교실에서 조용히 자습한다.
② 일본의 자연은 아름답다.
③ 힘드는 일을 스스로 떠맡는다.
色 ① 24색의 크레용을 가지고 있다.
② 식물에는 색소체가 있다.
③ 색종이로 학을 천마리 접었다.
行 ① 모리군은 실행력이 있다.
② 도로(길거리)에 제등행렬이 있다.
③ 여러 지방을 돌아다닌다.
西 ① 귀여운 서양인형을 갖고 싶다.
② 그는 칸사이 사투리로 말한다.
③ 석양이 들어(쬐어) 덥다.
[p.28]
何 ① 나는 기하학적인 무늬가 좋다.
② 어젯밤에 누군가에게 습격당했다.
③ 모임에는 몇 사람이 왔습니까?
作 ① 긴 작문을 썼다.
② 그녀는 동작이 몹시 둔하다(굼뜨다).
③ 누나(언니)와 종이인형을 만들었다.
休 ① 다음은 체육시간입니다.
② 그럴듯하게 말했다.
③ 튼튼한 몸을 만든다.
図 ① 벽에 세계지도가 붙어져 있다.
② 도서실에서 책을 읽는다.
③ 문제의 해결을 도모한다.
声 ① 성점(한자의 사성 표시부호)은 사성을 표시하기 위한 부호다.
② 나는 성대묘사가 특기입니다.
売 ① 역의 매점에서 잡지를 샀다.
② 연하엽서가 발매되었다.
③ 이 책은 팔림새가 좋다.
弟 ① 제매(남동생과 여동생)를 돌보아 준다.
※매제(손아래 누이동생 남편)와 혼동하기 쉽다.
② 유명한 화가의 제자가 되었다.
③ 동생은, 그림책을 매우 좋아합니다.
形 ① 여러 가지 모양의 도형을 그린다.
② 친구로부터 귀여운 인형을 받았다.
③ 해변에서 달걀모양의 돌을 줍는다.
[p.29]
近 ① 근처의 광장에서 축구를 했다.
② 지름길을 지나(통해)서 돌아온다.
③ 모임에는 100명 가까이 모였다.
来 ① 내년에는 중학교 3학년 학생이 됩니다.

② 오후 3시에 친구가 온다.
③ 오는 10월 10일은 운동회다.
汽 ① 안개 속에서 배의 기적(뱃고동)이 '보옷(뿌우)'하고 울렸다.
② 마을 옆을 밤기차가 지나간다.
社 ① 설날에 신사를 참배했다.
② 사회에 마음과 힘을 바친다.
③ 저기에 커다란 신사가 보인다.
角 ① 두 개의 선이 직각으로 교차한다.
② 네거리에서 왼쪽으로 돌아주세요.
③ 물소의 뿔로 꽃병(화기)을 만든다.
言 ① 언동에 주의한다.
② 학생으로서 언어도단인 행동(거지)이다.
③ 중얼중얼(투덜투덜) 혼잣말을 한다.
谷 ① 협곡의 댐을 보러 갔다.
② 산골짜기에 자그마한 마을이 보인다.
③ 깊은 골짜기(밑)바닥을 들여다 본다.
走 ① 100미터 경주에서 일등이 되어 기뻤다.
② 복도를 달리지 말 것.

[p.30]
里 ① 이정표(십리마다 심은 나무)의 흔적이 있다.
② 5년만에 고향으로 돌아간다.
③ 인적이 드문 산 속에 살고 있다.
麦 ① 보리에는 대맥(보리)·소맥(밀)·연맥(귀리) 등의 종류가 있다.
② 밀짚모자를 쓰고 있는 남자.
京 ① 교토의 토산품선물로 교토인형을 샀습니다.
② 교토는 수도(けいらく·きょうらく=서울)라고도 합니다.
国 ① 나라와 나라와의 교제(교류)를 국교라고 합니다.
② 고향의 어머니가 상경해 왔다.
夜 ① 지난 밤의 바람으로 벚꽃이 떨어졌다.
② 밤중에 문득 눈이 뜨였다.
③ 밤하늘에 별이 빛난다(반짝인다).
姉 ① 쌍둥이 자매가 사이좋게 노래를 부르고 있습니다.
② 누나가 마중하러 와주었다.
妹 ① 교토시와 프랑스의 파리는 자매도시가 되었습니다.
② 누이동생은 유치원에 다니고 있습니다.
岩 ① 바윗돌이 많은 산에 오른다.
② 암굴의 문이 스르르 열렸다.
③ 비에 젖은 바위 표면이 빛난다.

[p.31]
店 ① 이 가게의 점원은 친절합니다.
② 매점에서 신문과 잡지를 샀다.
③ 산마루의 찻집에서 잠시 쉬었다.
明 ① 밤하늘에 보름달(명월)이 돋는다.
② 그것은 분명히 틀렸었다.
③ 희뿌옇게 밤이 샌다.
東 ① 우리(들)의 마을은 동서로 길게 뻗어 있다.
② 동풍이 불어 왔다.
步 ① 보행자는 보도를 걷습니다.
② 이익의 일할 수수료를 취했다(챙겼다).
③ 장기(将棋)의 졸(보병)을 취한다.
画 ① 동생은 만화를 매우 좋아합니다.
② 토지를 네 구획으로 분할한다.
③ 여름휴가의 계획을 세운다.
直 ① 정직은 일생의 보배.
② 즉각 구조대가 달려왔다.
③ 나쁜 버릇을 고치세요.
知 ① 합격통지가 와서 기뻤다.
② 지혜를 짜내어 생각했다.
③ 이 이야기는 이미 알고 있습니다.
長 ① 누구에게나 장점과 단점이 있습니다.
② 교장선생님의 이야기에 귀를 기울였다.
③ 코끼리 코는 매우 길다.

[p.32]
門 ① 도서를 십진부문으로 분류한다.
② 모두가 정문으로 들어온다.
③ 경사스러운 새 출발을 축하한다.
前 ① 이 약은 식전에 먹는다.
② 「앞으로 나란히」를 해서 행렬을 똑바르게 한다.
南 ① 남극에는 펭귄이 살고 있다.
② 나무아미타불(산스크리트어로 '한량없는 빛에 귀의함').
③ 제비가 남쪽나라로 돌아간다.
室 ① 학생들이 조용히 교실로 들어간다.
② 폭풍우가 왔기 때문에 산의 암굴(암실)로 피난했다.
後 ① 뒷날 새로이 조사한다.
② 내일은 개인 후 흐리겠습니다.
③ 아버지 뒤를(에서) 따라 간다.
茶 ① 여름이 다가오자 찻잎을 따는 일이 시작되었습니다.
② 찻집(다방)에서 우유를 마신다.
思 ① 돌아가신 어머니에 대한 사모의 정.
② 소풍갔던 일을 상기해서 작문을 지었다.
春 ① 봄의 시작을 조춘이라고 한다.

② 들에도 산에도 온통 봄기운이 완연해졌다.
[p.33]
星 ① 금성을 태백성(크고 밝은 별)이라고도 합니다.
② 밤하늘에 유성이 보였다.
昼 ① 큰 비가 내리면 주야에 관계없이 경계한다.
② 낮 휴식시간에는 밖에서 놀자.
海 ① 여름휴가에는 해수욕하러 갈 작정입니다.
② 해외여행을 하고 싶다.
③ 둘이서 해변을 산보한다.
活 ① 새로운 학교생활에 익숙해져 왔습니다.
② 오오시마의 미하라산(이즈반도 동쪽 해상에 솟은 산)은 활화산입니다.
点 ① 높은 빌딩에 올라가니 아래에 있는 사람이 점과 같다.
② 그는 성을 잘 내는 것이 결점이다.
科 ① 이과 교과서를 읽으며 공부하고 있습니다.
② 나의 아버지는 내과의사입니다.
秋 ① 들판에서 가을의 기운을 만끽한다.
② 구름 한 점 없는 쾌청한 가을 하늘.
③ 이제 곧 즐거운 가을축제(제사)입니다.
計 ① 계획을 세워서 공부한다.
② 상대편의 심중을 헤아린다.
③ 알맞은(좋은) 시기를 가늠한다.

[p.34]
風 ① 바람이 불어 오는 쪽을 가자카미(풍상), 불어 가는 쪽을 가자시모(풍하)라고 한다.
② 아무 대접도 못해서 미안합니다.
食 ① 아무것도 먹지 않고 있는 것을 단식이라고 한다.
② 오늘은 물고기가 전혀 물지 않는다.
首 ① 일본의 수도는 토쿄입니다.
② 와카를 다섯 수 지었습니다.
③ 좀처럼 승락하지 않는다.
原 ① 사고의 원인을 조사한다.
② 여름은 더워서 고원에서 지내고 싶다.
③ 들판에서 공던지기를 했다.
夏 ① 6월 무렵을 초하(초여름)라고 한다.
② 하지는 24절기의 하나이다.
③ 다음 주는 드디어 여름휴가(방학)이다.
家 ① 우리 가족은 다섯(명)입니다.
② 임금님은 신하를 거느리고 출타하였다.
③ 집세를 정확(착실)히 지불한다.
帰 ① 선수들은 내일 귀국한다.
② 어머니는 네시에 돌아옵니다.
③ 며느리를 친정에 돌려보낸다.

弱 ① 나의 약점은 마음(기질)이 약한 것입니다.
② 아침부터 바람이 약해졌다.
③ 모두 세금 때문에 애를 먹고 있다.
[p.35]
通 ① 따뜻한 피가 통한다(온정이 있다).
② 자동차가 끊임없이 지나간다(오간다).
③ 죽은 친구의 밤샘하러 간다.
時 ① 출발시각이 다가온다.
② 시계를 사러 갔을 때 우연히 친구를 만났다.
書 ① 도서실에는 많은 서책(도서)이 있습니다.
② 아버지가 신춘휘호(새봄맞이 붓글씨)를 썼습니다.
紙 ① 문집의 표지에 그림을 그립니다.
② 편지를 우체통에 넣는다.
③ 색종이로 학을 천마리나 접었다.
記 ① 에디슨전기를 두 번 읽었다.
② 접수처에서 이름을 적는다.
③ 기록은(이란) 쓰는 것을 말한다.
馬 ① 유원지에서 마차를 탔다.
② 형과 말타기를 하며 놀았다.
③ 신사에서 에마(봉납패)를 보았다.
高 ① 고산에 피는 귀여운 꽃.
② 비난의 소리가 높아진다.
③ 자동차 생산고를 조사한다.
強 ① 어제부터 세찬 비가 내렸습니다.
② 억지로 자신의 의견을 가결(통과)시킨다.
③ 자신의 생각을 남에게 강요한다.
[p.36]
週 ① 일주일 동안의 예정을 세운다.
② 온 가족이 주말여행하러 출타했다.
③ 오늘부터 독서주간입니다.
教 ① 그는 매주 교회에 다니고 있다.
② 선생님의 가르침을 지킨다.
③ 가정교사에게 영어를 배운다.
理 ① 새로운 이과책을 읽었다.
② 일요일에 자신의 책장을 정리했다.
③ 그 문제는 전혀 이해되(풀리)지 않는다.
細 ① 자세히 이유를 설명했다.
② 둘이서 오솔길을 걸었다.
③ 세세한 일(것)에 마음을 쓴다.
組 ① 회사의 조직을 점검한다.
② 플라모델(장난감 배·비행기·자동차 따위 플라스틱 조립모형)을 조립한다.
③ 인기있는 텔레비 프로(그램)를 보고 있다.
船 ① 빨간 풍선과 파란 풍선을 하늘에 날린다.

野 ② 조선소에서 새로운 배가 완성되었다.
　③ 오랜 선편여행을 즐긴다.
野 ① 야조(들새)를 소중히 하자(돌보자).
　② 길을 잃어 버렸기 때문에, 노숙을 했다.
雪 ① 이른 아침 첫눈을 밟고 간다.
　② 눈싸움을 하거나, 눈사람을 만들기도 하며 논다.
　[p.37]
魚 ① 금붕어 알이 부화했다(깼다).
　② 화요일에 어시장을 견학하러 갔다.
　③ 나의 집은 생선가게입니다.
鳥 ① 백조가 물에 떠있다.
　② 봄이 되면, 남쪽에서 철새가 날아온다.
黄 ① 일본인은 피부가 황색이므로 황색인종이라 불린다.
　② 벼가 익어서, 황금색의 물결을 친다.
黒 ① 흑판(칠판)에 분필로 그림을 그렸다.
　② 볕에 타서 색이 검다.
　③ 사람이 새까맣게 모여든다(인산인해를 이룬다).
場 ① 멀리에 공장의 굴뚝이 보인다.
　② 오페라의 입장권을 두 장 샀다.
　③ 우천인 경우는 취소합니다.
道 ① 사람은 보도, 차는 차도로.
　② 신도는 일본의 전통신앙이다.
　③ 길을 잃어서 애를 먹었습니다.
晴 ① 개인 날을 청천, 비가 오는 날을 우천이라고 합니다.
　② 원한을 푼다.
朝 ① 조식(아침)은 빵으로 정해두고 있다.
　② 아침을 알리는 작은 새 소리에 눈이 뜨여졌습니다(잠을 깼습니다).
　[p.38]
番 ① 우편번호를 써넣는(기입한)다.
　② 당번이어서 일찍 학교에 갑니다.
　③ 어제 큰 파수보는 개를 샀습니다.
答 ① 시험답안을 되돌려 받는다.
　② 답을 두 개 틀렸다.
　③ 여러분 다음 물음에 답하세요.
絵 ① 미술관에는 훌륭한 그림이 많이 있다.
　② 여름방학 중에 그림일기를 썼다.
買 ① 남에게 돈을 주고 자신의 이익(이득)이 되도록 부리는 것을 매수라고 한다.
　② 아버지가 책을 사 주셨다.
間 ① 약속시간은 꼭(반드시) 지킬 것.
　② 떳떳하게(버젓이) 부부가 되었다.
　③ 봉당(토방)에 감자가 있다.

雲 ① 비행기가 구름 속으로 들어갔다.
　② 구름 사이로 달이 나왔다.
　③ 비구름이 하늘을 뒤덮고 있다.
園 ① 나의 취미는 원예입니다.
　② 조용하고 한가로운 전원의 풍경을 그렸다.
　③ 아름다운 화원에서 하루종일 놀았다.
遠 ① 이제 곧 즐거운 소풍이다.
　② 그의 업적은 영원히 빛난다.
　③ 멀리에 불빛이 보인다.
　[p.39]
数 ① 몇 사람씩 그룹을 짓는다.
　② 인원이 모자란다.
　③ 흰 구술(갯)수를 헤아렸다.
新 ① 새해 복 많이 받으십시오.
　② 인생의 새로운 출발.
　③ 니이가다현은 일본의 혼슈에 있다.
楽 ① 그는 유명한 음악가입니다.
　② 우리들은 고락을 함께 하고 있다.
　③ 내일 소풍이 기다려진다.
話 ① 학급문고에는 옛날 이야기나 신화 등의 책도 있다.
　② 저 사람들은 영어로 서로 이야기하고 있다.
電 ① 전선이 끊어져, 읍 안의 집(온 읍)이 정전되었다.
　② 발전소를 견학했다.
歌 ① 인기가수가 꽃다발을 받는다.
　② 음악시간에 교가를 불렀습니다.
　③ '기미가요'는 일본의 국가다.
算 ① 그 계획은 실패할 공산(확률)이 크다.
　② 나는 산수(수학)가 제일 자신이 있습니다.
　③ 암산으로 답을 냈다.
聞 ① 아버지가 거실에서 신문을 읽고 있다.
　② 전대미문(이제까지 들어본 적이 없는)의 사건
　③ 작은 새 소리가 들린다.
　[p.40]
語 ① 나는 영어가 조금 됩니다.
　② 긴 이야기책을 읽었다.
　③ 친구들과 상의해서 여행한다.
読 ① 국어책을 낭독한다.
　② 문장의 구독점을 찍는다.
　③ 이 책은 소년적격의 읽을 거리입니다.
鳴 ① 날카로운 비명이 들렸다.
　② 열두시에 정오 싸이렌이 울린다.
　③ 이름을 천하에 떨친다(날린다).
線 ① 전선에 제비가 앉아 있다.

② 지평선에 태양이 진다.
③ 직선이나 곡선으로 도표를 그린다.
親 ① 친척 아저씨를 방문했습니다.
② 목장에 에미말과 새끼가 두 마리 있다.
③ 친한 친구와 바다에 가고 싶다.
頭 ① 그는 두뇌가 둔한(모자라는) 사람이다.
② 개혁운동의 앞장을 섰다.
③ 이 아이를 맏이로 세 사람(삼명)이 있다.
曜 ① 월요일에서 토요일까지 학교에 갑니다.
② 흑요석(오석)은 아름다운 돌입니다.
顔 ① 부끄러워 얼굴(안면)이 새빨갛게 되었습니다.
② 그녀는 단번에 안색이 변했다.
[p.41] (3학년)
丁 ① 나의 집은 큰 길에서 골목길로 도는 모퉁이 곳입니다.
② 20살 된 남자를 성년이라고 합니다.
予 ① 예기치 못한 사건이 일어났다.
② 대지진의 예지는 어렵다.
③ 회의장을 예약해 두겠습니다.
化 ① 소화가 잘되는 것을 먹는다.
② 예쁘게 화장을 한다.
③ 여우가 돌연히(갑자기) 여자로 둔갑했다.
区 ① 도로는 보도(인도)와 차도로 구별된다.
② 저기에 구청이 보인다.
③ 사회생활은 공사의 구별이 기본이다.
反 ① 관청은 반군이 점령했다.
② 옷감을 사서 옷을 만든(짓는)다.
③ 판자가 휜다.
世 ① 21세기의 세계를 생각한다.
② 다음 세대를 짊어질(맡을) 사람들.
③ 지금 세상은 실력의 시대이다.
主 ① 주인의 분부(명령)를 지킨다.
② 이 모자의 주인은 누구입니까?
③ 모임에는 주로 청년이 모였다.
仕 ① 자신의 일에 책임을 진다.
② 식사의 시중을 든다.
③ 남편에게 시중 잘드는 아내.
[p.42]
他 ① 타국의 사정도 생각(고려)한다.
② (어떤 일에)부모는 괜찮지만 그밖의 사람은 안된다.
代 ① 교대로 보초를 섰습니다.
② '기미가요'는 일본의 국가이다.
③ 못자리에서 벼모종을(볏모를) 기른다.
写 ① 정원의 벚꽃을 사생(실물대로 보고 그리는 것)한다.
② 친구의 노트를 베낀다.
③ 잘 찍히는 카메라를 가지고 있다.
去 ① 지난해 겨울은 스키타러 갔다.
② 과거의 싫은 사건이 떠올랐다.
③ 떠난 사람은 좇지않는다.
号 ① 큰 소리로 구령을 건다.
② 신호를 잘 보고 길을 건너주세요.
③ 전화번호를 받아적었습니다.
央 ① 시의 중앙에는 번화한 거리가 있습니다.
② 그 강은 시의 중앙을 흐른다.
平 ① 형제는 돈을 평등하게 나누었다.
② 어서 편히 앉으십시오.
③ 우리집은 단층집입니다.
打 ① 득점의 찬스에 대타를 보낸다.
② 어머니의 사랑에 감동을 받았다.
③ (몸에) 내리덮이는 눈을 털어낸다.
[p.43]
氷 ① 배가 빙산에 부딪쳐 가라앉았다(침몰했다).
② 찻집에서 빙수를 먹었습니다.
③ 가을에 내리는 찬비를 빙우(히사메)라고 한다.
申 ① 학교를 옮길 때는 내신서가 필요하다.
② 시끄러운 소리를 내는 공장에 항의를 신청한다.
由 ① 읍명(이름)의 유래를 조사한다.
② 이 절은 유서깊은 고찰입니다.
③ 나중 일은 알 까닭도 없다.
皮 ① 야유하는(빈정대는) 사람은 싫다.
② 여우의 모피로 목도리를 만든다.
③ 당나귀는 사자의 가죽을 뒤집어썼다.
血 ① 눈을 부릅떠서 보고 있었다.
② 큰 접시에 담은 요리를 작은 접시에 나누어 담는다.
礼 ① 이 신사의 제례는 10월 8일부터 시작된다.
② 선인의 위업을 예찬한다.
両 ① 양쪽 편 모두 잘 싸웠다.
② 공부와 운동을 양립시킨다.
③ 화물(열)차가 다섯 대 연결되어 있다.
全 ① 지갑을 잊은 것을 전혀 알아채지 못했다.
② 참으로 일이 난처하게 되었다.
[p.44]
列 ① 교정에 나가서 정렬한다.
② 이제 곧 플랫폼(승강장)에 열차가 들어옵니다.
向 ① 바람의 방향이 바뀌었다.
② 산너머는 이웃마을입니다.
③ (누군가가)불렀기 때문에 뒤를 돌아보았다.

安 ① 전원무사하다고 들어서 안심했다.
　② 안이한 생각으로는 성공할 수 없다.
　③ 물건을 터무니 없는 싼값으로 판다.
守 ① 혼자서 집을 지켰습니다.
　② 신사에서 부적을 샀다.
　③ 어머니가 자장가를 부르고 있다.
州 ① 아시아주는 6대주 중에서 제일 크다.
　② 삼각주는 델타라고도 합니다.
式 ① 형식보다 내용을 중시한다.
　② 교장선생이 졸업식에서 식사를 하셨다.
曲 ① 동물원에서 팬더(곰)의 곡예를 보았다.
　② 도는 모퉁이에 우편함(우체통)이 있습니다.
　③ (만사를 제치고) 부디 출석해 주세요.
有 ① 여기는 아버지의 소유지입니다.
　② 물건의 유무를 자세하게 조사한다.
　③ 저기에 빌딩이 있습니다.

[p.45]
次 ① 식장에는 식순이 쓰여 있습니다.
　② 오사카는 도쿄에 다음 가는 대도회다.
　③ 나는 다음 역에서 내린다.
死 ① 인간의 생사가 걸린 문제.
　② 이사만루에서 홈런을 치다.
　③ 아버지는 교통사고로 돌아가셨다.
羊 ① 양머리를 걸어 놓고, 개고기를 팔고 있습니다.
　② 어린 양이 작은 양우리 안에서 자고 있다.
血 ① 그와는 혈연관계에 있습니다.
　② 환자의 혈압을 잰다.
　③ 동생은 피투성이가 되어 돌아왔다.
住 ① 의식주에도 힘들어 하고 있는 사람들이 있습니다.
　② 이 마을에 정착해서(한지) 10년이 된다.
　③ 여기는 사람이 살 수 있는 섬이 아니다.
助 ① 부읍장님의 이야기를 듣는다.
　② 당신의 덕분으로 살아났다.
　③ 동생의 별명은 개구쟁이입니다.
医 ① 이 병원은 의료설비가 갖추어져 있다.
　② 의학은 눈부시게 발달했다.
君 ① 무사는 주군을 위해 몸을 바쳤다.
　② 나카야마군은 마음씨 좋은 사람이다.
　③ 자네들의 행운을 기원하겠다.

[p.46]
坂 ① 남자가 가파른 비탈길을 오르고 있다.
　② 긴 비탈길을 올랐기 때문에 지쳤다.
　③ 사업이 내리막길(쇠퇴길)로 접어든다.
対 ① (왔던 길의) 반대 방향으로 돌아간다.
　② 질문에 대한 회답이 나왔다.
　③ 대소 한 벌(쌍)의 찻잔을 샀습니다.
局 ① 약국 옆에 우체국과 병원이 있습니다.
　② 시국에 관한 강연회.
役 ① 시청에 가는 참(중)입니다.
　② 노동자를 부려서 도로를 고치고 있습니다.
返 ① 조회의 편지에 답장을 쓴다.
　② 빌린 돈은 반드시 갚는다.
　③ 본래 직업으로 돌아간다.
投 ① 신문의 독자난에 투고할 작정입니다.
　② 처음부터 시합을 포기하고 있다.
決 ① 주말여행은 비가 와도 결행합니다.
　② 업무배정을 결정한다(일의 분담을 정한다).
　③ 사원을 일방적으로 몹시 꾸짖었다.
究 ① 화재의 원인을 구명한다.
　② 문제를 어디까지나 추구한다.
　③ 학문의 깊은 뜻을 연구한다.

[p.47]
豆 ① 두부는 대두를 삶아 만듭니다.
　② 낙화생을 땅콩이라고도 합니다.
身 ① 신체도 정신도 건강한 사람.
　② 신변을 정리한다.
　③ 자담금을 들여서까지 사고 싶지는 않다.
事 ① 사건의 의문점을 가까스로 풀었다.
　② 유별난 것을 좋아하는 사람을 호사가라고 한다.
　③ 하시는 일은 무엇입니까?
使 ① 대사가 새로 부임했다.
　② 소중한 사명을 완수한다.
　③ 처방된 약만을 쓴다.
具 ① 구체적으로 설명해 주세요.
　② 문방구점에서 (그림)물감을 샀습니다.
　③ 청소도구를 정리한다.
取 ① 아프리카로 잡지를 위해 취재하러 간다.
　② 어제의 대진은 재미있었다.
　③ 소포를 수취한다.
受 ① 형은 수험공부를 하고 있습니다.
　② 전보를 수취했다.
　③ 큰 비로 손해를 입는다.
味 ① 한자에는 한자 한자 의미가 있다.
　② 가난의 맛을 모른다.
　③ 인생의 고뇌를 맛본 사람입니다.

[p.48]
命 ① 아버지의 기일에 성묘를 한다.
　② 수명이 줄어들(감수) 정도 경험을 했다.
　③ 실언이 그의 파멸을 가져 왔다.

和 ① 기모노를 맵시있게 입는다.
　② 아름다운 음악에 마음이 가라앉는다.
　③ 모임은 부드러운(화목한) 분위기였다.
委 ① 자세한 내용은 면담한 후 결정하겠습니다.
　② 결석할 사람은 위임장을 제출해 주세요.
　③ 그 상품의 판매를 위탁한다.
始 ① (난로 등의) 불 단속을 단단히 하자.
　② 새해인사 하러 다니는 행렬.
　③ 처음부터 마음이 내키지 않는다.
実 ① 외관(외형)보다 실질이 소중하다.
　② 나무열매나 풀씨를 모은다.
　③ 처음으로 귤이 열매를 맺었다.
定 ① 내부(속) 온도를 일정하게 유지한다.
　② 예측대로(아니나 다를까), 비가 왔다.
　③ 국회에서 법률을 제정한다.
岸 ① 아버지와 해안을 산책했다.
　② 바닷가에 밀려오는 파도소리가 높습니다.
幸 ① 다행히, 그것으로 충당되었다.
　② 인간은 해산물의 혜택을 입고 있다.
　③ 그녀는 불행한 일생을 보냈다.
[p.49]
苦 ① 세상의 고생을 맛본다.
　② 수입이 적어서 생활이 어렵다.
　③ 노래를 부르는 것은 서투릅니다.
所 ① 신청서에 성명과 주소를 적어주세요.
　② 자네한테 놀러 갈게(가겠네).
放 ① 긴가쿠지는 방화로 타 버렸다.
　② 과녁을 겨냥해 화살을 쏜다.
　③ 고삐에서 풀려난 망아지다.
昔 ① 옛날의 모습은 어디에도 없었다.
　② 금석지감을 금할 수 없다.
　③ 이미 지금은 옛날이야기로 되어 버렸다.
服 ① 일본옷이 잘 어울리는 사람.
　② 그 결정에는 승복할 수 없다.
　③ 약을 한봉지, 복용했다.
板 ① 남자가 무거운 철판을 나르고 있다.
　② 강풍 때문에, 가게의 간판이 부서졌다.
　③ 도마 위에서 야채를 썬다.
泳 ① 영법에는 평영·배영·버터플라이(접영)·크롤 등이 있다.
　② 고이노보리가(잉어드림이) 5월의 하늘에 나부낀다.
注 ① 병원에서 주사를 맞는다.
　② 이 강은 일본해로 흘러든다.
　③ 누이 동생이 (입술·뺨)연지를 바른다.

[p.50]
波 ① 송신소에서 각지로 전파를 보낸다.
　② 태풍의 여파로 파도가 높아졌습니다.
　③ 물가(파도가 밀어닥치는 곳)에서 놀고 있다.
油 ① 유조선이 항구로 들어온다.
　② 석유램프에 쓰는 기름은 원유에서 정제한 등유입니다.
物 ① 매년 물가가 오른다(비싸진다).
　② 음식물의 좋고 싫음(편식)을 없앤다.
　③ 아버지는 트인 사람이다.
者 ① 먼저 전자(前者)에 관해 이야기합시다.
　② 마을 제일의 부자가 되었다.
　③ 아버지는 부지런한 사람입니다.
育 ① 비가 계속 와서 벼의 발육이 나쁘다.
　② 우수한 선수를 육성한다.
　③ 동생은 주운(버린) 새끼고양이를 키우고 있다.
表 ① 기온의 변화를 도표로 나타낸다.
　② 연구의 결과를 발표한다.
　③ 날씨가 좋은 날은 집 밖에서 논다.
乗 ① 목적지까지 승차권을 샀다.
　② 말을 타고 산을 내려간다.
　③ 음악을 전파에 싣는다(음악을 방송한다).
係 ① 기후관계로 흉작이었다.
　② 그것은 목(직장)이 걸린 문제다.
　③ 나는 도서담당을 하고 있습니다.
[p.51]
品 ① 야채의 품평회가 열린다.
　② 그 상품은 품절입니다.
　③ 고상한 말씨로 이야기한다.
客 ① 만원으로 입장사절이 되었다.
　② 승객의 안전을 제일로 생각한다.
　③ 사장(님)은 출장지에서 객사했다.
屋 ① 태풍으로 가옥이 무너졌다.
　② 나의 집은 채소가게입니다.
　③ 범인은 지붕을 타고 도망친다.
度 ① 간떨어질만한 아슬아슬한 묘기.
　② 어머니는 식사준비를 하고 있습니다.
　③ 볼 때마다 생각이 난다.
待 ① 친구를 식사에 초대한다.
　② 접대역(소임)을 (떠)맡는다.
　③ 여름방학(휴가)이 몹시 기다려진다.
送 ① 토요일에 방송국으로 견학하러 갑니다.
　② 시골에서 감을 부쳐왔다.
　③ 역까지 아버지를 배웅(전송)했다.
追 ① 앨범을 보며, 어릴적의 추억에 잠긴다.

② 사슴을 쫓아서 산으로 들어갔다.
急 ① 가파른 비탈길을 달려 올라간다.
　　② 보내진 식량으로 절박한 고비를 넘긴다.
　　③ 승리를 서둘러서 실패한다.
[p.52]
指 ① 오케스트라의 지휘를 한다.
　　② 손가락 끝에 가시가 박혔다.
　　③ 도표를 가리키면서 설명한다.
持 ① 모인 사람의 소지품을 조사한다.
　　② 점심 도시락을 가져간다.
　　③ 그는 마을 제일의 부자다.
拾 ① 파출소에 습득물을 신고한(맡긴)다.
　　② 그 아이는 하나를 들으면 열을 안다.
　　③ 길에서 만년필을 주웠다.
昭 ① 쇼와 64년은 1월 8일부터 헤이세이 원년이 되었다.
　　② 쇼와 1년은 서력 1926년이다.
柱 ① 전주(전봇대)에 매미가 앉아 있다.
　　② (대문의) 문기둥에 문패를 단다.
　　③ 지팡이나 기둥처럼 의지하는 사람.
洋 ① 서양식 방(마루방)에 유화를 걸었습니다.
　　② 요트로 태평양을 횡단한다.
　　③ 언덕 위에 양옥집이 한 채 있습니다.
炭 ① 숯(목탄)을 쓰는 집이 거의 없어졌습니다.
　　② 숯을 굽는 연기가 보인다.
界 ① 세계평화를 기원한다.
　　② 신이 천상에서 하계를 굽어본다.
　　③ 숲을 빠져나가니 시계가 열렸다.
[p.53]
畑 ① 경운기로 논밭(경작지)을 간다.
　　② 언덕 위의 꽃밭에는 여러 가지 꽃이 피어 있다.
発 ① 새로운 방법을 발명했다.
　　② 산간지방인데도 교통이 발달해 있다.
　　③ 천식의 발작이 일어났다.
県 ① 현의 야구대회에서 우승했다.
　　② 현도(지방도)를 트럭이 달리고 있다.
　　③ 형은 현립고교에 입학했습니다.
相 ① 어느 어머니가 손금을 봐주셨다(어느 어머니에게 손금을 봐받았다).
　　② 수상에 지명된다.
　　③ 시간에 늦어 정말 미안합니다.
研 ① 암예방에 관한 연구를 계속하고 있다.
　　② 연수생을 위한 파티입니다.
　　③ 숫돌로 작은 칼을 간다.
神 ① 스포츠로 건전한 정신을 기른다.
　　② 합격을 신에게 빈다.
　　③ 엄숙한 신사의 경내.
秒 ① 로케트 발사 십초 전, 드디어 초읽기가 시작된다.
　　② 시계의 초침이 고장났다.
級 ① 오후부터 학급회가 열립니다.
　　② 반친구와 하이킹하러 간다.
　　③ 그는 선거로 반장에 뽑혔다.
[p.54]
美 ① 그의 장점은 정직한 것입니다.
　　② 현실을 미화해서 생각한다.
　　③ 공작새의 날개는(깃은) 아름답다.
負 ① 승부가 결정났을 때 이긴 사람도 진 사람도 울었다.
　　② 아기를 업고 있는 여자가 보인다.
重 ① 어머니는 체중이 부쩍부쩍 불어난다.
　　② 겹벚꽃이 아름답게 피어 있다.
　　③ 다시 한 번 사죄합니다.
面 ① 내 방의 창은 남쪽으로 향해 있다.
　　② 슬픈듯한 표정의 여자가 서 있다.
　　③ 우는 얼굴에 벌(침)=(설상가상)
倍 ① 이 현미경의 배율은 400배입니다.
　　② 8은 2 또는 4의 배수입니다.
勉 ① 나는 매일아침, 1시간씩 영어공부를 하고 있습니다.
　　② 근면은 성공의 어머니라고도 한다.
員 ① 이 엘리베이터는 정원 8명입니다.
　　② 출발 전에 인원을 센다.
　　③ 이곳 점원은 친절합니다.
宮 ① 숲 속에 왕궁이 있습니다.
　　② 메이지신궁에 참배한다.
　　③ 신사의 숲에 너구리가 살고 있다.
[p.55]
島 ① 내가 만난 섬사람은 모두 친절했다.
　　② 옛날에는 죄인을 유배(유형)에 처했다.
　　③ 일본은 섬나라입니다.
庫 ① 공장의 창고가 늘어서 있습니다.
　　② 은행원이 금고에 돈을 넣는다.
　　③ 절간부엌 쪽에서 좋은 냄새가 난다.
庭 ① 교정에서 어린아이들이 달리고 있다.
　　② 모두 건강하고 명랑한 가정입니다.
　　③ 싸움터(전장)에서 쓰러진다(죽는다).
荷 ① 야채를 시장에 출하한다.
　　② 남자가 커다란 짐을 (짊어)지고 걷는다.
　　③ 이번의 맡은 역할은 중요하다.
速 ① 급한 용무이기 때문에 속달로 부쳤다.

② 제트기는 굉장한 속도로 난다.
③ 서둘러(신속하게) 결단을 내린다.
院 ① 교토에는 오랜 사원이 많다.
② 아버지는 이 병원의 원장입니다.
③ 1086년부터 원정이 시작되었다(원정은 옛날, 천황을 대신한 정치로 1086년~1185년까지)
息 ① 그로부터는 오랫동안 소식이 없었다.
② 아버지는 편지를 읽고 한숨을 쉬었다.
③ 그녀(에게)는 착한 아들이 있다.
旅 ① 형은 알바이트를 하면서 여(행경)비를 모으고 있습니다.
② 40일에 걸친 선편(크루즈)여행을 마쳤다.
[p.56]
根 ① 그는 겉보기는 온순하지만 근성이 있는 사람입니다.
② 근거도 없는 이야기였다.
消 ① 돈을 낭비해서는 안된다.
② 계획은 흐지부지해져 버렸다.
③ 낙서를 지우개로 지운다.
流 ① 그 디자이너는 유행하는 옷을 만든다.
② 유전(떠돌이)의 일생을 보낸다.
③ 평야의 한가운데를 강이 흐른다.
病 ① 그는 오늘 아파서 결근했다.
② 책을 잃은 일을 마음에 두고 (끙끙)앓는다.
③ 불치의 병에 걸렸다.
真 ① 사건의 진상을 탐색해 보자.
② 태양이 정동쪽에서 뜬다.
③ 안색(얼굴 빛)이 새빨갛게 되어 버렸다.
起 ① 도쿄를 기점으로 해서 서쪽으로 나아간다.
② 형은 아침 일찍 일어나서 공부한다.
③ 공장에서 대형사고가 일어났다.
酒 ① 매실로 매실주를 만든다.
② 섬 사람들은 술을 좋아한다.
③ 토시오군의 집은 술도가(술집)입니다.
配 ① 프론트에서 호텔지배인을 만난다.
② 근심(염려)은 신체(몸)에 해롭다.
③ 다치지 않도록 마음을 쓴(배려한)다.
[p.57]
動 ① 이상한 소리가 나자 동물들이 일제히 움직이기 시작했습니다.
② 눈알을 두리번두리번 움직인다(거린다).
商 ① 이 읍은 상공업이 번창하고 있다.
② 내 집에서는 일용품을 팔고 있습니다.
問 ① 친구집을 방문한다.
② 추궁당해서 사실을 말한다.
③ 도매상에서 짜투리를 싸게 샀다.
宿 ① 형은 도쿄에서 하숙하고 있습니다.
② 정직한 머리에 신이 머문다(정직한 사람은 신이 보호해준다).
③ 나무 아래에서 비긋(피하)기를 했습니다.
帳 ① 감동받은 말을 수첩에 적어 둔다.
② 금전출납을 대장에 써넣는다.
進 ① 선물용에 리본을 단다.
② 이름을 불렸기 때문에 일보 앞으로 나아갔다.
都 ① 도회생활에 가까스로 적응됐다.
② 아무리해도 돈을 변통(융통)할 수 없다.
③ 생활난으로 낙향을 한다.
部 ① 편지의 일부분이 비로 얼룩져 읽을 수 없다.
② 나의 방은 이층에 있습니다.
[p.58]
悪 ① 악사는 천리를 간다(나쁜 소문은 세상에 널리 퍼진다).
② 감기 때문에 오한이 든다.
③ 이번은 내가 잘못한 것입니다.
族 ① 일요일에는 가족이 모여(함께) 놀러 간다.
② 종족의 번영을 기원한다.
③ 수족관을 견학한다.
深 ① 경찰이 심야의 동네를 순찰한다.
② 가을도 깊어진 어느 날, 풀이 우거진 고향을 방문한다.
球 ① 테니스를 정구라고도 한다.
② 학급끼리 야구시합을 했다.
③ 화장실의 전구가 끊어졌다.
祭 ① 고장 수호신의 제일(젯날)에는 많은 포장마차가 늘어선다.
② 눈축제로 읍이 흥청거린다.
章 ① 문화발전에 진력한 사람에게 문화훈장이 수여된다.
② 이해하기 쉬운 문장을 쓴다.
第 ① 제삼자의 의견을 중시한다.
② 형은 대학의 입학시험에 낙방했다.
③ 벽신문(대자보)의 제1호가 나왔다.
笛 ① 멀리서 기차가 기적을 울렸다.
② 풀(잎)피리를 불며 놀던 때를 회상한다.
③ 휘파람을 불면서 걷는다.
[p.59]
終 ① 마지막 전차에 가까스로 탈 수 있었다.
② 긴 겨울도 마침내 끝났다.
③ 할아버지는 이 땅에서 일생을 마쳤다.
習 ① 때까치는 잡은 먹이를 나무에 꽂아 두는 습

성이 있다.
② 여섯 살부터 습자(글씨쓰기를 익힘)를 배우고 있다.

転 ① 차가 벼랑에서 굴러떨어졌다.
② 구슬을 굴리는 듯한 목소리로 노래한다.
③ 눈길에서 굴러서 다쳤다.

勝 ① 필승의 신념을 가지고 싸웠습니다.
② 우리 팀이 야구시합에서 이겼다.
③ 이보다 더한(나은) 즐거움은 없다.

寒 ① 해변의 한촌(가난하고 쓸쓸한 마을)에 태어났다.
② 오늘은 한중절기(소한 날)로 접어듭니다.
③ 봄이라(고) 해도 아침은 아직 춥다.

葉 ① 이력서와 사진 3매를 보냅니다.
② 잎 끝에 이슬이 빛나고 있다.
③ 어린 잎의 색이 아름답다.

落 ① 새로운 빌딩이 낙성(준공)됐다.
② 촌락의 성립을 조사한다.
③ 낙엽을 긁어(그러) 모아 모닥불을 피운다.

運 ① 4월부터 철도의 요금이 오른다.
② 무슨 일이라도 운명이다라고 체념해서는 안 된다.
③ 개미가 먹이를 나르고 있다.

[p.60]

遊 ① 유원지는 사람으로 가득차 있다.
② 관광유람(구경하러 산야에 놀러 나감).
③ 그 사람은 젊었을 때 꽤나(제법) 놀았다.

階 ① 나의 방은 저 건물의 3층이다.
② 1년마다(에) 계급이 오른다.
③ 지하층은 식료품 매장입니다.

陽 ① 그녀는 쾌활한 사람입니다.
② 유리창 너머로 겨울의 태양빛을 쬐고 있습니다.

悲 ① 부처님의 자비에 의지한다.
② 아버지를 여의어 슬프다.
③ 사고로 죽은 친구의 죽음을 슬퍼한다.

暑 ① 선생님께 복중문안의 엽서를 썼다(보냈다).
② 남쪽 지방의 여름은 더위가 지독하다.
③ 무더운 밤은 잠들기 괴롭다.

期 ① 작은 새가 알을 낳는 시기이다.
② 예기치않게 두 사람의 의견이 합치했다.
③ 그는 지금 병으로 장기결석하고 있다.

植 ① 온실에는 희귀한 식물이 가득하다.
② 모내기를 거들어 주러 간다.

温 ① 체온계로 환자의 열을 재었다.
② 여기는 온화한 기후의 토지다.
③ 따뜻한 밥을 먹고 싶다.

[p.61]

湖 ① 시가현에 있는 비와코는 일본에서 제일 큰 호수입니다.
② 거울같은 호면을 달이 (빛을) 비춘다.

港 ① 내일 아침, 나리타공항에서 출발한다.
② 항구는 많은 배로 흥청거리고 있습니다.

湯 ① 뜨거운 물을 뒤엎어서 화상을 입었다.
② 물을 끓여서 차를 마시자.
③ 탕에 들어가 몸을 씻었다.

登 ① 에베레스트 등정에 성공했다.
② 올(해의) 여름은 후지등산을 한다(할 예정이다).
③ 다람쥐가 나무꼭대기까지 올라갔다.

短 ① 다음 낱말을 사용해서 단문을 지으세요.
② 그녀는 머리카락을 짧게 끊었습니다.

童 ① 나는 안델센이 쓴 동화를 매우 좋아합니다.
② 일본 각지의 동요를 모은다.

等 ① 등신대(사람의 크기와 똑같은 크기) 인형을 만든다.
② 과자를 똑같이 나누어 주셨습니다.
③ 반지름이 같은 원을 두 개 그렸다.

筆 ① 올바른 필순을 기억해(익혀) 주세요.
② 문방구점에서 색연필을 샀다.
③ 코보대사(헤이안 초기의 고승, 명필가)는 붓을 가리지 않는다.

[p.62]

着 ① 비행기가 착륙에 실패했다.
② 기모노를 입고 띠를 맨다.
③ 배가 항구에 도착했습니다.

軽 ① 경쾌한 음악을 듣고 있다.
② 가벼운 짐은 작은 아이가 든다.
③ 새는 넓은 하늘을 가붓이(가볍게) 난다.

開 ① 시합개시까지 앞으로 5분입니다.
② 아침 7시에 교문이 열립니다.
③ 그 가게는 오전 8시에 열립니다.

集 ① 여름방학에 곤충을 채집했다.
② 사탕(설탕)에 개미가 많이 몰렸다.
③ 노래와 이야기(동화) 모임을 개최한다.

飮 ① 섬사람들은 빗물을 음료수로 쓰고 있습니다.
② 음식점에서 쥬스를 마셨다.

歯 ① 아기 때에 돋아 나는 이를 유치라고 한다.
② 이 문제(에)는 감당못한다(못풀겠다).

意 ① 뜻밖의 사건이 일어났습니다.
② 말의 의미를 생각하면서 읽는다.

感 ③ 학생들의 의향도 듣고 나서 결정합시다.
感 ① 느낀 것을 있는 그대로 쓰는 것이 감상문입니다.
　② 추워서 손가락 끝의 감각이 없어졌다.
[p.63]
想 ① 하동(河童: 물 속에 산다는 어린애 모양을 하고 헤엄을 잘 친다)은 상상상의 동물이다
　② 선거의 결과는 예상했던 대로였다.
　③ 그녀는 붙임성(정나미)이 좋은 사람입니다.
暗 ① 이 문제의 답은 암산으로 풀었다.
　② 대통령이 암살되었다.
　③ 어두운 곳에서 고양이 눈이 빛나고 있다.
業 ① 동생은 올해, 소학교(초등학교)를 졸업했다.
　② 형은 자업자득이라고 체념한다.
　③ 이것은 귀신의 솜씨라고 밖에 생각되지 않는다.
漢 ① 가타카나는 한자의 일부분을 취해서 만든 문자입니다.
　② 밤길에서 괴한에게 습격당했다.
福 ① 복권의 일등에 당첨됐다.
　② 스웨덴은 복지가 앞선 나라입니다.
　③ 은방울꽃은 행복의 증표(상징)라고 한다.
詩 ① 한시에 가락을 붙여서 읊는 것을 시음(시를 읊음)이라고 한다.
　② 기다하라하쿠슈는 유명한 시인입니다.
路 ① 양친이 돌아가시어 일가는 길거리를 헤맸습니다(살길이 망망했습니다).
　② 집으로의 발길을 재촉한다.
農 ① 농약 때문에, 미꾸라지나 반딧불이가 살지 않게 되어 버렸다.
　② 아버지는 농장을 돌아본다.

[p.64]
鉄 ① 강한 지진 때문에, 철골로 지은 집이 무너(넘어)졌다.
　② 긴 철교를 열차가 지나간다.
様 ① 전과 같이(같은 모양으로) 행동해 주세요.
　② 외국은 생활양식이 다릅니다.
　③ 가족 여러분 건강하십니까(별고없으십니까)?
緑 ① 도회에는 녹지가 적다.
　② 구리가 녹슬은 동록(녹청)에는 독이 있다.
　③ 드디어 신록이 싱그러운(우거진) 오월이다.
練 ① 아버지는 노련한 파일럿(조종사)입니다.
　② 세련된 문장을 쓴다.
　③ 가루를 반죽하여 경단을 만든다.
銀 ① 나무꾼은 은도끼를 못에 떨어뜨렸다.
　② 옛날 동전이나 은전을 수집한다.

③ 주위 일대가 은세계입니다.
駅 ① 아버지를 역까지 마중하러 갔다.
　② 후보자는 역전에서 연설을 하고 있었다.
　③ 탈렌트가 일일(하루) 역장이 된다.
鼻 ① 귀가 아파서 병원의 이비(인후)과에 갔습니다.
　② 일을 하면서 콧노래를 부른다.
横 ① 옛날, 서울에 도적이 들끓었다.
　② 어머니의 옆얼굴을 그렸다.
　③ 이야기가 본줄거리에서 벗어난다(빗나간다).

[p.65]
箱 ① 구급함에는 여러 가지 약이 들어 있다.
　② 초밥을 도시락(나무상자)에 담는다.
談 ① 다 같이 의논해서 염소를 사기로 했다.
　② 식사를 하면서 의논한다.
調 ① 선생(님)은 부드러운 어조로 말한다.
　② 여기까지 예습을 해와주세요.
　③ 누나(언니)의 혼수용 가제도구가 마련되었다.
薬 ① 산으로 약초를 캐러 간다.
　② 모퉁이의 약국에서 길을 물었다.
　③ 고생했던 것이 좋은 약(도움)이 되었다.
整 ① 서랍 안을 정리한다.
　② 형이 스테레오 음을 조정했다.
　③ 출발 준비가 갖추어졌다.
橋 ① 전차는 철교에 당도했다.
　② 외나무다리를 조심조심 건너가고 있다.
　③ 돌다리를 두드려 건너간다.
館 ① 영화관 앞에 개관을 기다리는 사람이 많이 늘어서 있다.
　② 큰 여관에 숙박했습니다.
題 ① 진귀한(신기한) 화제(이야기거리)를 찾는다.
　② 지금부터 어려운 문제가 많이 있다.
　③ 동생의 여름방학 숙제를 끝내주었다.

[p.66] (4학년)
士 ① 에도시대에는 사농공상의 신분구별이 있었다.
　② 칼은 무사의 혼(정신)입니다.
不 ① 이곳은(여기는) 교통이 불편한 곳입니다.
　② 이 길을 혼자서 가는 것은 불안하다.
　③ 매우 허술하게 보인다.
夫 ① 큐리부인은 남편과 힘을 합하여 화학연구를 했다.
　② 물이 새지 않도록 궁리한다.
欠 ① 감기로 결석하는 사람이 급격히 늘어난다.
　② 저(그) 아이는 부모 중 한 사람이 없습니다.
　③ 컵을 떨어뜨려 이가 빠져 버렸다.

氏 ① 주소・성명・연령을 분명하게 적어주세요.
　② 내일은 씨신(고장의 수호신)의 축제입니다.
以 ① 소(초등)학생 이외의 입장은 사절합니다.
　② 이전에 그런 일이 있었다.
付 ① 역 부근에는 상점이 많이 있다.
　② 병원의 수부담당(계)원이 되었다.
　③ 눈을 가까이 대고서 잘 보았습니다.
令 ① 군인은 상관의 명령에 따르지 않으면 안된다.
　② 영애(따님)를 역까지 전송(배웅)했다.
[p.67]
加 ① 원료를 가공해서 제품을 만든다.
　② 열차는 점점 속도가 더해진다.
　③ 국물에 소금을 넣어서 맛을 보았습니다.
功 ① 실패는 성공의 밑천이다.
　② 부인의 내조의 공이 크다.
　③ 신이 만민에게 공덕을 베풀었다.
包 ① 포용력이 있는 사람이 되고 싶다.
　② 선물을 예쁜 종이로 포장하자.
　③ 고향(시골)에서 소포가 왔다.
司 ① 신사에서 제일 위의 지위를 '구우지'라고 한다.
　② 도서관에서 책 정리나 대출을 하는 직책을 사서라고 한다.
史 ① 인류의 달착륙은 사상최대의 사건중의 하나이다.
　② 가마쿠라에는 사적이 많다.
失 ① 반칙을 해서 실격이 되었다.
　② 무슨 일이 있어도 희망을 잃어서는 안된다.
辺 ① 이 근처는 눈사태 위험이 있다.
　② 이 주변은 집이 드물다.
　③ 이 아이는 의지할 곳 없는 신세다(물가에 버려진 쪽배).
必 ① 쌀은 생활의 필수품입니다.
　② 중요한 시험이어서 필사적으로 공부했다.
　③ 불려지면(호명되면) 반드시 대답을 해주세요.
[p.68]
札 ① 만엔짜리 위조지폐(偽札)가 발견(발각)되었다.
　② 9회말 수비에, 상대팀은 비장의 투수를 기용했다.
末 ① (편지에서) 끝으로 여러분께 안부 전해주십시오.
　② 가난한 집의 막내로 태어났다.
　③ 고생 끝에, 실험은 성공했다.
未 ① 슈바이처는 미개의 땅 아프리카로 향했다.
　② 미지의 세계를 상상한다.
民 ① 「모모타로(복숭아에서 태어났다는 동화의 주인공)」는 민화입니다.
　② 임금님은 백성의 소리에 귀를 기울이셨습니다.
争 ① 제3차 세계대전은 일어나서는 안된다.
　② 앞을 다투어 전차를 타는 모양은 볼꼴사납다.
仲 ① 아저씨의 중계로, 물건을 싸게 살 수 있었다.
　② 다같이 사이좋게 논다.
伝 ① 어버이의 성질은 자식에게 유전한다.
　② 용건은 전화로 전했다.
　③ 재산을 자손에게 물려준다.
兆 ① 인플레의 징후(징조)가 나타난다.
　② (찻잔에 물을 부을 때) 차의 줄기가 곧추 서면 길조라고 한다.
　③ 들과 산에 봄의 전조가 보인다.
[p.69]
共 ① 공공의 물건은 소중히 사용하자.
　② 동업자끼리 다투어서 모두 파산해 버렸다.
印 ① 도쿄시는 어떤 인상이었습니까?
　② 학급소식을 인쇄한다.
　③ 멈추지 않고 화살표 방향으로 나아간다.
各 ① 회비는 매월 이천엔입니다.
　② 평화에 관해서 각각 자신의 생각을 진술하세요.
好 ① 남의 호의는 순수하게 받자.
　② 벌레는 밝은 데를 좋아해 모여온(든)다.
　③ 그는 좋아서 일을 하고 있다.
成 ① 소는 풀을 먹고 성장한다.
　② 오랜 소원을 성취했다.
　③ 물은 수소와 산소로서 구성된다.
灯 ① 눈을 감으니, 추억이 주마등처럼 마음(뇌리)에 떠오른다.
　② 갑(곶)의 등대불빛이 보인다.
老 ① 아버지는 노련한 조종사입니다.
　② 늙어서 더욱 더 왕성하다(노익장이다).
　③ 그녀는 나이보다 늙어 보입니다.
衣 ① 여름에는 의류에 벌레가 꾀기 쉽다.
　② 옷을 갈아 입을 시기가 되었다.
　③ 장롱 속에서 옷감스치는 소리가 난다.
[p.70]
位 ① 미터라는 것은 길이의 단위입니다.
　② 큐슈는 일본의 서남쪽에 위치한다.
　③ 자존심이 센 사람은 싫습니다.
低 ① 오늘의 회합은 저조했다(수준이하였다).
　② 물은 높은 데서 낮은 데로 흐른다.
　③ 스님은 스스로 몸을 낮추었다.
児 ① 아동을 교통사고로부터 지키자.

- 192 -

② 아버지는 소아과의 의사입니다.
③ 소아마비는 두려운(무서운) (질)병이다.
兵 ① 일본인에게는 병역의 의무가 없다.
② 전화(병화)로 읍은 죄다 불타 버렸다.
③ 군량 (차단)공격으로 적을 이겼다.
冷 ① 산의 냉기가 상쾌하다.
② 차가운 물로 머리를 식혔다.
③ 밥을 먹고 나서 끓여 식힌 물로 약을 먹는다.
初 ① 가을의 처음 무렵을 '초추'라고 한다.
② 첫 출진에 공명을 세운다.
③ 신춘휘호전에서 금상을 받았습니다.
別 ① 물건은 별편(다른 편)으로 보냈습니다.
② 인종에 따라서 차별해서는 안된다.
③ 부모와 헤어져 쓸쓸하게 살고 있다.
利 ① 텔레비의 잇점을 들어봅시다.
② 인민의 권리를 쟁취하는 싸움.
③ 매우 재치있는 사람.

[p.71]
努 ① 노력한 보람이 있어서 성적이 올랐다.
② 촌각을 아껴 일에 힘쓴다.
労 ① 태풍으로 지금까지의 수고가 헛되이 끝났다.
② 과로가 원인으로( 때문에) 병이 났다.
告 ① 조사한 결과를 보고한다.
② 신에게 자신의 죄를 고백했다.
③ 뱃고동 소리가 출범(出帆)을 알린다.
囲 ① 학교의 주위를 청소(소제)했다.
② 모닥불을 빙 둘러싸고 노래를 불렀습니다.
③ 정원을 울타리로 둘러싼다.
完 ① 암실은 검은 막으로 빛을 완전히 차단하고 있다.
② 실험도구가 완비되어 있다.
希 ① 이 보석은 희소가치가 있다.
② 사람들은 언제나 평화를 희구하고 있다.
③ 높은 산은 공기가 희박하다.
芸 ① 예술의 길은 멀고 험하다.
② 어머니와 멋진 곡예를 보았다.
③ 언니(누나)는 수예를 배우고 있습니다.
折 ① 사건의 곡절(복잡한 사연)을 이야기한다.
② 손가락을 꼽아 수를 센다.
③ 하필이면 그(이)런 때에 손님이 왔습니다.

[p.72]
改 ① 개찰구를 나온 데서 친구를 기다린다.
② 도쿄는 '에도'라고 했었는데, 메이지 때 도쿄로 개칭했다.
材 ① 작문의 소재가 되는 사항을 메모해 적어 둔다.
② 목재적치장은 저 광장입니다.

束 ① 남의 자유를 속박해서는 안된다.
② 은사에게 감사의 마음을 담아서 꽃다발을 드린다.
求 ① 청구서가 왔기(때문)에 돈을 지불했다.
② 신문에 구인광고를 낸다.
③ 사람들은 평화스런 생활을 바라고 있다.
臣 ① 군주국의 국민을 신민(臣民)이라고 한다.
② 아사노 집(안)은 좋은 가신을 두었다.
③ 대신병 환자(장관자리를 갈망하는 사람).
良 ① 양식(좋은 식견)을 좇아서 행동한다.
② 최량(최선)의 방법을 생각하자.
③ 물건의 좋고 나쁨을 고려해서 산다.
例 ① 처음에 예제를 풀어보자.
② 그것이 허가되는 것은 전례가 없는 것입니다.
③ 세상 일반의 예에서 빠지지 않는다.
典 ① '고지키'나 '만요슈'는 일본의 대표적인 고전이다.
② 국어사전의 찾는 법을 배운다.

[p.73]
刷 ① 나라의 정치를 쇄신할 필요가 있다.
② 색도(칼라)인쇄의 인쇄물이 늘었다.
③ 이색도 인쇄의 문집을 만들었다.
協 ① 사람들은 협력해서 마을의 재건에 착수했다.
② 바이올린 협주곡을 들었다.
卒 ① 졸업식 때는 눈물이 나왔다.
② 그녀는 일사병에 걸려 졸도했다.
③ 그는 돌연히(갑자기) 자리를 떴다.
参 ① 캠프(숲속)학교에 참가할 작정이다.
② 신사에 참배하고 왔다.
③ 이 더위에는 지쳐(질려) 버렸다.
周 ① 주위를 산으로 둘러 싸인 조용한 마을에 살고 있다.
② 지구는 태양의 주위를 돈다.
固 ① 노가쿠(가면음악극)는 일본 고유의 예술이다.
② 눈을 뭉쳐서 눈사람을 만든다.
③ 군은 결의를 지니고 시합에 임한다.
季 ① 1년 중에서 비가 적은 계절을 건기(건계)라고 합니다.
② 이 잡지는 계간입니다.
官 ① 어른이 되면 외교관이 되고 싶다.
② 땀샘은 땀을 배출하는 기관입니다.
③ 올해, 정부는 경찰증원을 하지않는다.

[p.74]
底 ① 차통의 밑면형은 원입니다.
② 결승전에서 저력을 발휘해서 달린다.

③ 오늘 밤은 뼛속까지 추위가 스며든다.
府 ① 국회는 국가의 입법부입니다.
② 요리토모(미나모토, 1147~1199)는 가마쿠라에 막부를 열었다.
③ 아버지는 교토부청에 근무하고 있다.
径 ① 반지름 5센티의 원을 그린다.
② 그는 직정경행(마음먹은 그대로 행동함)의 인물이다.
③ 강으로 내려가는 오솔길을 걷는다.
英 ① 달에 갔던 3인의 비행사는 영웅(자격)으로서 환영받았다.
② 일본의 옛날이야기를 영어로 번역한다.
芽 ① 맥아를 사용해서, 맥주를 만든다.
② 봄비에 나무들이 움(싹)튼다.
③ 양국간에 평화가 싹튼다.
念 ① 어머니처럼 상냥스러운 마음의 사람이 되기를 염원하고 있다.
② 시합에 져서 유감입니다.
果 ① 신선한 과실즙은 건강에 좋다.
② 사명을 완수하고 무사귀국했다.
③ 모임은 언제 끝날지도 모른다.
松 ① 송죽매(소나무·대나무·매화)는 경사스러운 것으로 여겨져, 경사에 쓰여진다.
② 솔바람은 노래나 시에 읊어지고 있다.

[p.75]
毒 ① 세간에는 당신보다 훨씬 딱(불쌍)한 사람이 많이 있습니다.
② 저(그) 사람의 화장은 너무 짙다.
泣 ① 우리 아이의 죽음을 듣고서 호읍(소리 높여 욺)했다.
② 10년만에 친자대면을 텔레비로 보고, 자신도 모르게 따라 울었다.
治 ① 힘을 합쳐 나쁜 사람(놈)을 퇴치했다.
② 전국민이 국가치안을 유지한다.
③ 다친 새의 날개를 치료했다.
法 ① 헌법은 국가 근본이 되는 법률이다.
② 어머니로부터 다도를 배웠습니다.
③ 무가의 법도를 거역한다(어긴다).
牧 ① 홋가이도는 목축이 성합니다.
② 목사님의 이야기에 귀를 기울인다.
③ 목장에서 송아지가 풀을 뜯고 있다.
的 ① 오늘의 모임은 민주적으로 행해졌다.
② 예상이 멋지게 적중했다.
③ 화살은 과녁의 중심에 명중했다.
信 ① 충분히 연습했기 때문에 자신을 가지고 시합에 임했다.
② 교통신호를 단단히 지키자.
便 ① 여기는 교통이 불편한 곳이다.
② 물건은 별편(다른 차편)으로 보내겠습니다.
③ 파리로부터 편지가 항공편으로 왔다.

[p.76]
勇 ① 아버지의 격려로 용기가 솟았다.
② 민족의 독립을 위해서 용감히 싸웠다.
型 ① 비행기의 모형을 만들고 있다.
② 대형버스를 전세내어서 여행을 간다.
③ 신형차를 샀다.
変 ① 요즘은 기온의 변화가 심하다.
② 카멜레온은 주위의 색에 따라서 몸색깔을 바꿉니다.
建 ① 화재로 탄 교사(학교)를 재건한다.
② 호류지는 607년에 건립되었다.
③ 나의 집은 독채(단독주택)입니다.
単 ① 그 사건은 단지 그것만으로는 끝나지 않았다.
② 아버지는 단신부임으로 홋가이도에 갔다.
昨 ① 어제는 아버지와 낚시하러 갔습니다.
② 작년은 벼(농사)가 흉작이었습니다.
③ 어젯밤(간밤)의 광(폭)풍으로 집 앞의 나무가 쓰러졌다.
栄 ① 아버지는 지사의 부장으로 영전했다.
② 가게가 점점 번창한다.
③ 스카프가 양복색에 잘 어울려 돋보인다.
浅 ① 자신의 천학과 천견(천박한 소견)을 부끄러이 여긴다.
② 미국은 한국보다도 건국의 역사가 오래되지 않다(짧다).

[p.77]
省 ① 여름휴가에 3년 만에 귀성(고향으로 돌아감)한다.
② 자신의 행실(몸가짐)을 반성한다.
③ 쓸데없는 일손(품)을 줄인다.
祝 ① 형의 생일에 축전을 쳤습니다.
② 결혼식을 '혼례'라고도 한다.
③ 누이동생의 입학 축하선물로 꽃을 주었다.
紀 ① 그 발견은 한 신기원을 그었다.
② 당신네들(여러분들)이 21세기를 짊어진다.
③ 요즘 학교기강이 흐트러져 있다.
約 ① 이 그림은 매약필(팔 약속이 끝남)입니다.
② 긴 이야기이기 때문에 요약해서 이야기한다.
③ 물리학회의 규약을 개정했다.
胃 ① 위암으로 죽는 사람이 많아졌다.

② 형은 오래동안, 위병으로 시달리고 있습니다.
要 ① 문장의 요점을 간추려 설명한다.
② 요령좋게 업무(일)를 끝냈다.
③ 필요한 물건은 전부 가방에 넣었다.
軍 ① 할아버지는 군담소설(가마쿠라·무로마치 시대의 전쟁을 주제로 서사시적으로 엮은 역사소설)을 읽고 있다.
② 조부는 전직 군인이었다.
③ 형은 군대밥을 먹고 있다.
飛 ① 비행장에는 일본이나 외국의 비행기가 5·6기(대) 보였다.
② 물건이 날개 돋친듯이 팔렸다.

[p.78]
候 ① 악천후가 이어져서 작물의 작황이 좋지 않다.
② 서울사람이 올시다(서울사람입니다).
借 ① 나는 교외의 샛집(빌린 집)에 살고 있다.
② 친구에게 돈을 빌려 카메라를 샀습니다.
③ 도서실에서 책을 두 권 빌렸습니다.
倉 ① 외국에서 도착한 화물을 창고에 넣어 둔다.
② 농부가 쌀광(쌀창고)에 쌀을 실어다 넣었다.
孫 ① 나는 무사의 자손입니다.
② 첫 손주를 안고서 할아버지는 싱글벙글하고 있다.
害 ① 여름에 기온이 올라가지 않으면 냉해가 걱정이다.
② 공장 소음이 안면(수면)을 방해한다.
差 ① 인종에 따라서 인간을 차별해서는 안된다.
② 문틈으로 햇빛이 비쳐 왔다.
席 ① 신학기에는 (교실의) 자리바꿈을 해서 좌석순이 바뀐다.
② 이 열차는 전부 지정석입니다.
帶 ① 이 지대는 눈이 많은 것으로 유명하다.
② 중대한 임무를 띠고 출발한다.
③ 띠로는 짧고 멜빵으로는 길다(넘고처진다).

[p.79]
徒 ① 옛날은 도제제도에 의해서 여러 가지(잡다한) 기술을 익혔다.
② 지금까지의 고심은 헛수고로 끝났다.
連 ① 우리 팀은 연전연승했다.
② 높은 산이 이어져(연속해) 있다.
③ 동생을 데리고 물건사러(쇼핑하러) 간다.
郡 ① 군내(군의 전체지역)는 소학교가 다섯, 중학교가 둘 있습니다.
② 군내의 수확량을 조사한다.
擧 ① 역전에서 선거연설이 행해졌다.

② 형은 어제 결혼식을 올렸습니다.
③ 막다른 골목(길)에서 범인이 검거되었다.
料 ① 요금은 선불입니다.
② 종이의 원료는 펄프입니다.
③ 달에 관한 자료를 모은다.
案 ① 병은 예상 외로 가벼웠다.
② 섬 안을 안내해 받았다.
③ 광고의 문안을 생각한다.
梅 ① 홍매화·백매화를 그린 유명한 병풍이 전시되고 있다.
② 매화는 향기가 좋다.
殘 ① 올 여름은 늦더위가 심하다.
② 여름방학도 얼마 남지 않았다.
③ 급식은 남김없이 먹자.

[p.80]
殺 ① 빌린 돈은 이 책의 대금으로 상쇄한다.
② 무익한 살생을 해서는 안된다.
③ 그 장면은 숨을 죽여 주시(응시)한다.
浴 ① 여름휴가(방학)에 해수욕하러 갔다.
② 참새가 물을 끼얹고 있다.
③ 운동 후에 샤워를 했다.
特 ① 이 선물은 자네를 위하여 특별히 마련한 것이다.
② 신문의 특집기사를 읽는다.
笑 ① 험담을 듣고 쓴웃음을 짓는다.
② 웃는 집안에는 복이 온다(소문만복래).
③ 언제나 상냥스러운 미소를 띄우고 있다.
粉 ① 삼나무 꽃가루가 바람에 날린다.
② 밀가루로 빵을 만들어 주었다.
③ 컵이 산산이 깨어져 튀었다.
脈 ① 의사선생에게 진맥을 받는다.
② 높은 산맥이 구불구불 이어져 있다.
③ 금(의) 광맥을 발견했다.
航 ① (온)세계의 바다를 항해해보고싶다.
② 안개 때문에 비행기가 결항했다.
③ 관측선이 남극으로 출항한다.
訓 ① 평소부터 방화훈련이나 피난훈련을 해두는 것이 중요하다.
② 선생님이 학생에게 훈시를 하고 있다.

[p.81]
停 ① 집 근처에 벼락이 떨어졌기 때문에 정전되었다.
② 일손 부족으로 사무가 밀린다.
健 ① 우리 집은 할아버지를 비롯하여 모두 건재합니다.

- 195 -

② 화목한(밝은) 가정에서 건강하게 자란다.
側 ① 물고기는 몸의 양측에 있는 측선(감각기)으로 물의 흐름을 감지한다.
　② 달 뒷면의 사진을 보았습니다.
副 ① 우승자에게는 상장 외에 부상으로서 오만엔이 주어졌다.
　② 주식보다도 부식을 많이 섭취한다.
唱 ① 링컨은, 인간은 모두 평등하다고 창도(앞장서서 부르짖음)했다.
　② 그는 현재의 정책에 반대를 주창했다(외쳤다).
堂 ① 국회의사당이 집근처에 있다.
　② 자신의 생각을 당당히 진술한다.
　③ 졸업식은 강당에서 거행되었다.
康 ① 환자는 요(이) 2·3일 소강상태를 유지하고 있습니다.
　② 건강해서 병원에는 간 적이 없다.
得 ① 당황하지 않고 느긋하게 기다리는 것이 득책이다.
　② 기회를 봐서 외국여행을 하고 싶다.
　③ 생각할 수 있는한 손을 다 썼다.
[p.82]
菜 ① 어머니는 야채사라다를 좋아합니다.
　② 육식보다 채식쪽이 몸에 좋다.
　③ 온 밭에 유채꽃이 피어 있다.
陸 ① 1969년에 처음으로 인간이 탄 우주선이 달표면에 착륙했다.
　② 태풍이 본토에 상륙할 것같습니다.
巢 ① 새에게는 귀소본능이 있다.
　② 형은 올해, 대학을 졸업해서, 실사회로 나갔다.
救 ① 배에는 만일을 위해서 구명도구가 비치되어져 있다.
　② 물에 빠진 아이를 구했다.
敗 ① 실패는 성공의 밑천(어머니).
　② 연장전이 되었지만, 힘이 다해져 패하고 말았다.
望 ① 그는 인망이 있는 사람입니다.
　② 소년들이여, 대망을 품어라.
　③ 아이의 행복을 소망한다.
械 ① 어릴 때부터 기계를 만지작거리는 것을 좋아했다.
　② 형은 기계체조의 선수입니다.
清 ① 부엌은 언제나 청결하게 해둡니다.
　② 육근청정(록콘쇼죠: 한중의 신불참배나 산행시에 외는 기원문)을 외고 있다.

　③ 흐르는 깨끗한 물로 입을 헹군다.
[p.83]
産 ① 일본은 수산업이 번성한 나라입니다.
　② 닭은 알을 하루에 한 개 낳는다.
　③ 할머니가 갓난아이를 목욕시켜 준다.
票 ① 선거의 개표속보의 첫보도가 들어왔습니다.
　② 납품의 전표를 적어 보낸다.
貨 ① 그 나라에서 현재 사용되고 있는 돈을 통화라고 합니다.
　② 어머니와 백화점에 갔다.
博 ① 적십자는 박애정신에서 태어났다.
　② 소나 말의 중개를 하는 사람을 가리켜 옛날은 거간꾼(마구위: 바구로)이라고 했다.
喜 ① 어제, 형과 희극을 보러갔다.
　② 우천중지로 하이킹은 좋다가 말았다(헛된 기쁨으로 끝났다).
達 ① 형은 장기간 미국에서 생활하고 있었으므로 영어가 능숙합니다.
　② 우편물의 배달이 지연된다.
隊 ① 악대가 행진곡을 연주하면서 지나간다.
　② 나는 합창대의 일원입니다.
散 ① 넓은 들에 집이 산재해 있습니다.
　② 벚꽃이 바람에 흩날리고 있다.
　③ 욕탕물처럼 돈을 물쓰듯 한다.
[p.84]
景 ① 신나는 큰북소리로, 축제의 기분이 고조된다.
　② 홍콩의 야경을 보고싶다.
最 ① 올해는 태풍이나 화재를 만나서, 최악의 해였다.
　② 도쿄는 일본에서 가장 큰 도시입니다.
極 ① 남극은 극한(최고의 추위)의 땅입니다.
　② 최상의 물건을 드린다.
　③ 사건의 본질을 규명해냈다.
満 ① 공원의 벚꽃이 만발합니다.
　② 우승한 선수들의 얼굴은 기쁨으로 넘치고 있었다.
焼 ① 텐슈가쿠는 메이지 10년에 소실되었다.
　② 서쪽 하늘이 저녁놀로 새빨갛습니다.
　③ 여름 모래는 타서 늘어붙는 듯하다.
然 ① 태연스리 거짓말을 계속하고 있다.
　② 흰꼬리수리는 천연기념물로 지정되어 있다.
無 ① 하늘에는 무수한 별이 빛나고 있다.
　② 형은 등산을 마치고 무사히 돌아왔다.
　③ 돈이 없어서 책도 살 수 없다.
給 ① 누나는 첫월급으로 아버지 넥타이를 샀습니다.

② 회사에서 사무복이 지급되었다.
[p.85]
結 ① 실험의 결과를 마무리해서 발표했다.
② 구두의 끈을 단단히 매었다.
③ 흰 천을 막대기 끝에 맨다.
街 ① 이 부근은 조용한 주택가입니다.
② 옛날, 에도에서 교토·닛코 등으로 통했던 다섯 길을 오가도라고 부른다(에도 중앙의 니혼바시를 기점으로 교토·닛코·코후·시라가와로 통하는 5개의 큰 가도-도카이도·나카센도·닛코가도·코슈가도·오슈가도)
覚 ① 추위로 손가락끝의 감각이 없다.
② 이 광경에는 본 기억이 있습니다.
③ 자명종시계가 울리고 있다.
象 ① 물건(사물)의 형상을 본떠 만든 한자를 '상형문자'라고 한다.
② 아프리카 코끼리는 성질이 사납다.
貯 ① 비가 내리지 않아서, 저수지의 물이 절반이 되었다.
② 저금을 찾아서 책을 샀습니다.
費 ① 일인당에 5천엔의 회비를 지참할 것.
② 아버지로부터 편지(소식)를 기다려서, 덧없이 시간이 허비되었다.
量 ① 그의 기분은 추량하기 어렵다.
② 큰 비로 수량이 제법 불었다.
③ 달아서 파는 등유를 산다.
順 ① 일은 모두 순조롭게 진행되었다.
② 차례차례로 들어와 주세요.
③ 타순이 1번 타자에게 돌아왔다.
[p.86]
飯 ① 배를 곯은 고양이에게 잔반(먹다 남은 밥)을 주었습니다.
② 보리밥은 몸에(을 위해서) 좋다.
働 ① 밭일은 중노동이다.
② 최근, 농가에서는 젊은 일꾼이 딸리고 있다.
塩 ① 암석 틈 등에서 굳어져 채취되는 소금을 암염이라고 합니다.
② 은어 소금구이를 아주 좋아합니다.
愛 ① 이 만년필은 오래동안 쓰고 있어서 애착을 느끼고 있습니다.
② 애정이 없는 가정은 슬프고 외롭다.
戦 ① 크리스마스에는 양군 다 같이 휴전에 들어갑니다.
② 싸움은 아군의 승전으로 끝났다.
照 ① 무대의 무용수에 조명을 비춘다.
② 석양에 산의 나무들이 빛을 받아 아름답게 빛난다.
③ 가뭄이 이어져 벼가 말랐다.
節 ① 세츠분(입춘 전날)에 가면을 쓰고 콩뿌리기를 했다.
② 설날에는 오세치요리(설명절특별요리)를 먹는다.
③ 대나무 마디줄기로 화기(花器)를 만들었습니다.
統 ① 비행기(의) 사고가 연달아 일어났다.
② 사회인이 되어도 영어공부는 쭉 계속하고 싶다.
[p.87]
置 ① 밤에는 별의 위치로 방위를 안다.
② 우산을 전차 안에 놔둔 채 잊고 내렸다.
③ 사장이라고 해도 그는 허수아비에 지나지 않는다.
腸 ① 장티푸스의 예방주사를 맞는다.
② 단장(창자가 끊어지는)의 슬픔을 겪는다.
③ 떡을 과식해서 위장을 탈냈다.
試 ① 누나가 만든 케익을 시식했다.
② 몇 번 시도해도 잘 안된다.
③ 붓쓰는 느낌(기분)을 시험한다.
辞 ① 낱말의 의미를 사전에서 조사했다.
② 형은 회사를 사직하고, 장사를 시작했습니다.
察 ① 그는 해외로 시찰하러 갔습니다.
② 기침이 나기 때문에 의사의 진찰을 받았다.
旗 ① 대통령의 서거를 애도해 반기를 게양한다.
② 한편의 우두머리가 된다.
歴 ① 중국과 일본 관계의 역사를 공부한다.
② 무역회사에 이력서를 내었습니다.
③ 검의 이름과 내력을 적는다.
漁 ① 일본은 어업이 성한 나라입니다.
② 일본의 어선은 먼 바다까지 출어한다.
[p.88]
種 ① 운동장에서 각종의 경기가 다채롭게 행해지고 있습니다.
② 불씨로 삼을(할) 불까지 꺼졌다.
管 ① 목관악기에는 플루트·오보에·클라리넷 등이 있다.
② 고무관(호스)으로 논에 물을 끌어들였다.
説 ① 저 분은 유명한 소설가입니다.
② 수상이 지방을 유세했다.
③ 공자는 사람의 도리를 설교하였다.
関 ① 세계의 움직임(동향)에 관심을 갖는다.
② 옛날에는 검문소에서 엄중하게 신원을 조사

당했다.
静 ① 그가 그린 정물화를 소장하고 있습니다.
② 혈관에는 동맥과 정맥이 있다.
③ 배는 조용히 항구를 빠져 나갔다.
億 ① 제비 등에 타고 몇 억킬로나 날아간 꿈을 꾸었다.
② 아저씨는 억만장자입니다.
器 ① 전화는 문명의 이기입니다.
② 그는 대정치가로 될 기량이 있다.
③ 과일을 그릇에 담아서 내놓았습니다.
選 ① 전국체전 출장선수에 뽑혔다.
② 위원의 개선은 9월입니다.
③ 대통령은 선거로 선출한다.
[p.89]
標 ① 표지를 따라 앞으로 나아갔습니다.
② 나의 체중은 표준을 웃돌고 있습니다.
熱 ① 국립경기장에서 열전이 벌어졌습니다.
② 밥 위에 뜨거운 물을 붓는다.
課 ① 나는 30분 동안은 피아노 치는 것을 일과로 삼고 있다.
② 이것은 과장의 책상입니다.
賞 ① 음악콩쿠르(경연대회)에 입선해서 상장과 상품을 받았다.
② 수상의 기쁨을 말한다.
輪 ① 동생이 삼륜차를 타고 있다.
② 매화꽃이 한 송이 피었다.
③ 어제 여동생과 고리던지기를 하면서 놀았다.
養 ① 병후는 정양(요양)이 제일입니다.
② 우유나 달걀은 영양있는 음식물입니다.
③ 나이 든 어머니를 부양하는 것은 당연하다.
機 ① 기회를 봐서 또 만납시다.
② 이 기계의 성능은 훌륭하다.
③ '직녀성'은 베짜는 별이라고도 합니다.
積 ① 적설은 5미터에 달했다.
② 여행 비용을 매월 이천엔씩 적립하고 있다.
[p.90]
錄 ① 주민등록의 수속(절차)을 했습니다.
② 좋아하는 텔레비프로를 녹화해 둡니다.
觀 ① 닛코는 관광지로서 유명합니다.
② 모래사장에 떨어진 빈 깡통이나 쓰레기는 경관을 해친다.
類 ① 희귀한 종류의 벌레(곤충)를 발견했다.
② 인류의 평화와 안전을 기원한다.
③ 여름휴가에 시골의 친척집으로 간다.
驗 ① 여름캠프에서 귀중한 체험을 했습니다.
② 천신은 영검(영험)이 뛰어난 신입니다.
鏡 ① 망원경으로 산의 정상을 보았습니다.
② 거울처럼 고요한 수면.
③ 매일 아침 손거울을 보며 머리를 빗는다.
願 ① 입학원서의 접수가 시작된다.
② 야마다씨에게 집보기(지키기)를 부탁할 작정입니다.
競 ① 100미터 경주에서 일등이 되었다.
② 그는 경륜(프로자전거경주) 선수입니다.
③ 골 직전의 서로 다툼(경쟁)에서 이겼다.
議 ① 동굴에서 이상한 소리가 들려온다.
② 중요한 일은 협의해서 결정한다.
[p.91] (5학년)
久 ① 세계는 영구평화를 바라고 있다.
② 부처의 가르침에 영원의 은총을 입는다.
③ 여어, 오랜만이네그려.
仏 ① 나라의 토다이지의 대불은 높이가 약 16미터나 된다.
② 부처의 얼굴도 세 번입니다(아무리 착한 사람도 연거푸 심하게 당하면 끝내는 화를 낸다).
支 ① 이 강은 도네가와(도쿄에서 30km로 지바현에 위치한 강)의 지류입니다.
② 수입보다 지출 쪽이 많다.
③ 넘어질 듯한 벽을 통나무로 떠받친다.
比 ① 2의 5에 대한 비의 값은 5분의 2, 또는 0.4이다.
② 여동생과 키대보기를 한다.
刊 ① 새로운 한자사전을 간행했다.
② 이 주간지는 매주 목요일에 발간된다.
可 ① 지금은 달에 가는 것도 가능해졌다.
② 국회에서 금년의 예산안이 가결되었다.
③ 좋은 것도 없고 나쁜 것도 없다(무난하지만 특색이 없다).
句 ① 단가에는 처음 5·7·5를 상구, 다음의 7·7을 하구라고 한다(단가는 와카의 한 형식으로 57577, 5구 31음이 기준).
② 아버지는 이번 구집(5·7·5 : 3구 17음 와카의 상구와 7·7 : 2구 14음 하구를 두 사람이 서로 번갈아 읊어나가는 형식의 노래인 렌카를 모아 놓은 시집)을 출간하게 되었다.
圧 ① 저기압이 다가와서, 날씨가 거칠어졌다.
② 할아버지는 혈압이 높다고 한다.
[p.92]
布 ① 그는 그리스도교의 포교에 그의 일생을 바쳤다.

弁 ② 예쁜 천으로 지갑을 만들었다.
弁 ① 물건의 좋고 나쁨을 가려낸다.
　② 선생님에게 꾸중들을 뻔했을 때, 친구들이 변호해 주었다.
旧 ① 만월(보름달)에서 만월까지를 한 달로 해서 만든 달력을 구력이라고 한다.
　② 그와는 오래전부터 아는 사이이다.
永 ① 조부는 80세로 영면했다.
　② 오랫동안의 수고가 물거품이 되고 말았다.
犯 ① 지명수배된 범인은 전과이범이라고 한다.
　② 같은 과오(잘못)를 두 번 다시(는) 범하지 말라.
示 ① 게시판 앞에 사람들이 모여 있다.
　② 은퇴의 시기를 시사(귀띔)했다.
　③ 실험결과를 그래프로 나타낸다.
仮 ① 가설을 세워서 실험한다.
　② 그는 꾀병을 부려서 학교를 결석했다.
　③ 결코 은혜를 잊어버려서는 안된다.
件 ① 전화로는 용건을 간단히 말하는 것이 중요하다.
　② 그 공사에는 인건비가 지나치게 들었다.

[p.93]
任 ① 자신의 행동에 책임을 진다.
　② 내가 교장에 취임한 것은 3년 전이다.
　③ 되어가는 형편에 맡겨 둔다.
再 ① 병이 재발했기 때문에 아버지는 재차 입원했다.
　② 새 교사의 완성예정은 내후년입니다.
因 ① 이번 시합의 패인은 팀웍의 저조에 있다.
　② 그 공적에 의하여 표창을 받았다.
団 ① 이 부근의 밭은 지금은 전부 단지로 변해 버렸다.
　② 손님에게 방석을 권한다.
在 ① 어르신(주인양반)은 집에 계십니까?
　② 앨범을 보면서 지난 날의 친구를 회상한다.
舌 ① 두 사람 사이에 설전이 벌어졌다.
　② 동생은 아직 발음이 불명료하다.
似 ① 유사적리(혈변이 나오는 이질의 한 가지 병)가 발생했다.
　② 동생은 만화로 닮은 얼굴을 잘 그립니다.
余 ① 태풍의 여파로 바다가 험악해져 있다.
　② 그 행동에는 변명의 여지가 없다.
　③ 두 개씩 나누고 나니 한 개가 남았다.

[p.94]
判 ① 산에 갔을 때, 날씨의 판단을 잘못하면 조난한다.
　② 공해의 재판에서 피해자가 이겼다.
均 ① 체조선수는 균형이 잡힌 아름다운 몸매를 지니고 있다.
　② 평균대 위에서 물구나무서기(도립)를 한다.
序 ① 이 정도의 고생 따위는 아직 시작이다.
　② 오페라 서곡을 들었다.
防 ① 요즈음은 약품으로 불을 끄는 화학소방차 등도 있습니다.
　② 제방을 쌓아서(축조해서) 수해를 막는다.
応 ① 친구의 권유에 응해서 전람회를 보러 갔다.
　② 어려운 응용문제를 푼다.
志 ① '소년이여 큰 뜻을 품으라'의 포부를 세운다.
　② 비행기의 조종사를 마음먹고 있다.
　③ 마음(써주시는 것)만으로 족합니다.
快 ① 경쾌한 곡에 맞추어 춤추었습니다.
　② 오늘은 쾌청해서 후지산이 잘 보인다.
　③ 상쾌한 바람이 뺨에 닿는다.
技 ① 나의 특기는 피아노입니다.
　② 그는 유도기술을 연마해(서) 올림픽에서 금메달을 땄다.

[p.95]
条 ① 나의 신조는 노력입니다.
　② 시합에 이길 조건은 갖추어져 있으나 패하고 말았습니다.
災 ① 전국민이 화재예방에 노력한다.
　② 구름이 방해가 되어 관측은 실패로 끝났습니다.
状 ① 별다른 이상은 없었습니다.
　② 친구로부터 연하장이 도착했습니다.
　③ 공작의 시간에 편지꽂이를 만들었다.
価 ① 올리브 열매는 영양가 높다.
　② 옛날의 일엔은 오늘의 천엔에 상당한다.
　③ 이 책은, 한 번은 읽을 가치가 있습니다.
舎 ① 우사(외양간)는 언제나 깨끗하게 해둔다.
　② 불교에서는 부처님의 유골을 '사리'라고 한다.
券 ① 승차권을 소지하지 않은 분은 알려주시기 바랍니다.
　② 정기권으로 전차를 탄다.
制 ① 이 중학교에서는 제복을 입는 것에 동의하고 있다.
　② 졸업기념의 벽화를 제작한다.
効 ① 약은 효능서를 잘 읽은 후 사용할 것.
　② 약의 효력은 즉각 나타났다.

[p.96]
妻 ① 야마다 부부는 활기차게 미국으로 여행을 떠나갔다.
　② 아내를 지인에게 소개한다.
居 ① 옛 주거유적이 발견되었다.

往 ② 마침 그 현장에 있던 사람에게 사고의 정황을 듣는다.
往 ① 가는 길(왕로)은 배를, 오는 길(귀로)은 비행기를 이용합니다.
② 그는 왕년의 명투수다.
述 ① 이 문장은 박사가 구술한 내용을 필기한 것입니다.
② 솔직하게 의견을 진술해 주세요.
性 ① 차는 안전성을 중요시하여 고르자.
② 정확히 알지 않으면 끝내지않는 성격입니다.
承 ① 거절할 수도 없어 마지못해 일을 맡았다.
② 주문을 받겠습니다.
招 ① 생일에 친구를 초대했다.
② 이웃의 노인을 모셔, 옛날의 설놀이의 이야기를 듣는다.
易 ① 일본의 무역은 매년 증가하고 있다.
② 등산을 안이하게 생각해서는 안된다.
③ 이 문제는 비교적 쉬웠다.

[p.97]

枝 ① 지엽말절(하찮은 일)에 얽매어 있어서는, 문제는 해결되쟈 않는다.
② 혼자 헤어져 샛길로 들어섰다.
武 ① 겐지 대장의 무용전을 읽었다.
② 무력으로 약소국을 억압한다.
③ 흥분으로 설레어 몸을 떤다.
河 ① 하구에 큰 항구가 있습니다.
② 보통 가와(河)는 큰 강, 가와(川)는 작은 내를 가리킨다.
版 ① 일본에서는 언론·출판은 어떤 것이라도 자유롭다.
② 그 책은 이미 절판되어졌습니다.
肥 ① 처음에 주는 비료를 기비(基肥: 元肥, 밑거름), 나중에 주는 비료를 추비(追肥, 뒷거름)라고 한다.
② 밭에 거름을 주었습니다.
非 ① 남을 비난하기 전에 자신의 행동을 반성해라.
② 자신의 비운을 한탄한다.
保 ① 의견이 (하나로) 합치되지 않으므로 이 문제의 결정은 보류하겠습니다.
② 건강을 유지하도록 명심한다(항상 주의한다).
則 ① 축구에서는 손에 볼이 닿으면 반칙이 됩니다.
② 학생은 교칙에 준거해서 행동한다.

[p.98]

厚 ① 당신의 후의에 감사합니다.
② 두꺼운 판자를 톱으로 자른다.
③ 겨울이라도 옷을 많이 껴입는 것은 건강에 좋지 않다.
逆 ① 전반은 지고 있었지만 후반에는 상태가 좋아져서 역전승을 했다.
② 물구나무서기나 거꾸로 오르기(철봉·기계체조 따위)가 특기입니다.
退 ① 예정보다도 일찍 퇴원할 수 있었다.
② 자기 생각이 옳다고 주장하여 한 발도 물러나지 않는다.
迷 ① 남에게 폐를 끼치지 마라.
② 사건은 미궁에 빠지고 말았습니다.
③ 산에서 길을 잃고 단단히 혼이 났다.
限 ① 아버지는 언제나 제한속도를 지키며 차를 운전한다.
② 온힘을 다하여 싸웠다.
故 ① 사고로 어버이를 잃은 아이는 어린 탓에 눈물을 자아내게 한다.
② 나의 고향은 나가노입니다.
政 ① 옛날, 스이고천황(554~628년, 일본 33대) 때 쇼토쿠태자(574~622년)가 섭정을 담당하였다.
② 옛날에는 쇼군(장군)이 정사를 관장하였다.
査 ① 사고의 원인을 소상하게 조사한다.
② 붐비고 있는 교차점에서 경찰이 교통정리를 하고 있다.

[p.99]

独 ① 인도는 1947년에 영국으로부터 독립했다.
② 갓난아기가 혼자서 걸음마를 하게 되었다.
祖 ① 나는 할아버지를 닮았다.
② 우리집에는 선조로부터 전해오는 옛문집이 있다.
個 ① 짐의 갯수를 헤아린다.
② 이 학교에서는 개성을 펼치는 교육을 하고 있다.
修 ① 자동차는 지금 공장에서 수리를 받고 있습니다.
② 꽃꽂이 수업을 한다.
俵 ① 오랜만에 요코즈나(일본스모의 최고위)의 스모(씨름)판 입장을 보았습니다.
② 쥐가 쌀가마니(섬)를 갉는다.
容 ① 유리그릇에 물을 넣(붓)는다.
② 이 책의 내용은 몹시 어렵다.
③ 폭력을 용인하는 것은 좋지 않다.
師 ① 나는 장래 소학교의 교사가 되고 싶다.
② 어부가 그물을 당긴다.

- 200 -

造 ① 모조지로 벽신문을 만들었습니다.
　② 이 공장에서는 신형기계를 만들고 있다.
[p.100]
恩 ① 그 사람은 내 생명의 은인입니다.
　② 목숨을 건진 학이 은혜를 갚으러 왔다.
桜 ① 아버지는 수상주최의 벚꽃감상회에 초대받았습니다.
　② 가족이 함께 밤벚꽃 구경하러 외출한다.
格 ① 누나는 간호사 자격을 땄다.
　② 오랜(유서 깊은) 가문은 격식을 중요시한다.
　③ 그 집에는 격자문(격자미닫이)이 있습니다.
留 ① 형은 미국에 유학중이다.
　② 어머니는 지금 부재중입니다.
　③ 생각난 것을 기록해 놓는(둔)다.
益 ① 선생님으로부터 유익한 이야기를 들었다.
　② 상처가 가벼웠던 것은 부처님의 공덕이다.
破 ① 유리 파편에 손을 베었다.
　② 양복의 찢어진 부분에 천을 대어 기웠습니다.
素 ① 이 양복의 소재는 면입니다.
　② 그녀는 음악가의 소질이 있다.
　③ 친척집 앞을 그냥 지나친다.
耕 ① 일본은 경지가 적다.
　② 황무지를 일구어 훌륭한 농원을 만들었다.
[p.101]
能 ① 노면(노가쿠 때 쓰는 탈) 같은 무표정한 얼굴.
　② 저(그) 사람은 음악에 재능이 있는 데다가 스포츠도 만능이다.
財 ① 그는 사업에 실패해서 전재산을 잃었다.
　② 지갑의 끈을 풀어(낭비해)서는 안된다.
務 ① 이 회사의 하루 근무시간은 8시간입니다.
　② 나는 학급회의 서기를 맡았다.
基 ① 부주의로 기인하는 사고가 많다.
　② 지금까지의 기록에 의거해서 계획을 세운다.
婦 ① 전기세탁기의 덕분에 주부의 일은 편해졌다.
　② 부부싸움은 아무도 쓸모없다(개도 안 먹을 만큼 하찮다).
寄 ① 기생충을 퇴치하는 약을 먹는다.
　② 근처에 오셨을 때 들러 주세요.
常 ① 지금쯤 눈이 내리다니, 이상한 날씨이다.
　② 건강에는 늘 주의할 것.
　③ 그는 상하(늘 여름)의 나라 하와이에 살고 있다.
張 ① 아버지는 오사카에 출장중이시다.
　② 큰 비로 강물이 불어났기 때문에 하룻밤 내내 경비원을 둔다.
[p.102]
険 ① 신변의 위험을 느껴서 달아났다.
　② 험한 산길을 헐떡거리면서 오르고 있다.
情 ① 가정 사정으로 회사를 그만둡니다.
　② 아무 대접도 못해서 미안합니다.
　③ 인정을 베푸는 것은 남을 위함이 아니다.
　　(＝～자기를 위함이다.)
採 ① 시험 채점의 결과가 발표되었다.
　② 여름방학에는 곤충채집을 하고 싶다.
　③ 포도로부터 술을 만들어낸다.
授 ① 노벨상의 수상식에 참석한다.
　② 임금이 신하에게 칼(검)을 하사한다.
　③ 아기는 하늘에서 점지해주시는 것이다.
接 ① 손님을 응접실로 안내한다.
　② 화성이 지구에 접근해왔다.
　③ 감나무의 접목에 성공했다.
断 ① 사리를 올바르게 판단한다.
　② 무를 둘로 잘랐다.
　③ 모처럼이지만 그 부탁은 거절한(하겠)다.
液 ① 나의 혈액형은 O형입니다.
　② 위액이나 장액은 음식물을 소화시키는 (소화)액입니다.
混 ① 역 홈(승강단)은 스키객(손님)으로 붐볐다.
　② 소프라노와 앨토가 화음해서 아름다운 합창이 되었다.
[p.103]
率 ① 솔직한 의견을 말(진술)해 주세요.
　② 일(업무)의 능률을 올린다.
　③ 학생을 인솔하여 산에 오른다.
現 ① 그 계획은 훌륭하지만 지나치게 이상적이어서 현실에 맞지 않(는)다.
　② 꿈 속에 돌아가신 아버지가 나타났다.
略 ① 틀린 약자를 쓰지마라.
　② 이 문장은 시작 부분이 생략되어 있다.
眼 ① 할아버지(조부)는 돋보기(노안경)를 쓰고 있다.
　② 타격개안(야구에서 타격요령에 대한 눈을 뜸).
　③ 해적은 혈안이 되어 보물을 찾았다.
移 ① 칠판(원래는 흑판)이 잘 보이지 않은 사람은 자리를 이동해 주세요.
　② 잇달아 보트에 옮겨 탔다.
経 ① 하와이 경유의 비행기로 돌아왔다.
　② 절간문전의 가겟집 사환이 배우지 않은 경문을 왼다.
　③ 산하를 편력(이리저리 두루 돌아다님)하여 걸어다니고 있다.
術 ① 헤이안 시대의 미술품을 보았다.

② 예술을 통해서 세계가 하나로 맺어진다.
規 ① 오늘은 축제로 사람 왕래가 많기 때문에 차는 교통규제하고 있다.
② 규정된 요금을 받겠습니다.

[p.104]
許 ① 아버지는 발명을 해서 특허를 땄(얻었)다.
② 그는 내가 마음을 허락할 수 있는 유일한 친구이다.
設 ① (주택)단지 안에 소학교(초등학교)를 신설한다.
② 가설(임시) 사무소에서 업무를 시작했다.
③ 구실을 붙여서 거절한다.
責 ① 말(하는 것)은 훌륭하지만 실행이 따르지 않은 무책임한 사람.
② 낚시하러 가자고 아버지를 졸랐다.
貧 ① 그녀는 빈혈을 일으켜서 넘어졌다.
② 부지런한 부자는 하늘도 못 막는다(돈벌이에 따라붙는 가난없다).
③ 소년은 가난한 가정에 태어났다.
備 ① 상대의 수비가 견고해서, 아무리 해도 득점할 수 없다.
② 내일 시험에 대비해서 공부한다.
営 ① 절이나 신사의 건물을 짓는 것을 '조영'이라고 한다.
② 아저씨는 식당을 운영하고 있다.
報 ① 정보를 수집해서 정확히(꼭 들어맞게) 판단한다.
② 훌륭한 사람이 되어 부모님의 은혜에 보답하고 싶다.
富 ① 풍부한 물과 비옥한 토지를 가지고 싶다.
② 그는 부귀한 집의 출신입니다.
③ 일가(한집안)가 부귀영화하도록 기원한다.

[p.105]
属 ① 나는 야구부에 소속하고 있다.
② 그는 전도(장래)가 촉망되고 있는 청년입니다.
復 ① 체력이 겨우(가까스로) 회복되었다.
② 토쿄와 홋카이도간을 비행기로 왕복한다.
過 ① 수술후의 경과는 순조로와서 다행이다.
② 여름휴가는 해변 마을에서 보냈다.
③ 표적을 실수없이 과녁을 쏘아 맞힌다.
提 ① 작문을 선생님께 제출하였습니다.
② 동생은 란도셀(등책가방), 나는 손가방으로 학교에 다닌다.
検 ① 수질이 깨끗한지 어떤지를 검사한다.
② 이시가와 선생님은 수학여행지를 답사(예비 검사)하러 가셨습니다.

減 ① 회의 예산은 작년도와 비교해서 증감이 없습니다.
② 여름을 타서 체중이 줄었다.
測 ① 각지에서 관측한 데이터를 모아서 기상(일기)예보를 냅니다.
② 관측선이 바다의 깊이를 측량한다.
税 ① 납세는 국민의 의무입니다.
② 세관을 통하지 않고 외국에서 물건을 들여올 수는 없다.

[p.106]
程 ① 규정에 벗어난 행위를 하면 처벌받는다.
② 아버지는 머지않아 돌아옵니다.
絶 ① 이 풍경화는 절품(일품)입니다.
② 폭풍 속을 출항한 배가 소식이 끊어졌다.
統 ① 이 개는 혈통서가 붙어있습니다.
② 쇼군은 정치도 군사도 도맡아 통괄(통솔)하는 최고의 지위에 있었다.
証 ① 아저씨는 증권회사에 근무하고 있다.
② 사건을 보았던 사람이 제판소에서 증언했습니다.
評 ① 작품을 보면서 서로 비평하고 있습니다.
② 최근에 출판된 동화집의 서평이 신문에 나와 있었다.
賀 ① 그의 수상을 축하해서 축하회를 열었다.
② (온)가족이 모여 연하장을 함께 읽는다.
貸 ① 식당에서 일하는 사람에게는 제복을 대여한다.
② 지우개를 좀 빌려 주세요.
貿 ① 요코하마는 일본 유수(손꼽힐 만큼)의 무역항이다.
② 일본은 세계 여러나라와 무역을 하고 있습니다.

[p.107]
勢 ① 태풍은 세력을 더하면서 상륙했다.
② 아이들은 신호와 동시에 힘차게 달려나갔다.
墓 ① 무덤 앞에 꽃이나 선향을 올린다.
② 히간(피안: 춘분·추분 때 전후 3일간 행하는 불교행사)에는 온가족이 모두 성묘하러 갑니다.
夢 ① 사고를 당하고 나서는 악몽과 같은 나날이었습니다.
② 새해 첫꿈(정월 초하루나 이틀에 꾼 꿈)으로 해몽을 한다.
幹 ① 이 길은 도쿄로 가는 간선도로입니다.
② 줄기가 굵은 너도밤나무가 무성해 있습니다.
損 ① 그의 죽음은 국가적으로 큰 손실이다.
② 무리를 해서 건강을 해치지 않도록 조심하세요.

準 ① 준비가 갖추어지면 시작하자.
　② 소프트 볼 대회에서 우리들 조는 준결승까지 진출했다.
禁 ① 여기는 금연석입니다.
　② 여기에서 야구를 하는 것은 금하고 있습니다.
罪 ① 청소년의 범죄가 없어지도록 노력한다.
　② 죄를 미워하되 사람을 미워하지 않는다.

[p.108]
義 ① 여름방학을 뜻(보람) 있게 보내자.
　② 사고로 다리를 잃은 사람이 의족을 부착해서 걷고 있다.
群 ① 메뚜기의 큰 떼(대군)가 밭을 덮쳤다.
　② 새가 떼지어 날아 간다.
　③ 민들레 꽃이 무리지어 피어 있다.
解 ① 호우주의보가 해제되었습니다.
　② 해열제 덕분에 열이 내렸다.
　③ 이 문제는 어려워서 풀 수 없다.
豊 ① 올해는 산마(꽁치)가 풍어다.
　② 생활이 풍족해짐에 따라서 쓰레기가 불어났다.
資 ① 그녀는 자산가(부잣집)의 딸로 태어났다.
　② 그 아이는 음악에 뛰어난 자질을 지니고 있다.
鉱 ① 아버지는 광산에서 일하고 있다.
　② 석유를 수입하게 되어서 탄광촌은 쇠퇴했다.
預 ① 세뱃돈을 은행에 예금했다.
　② 수하물을 역의 일시 보관소에 맡겼습니다.
飼 ① 침팬지는 사육계의 아저씨를 잘 따르고 있다.
　② 어제 사육견에게 손을 물렸다.

[p.109]
像 ① 나라(奈良)에 가서 옛 불상을 배례한다.
　② 음악실에는 베토벤의 초상화가 붙여져 있다.
境 ① 프랑스와 독일의 국경을 넘었다.
　② 신사의 경내를 혼자서 걷는다.
　③ 이웃집과의 경계에 담(담장)을 쌓는다.
増 ① 할머니(조모)를 위해서 별채를 증축했다.
　② 어제의 비로 강물이 불어났다.
　③ 어머니는 최근에 흰 머리가 늘었다.
德 ① 요즘(오늘날)은 도덕이 문란해져 있다.
　② 모두에게 호감을 받는 것은 그의 인덕의 탓이다.
適 ① 시설이 좋고 쾌적한 호텔입니다.
　② 이 책을 포장할 적당한 종이는 없을까.
際 ① 이 기회에 눈 딱감고 쓸데없는 물건은 내 버리자.
　② 드디어 꽃도 질 때가 되었습니다.
慣 ① 식사 후에 이를 닦는 습관을 몸에 붙이자.
　② 익숙하지 않은 일이기 때문에 지친다.
態 ① 개미의 생태를 관찰한다.
　② 망명자를 받아들일 태세가 갖추어져 있다.

[p.110]
構 ① 새로운 소설구상을 가다듬는다.
　② 만일의 경우 마음준비가 중요하다.
演 ① 그는 '리어왕'을 멋지게 연기했다.
　② 입후보자의 합동연설회가 열리고 있다.
精 ① (하차역)목적지를 지나친 사람은 창구에서 정산해 주세요.
　② 불도(부처의 가르침)에 정진한다.
総 ① 모두의 의견을 종합한다.
　② 읽는 법을 모르는 글자를 총획색인으로 찾는다.
綿 ① 이제까지 일어난 일을 면면히 이야기한다.
　② 할머니가 솜 넣은 옷을 만들어 주셨습니다.
製 ① 이것은 스위스제의 시계입니다.
　② 손수만든 활과 화살로 새나 짐승을 잡으며 살았다.
複 ① 이 서류를 복사해 주세요.
　② 역에서 나와 가는 길이 복잡해서 알기 힘듭니다.
酸 ① 성공하기까지에는 많은 신산(괴로움과 쓰라림)을 맛보았습니다.
　② 이 포도는 시큼하다.

[p.111]
銭 ① 아버지는 고전(옛날 돈)을 모으고 있습니다.
　② 버스를 탈 때는 잔돈을 준비해 둔다.
銅 ① 세계각국의 동전을 모은다.
　② 향토를 위해 힘 쓴 사람의 동상이 세워졌다.
雑 ① 신주쿠역은 언제나 붐비고 있다.
　② 떡국을 만드는 방법은 지방에 따라 다르다.
領 ① 물건은 틀림없이 수령하였습니다.
　② 그는 공작시간이 되면 실력을 발휘한다.
導 ① 그 장소를 잘 알고 있기 때문에 내가 선도하겠습니다.
　② 앞으로도 잘 인도해 주십시오.
敵 ① 예선에서 강적과 마주쳤다.
　② 아무리 형제일지라도 운동회에서는 적대관계다.
暴 ① 저(그) 가게는 폭리를 취하고 있다.
　② 공무원의 부정을 폭로한다.
　③ 남의 비밀을 폭로해(들춰내)서는 안됩니다.
潔 ① 아버지는 결벽한 사람이어서 조금의 부정도 허용하지 않는다.

② 잘못을 알았다면 깨끗이 사과해라.
[p.112]
確 ① 전쟁중에는 먹을 것을 확보하는 것이 큰일이었다.
② 사전을 찾아서 의미를 확인한다.
編 ① 톨스토이의 장편소설「전쟁과 평화」를 읽었다.
② 빨간 털실로 스웨터를 짠다.
贊 ① 친구들의 의견에 찬동한다.
② 요시꼬씨의 피아노연주에 절찬의 박수가 보내졌다.
質 ① 기탄(거리낌)없이 질문하세요.
② 은행에 건물을 저당잡혔다.
③ 언질을 준다.
燃 ① 벤진(휘발유)은 가연성 액체입니다(벤젠은 콜타르에서 뽑는 용제로 물감·향료·폭약 등의 원료이다).
② 산의 철쭉(진달래)이 불타듯이 붉다.
③ 시합을 앞두고 투지를 불태운다.
築 ① 교사(학교)를 신축하게 되었다.
② 오타도칸이라는 사람이 에도성을 건축했다고 일컬어진다.
興 ① 흥분해서 좀체 잠들지 못했다.
② 나는 음악에 흥미가 있다.
③ 용기를 북돋우어 어려움에 맞선다.
衛 ① 여름은 특별히 위생에 주의하자.
② 읍의 사람들은 자위(스스로 막아 지킴)를 위해서 일어섰다.
[p.113]
輸 ① 권총을 밀수하려던 사람이 붙잡혔다.
② 한국과 일본은 밀을 수입한다.
績 ① 이 읍에는 방적(방직)공장이 많다.
② 이번 학기는 열심히 노력했기 때문에 성적이 올랐다.
講 ① 요리강습회가 열렸다.
② 1951년 샌프란시스코에서 강화(평화)회의가 열렸다.
謝 ① 감사의 편지가 많이 보내졌다.
② 즉시 사과했기 때문에 그다지 꾸중듣지 않았다.
織 ① 자동직기가 발명되어, 직물업은 급속히 발달했다.
② 회사의 조직을 개선한다.
職 ① 직장의 분위기를 밝게 하도록 힘쓰고 있다.
② 아버지는 작년 정년으로 퇴직했다.
額 ① 그림을 액자에 넣어서 벽에 걸었다.
② 협소한(고양이의 이마 정도의) 토지에 집을 짓고 있다.
識 ① 지도와 표지(표시)를 의지해 산을 넘었다.
② 여러 가지 책을 읽고서 많은 지식을 몸에 익혔다.
[p.114] (6학년)
護 ① 부상자나 환자를 구호한다.
② 갇혀진 굴 속에서 신의 가호를 염원했다.
亡 ① 외국으로 망명한 정치가가 많다.
② 자기 잇속만 차리는 수전노(망자).
③ 조모(할머니)는 80세로 돌아가셨습니다.
寸 ① 1촌(치)의 10배를 1척(자)이라 합니다.
② 큰 비 때문에 철도는 여러 곳에서 끊겼습니다.
己 ① 그는 무엇을 하더라도 자기류(자기방식)이다.
② 그는 극기심이 강한 사람입니다.
③ 너 자신의 역량을 알라.
干 ① 이 지역의 바다는 간만(밀물과 썰물)의 차가 크다.
② 빨래장대(바지랑대)에 세탁물을 말린다.
③ 가뭄이 이어져 못의 물이 다 말라버렸다.
仁 ① 인덕이 높은 행실을 한다.
② 달아나려고 하는 사람 앞에 장승처럼 우뚝 버티어 서 가로 막는다.
収 ① 숲에서 들새 소리를 녹음했다.
② 이 책에는 짧은 동화가 5편 수록되어 있다.
尺 ① 줄자로 방의 넓이를 잰다.
② 퉁소는 길이가 1자 8촌이라는 데서 '척팔(퉁소)'이라고 말해집니다.
[p.115]
片 ① 유리의 파편에 손을 베었다.
② 이 앞은 공사 때문에 일방통행이 되고 있다.
冊 ① 잡지를 샀더니 별책 부록이 딸려 있었습니다.
② 단자쿠(6×36cm 조붓한 종이)에 소원하는 글귀를 적어서 달아 맨다.
処 ① 출처진퇴(거취)를 분명히 한다.
② 병원에 도착했을 때에는 이미(더 이상) 처치의 방법이 없었다.
幼 ① 남동생은 유치원의 연장조입니다.
② 머리를 긁적거리는 것은 어릴 적부터의 버릇입니다.
庁 ① 경시청의 순찰차가 달려지나간다.
② 휴일의 관청가는 (쥐죽은 듯) 고요하고 아주 잠잠하다.
穴 ① 고대 사람들은 혈거생활(동굴 속의 삶)을 했었다.

② 구멍이 있으면 들어가고 싶다.
　③ 뒷산에 커다란 동굴이 있습니다.
危 ① 제 스스로 위험한 곳에 뛰어 들어간다.
　② 이대로의 상태로는 목숨이 위태롭다.
　③ 위태로운 고비에서 구조받았다.
吸 ① 체조를 마치고서 힘껏 심호흡을 했다.
　② 깨끗한 공기를 가슴(폐) 가득히 들어마신다.
[p.116]
后 ① 황태후의 차림으로 접견했다.
　② 황후가 계시는 대궐을 '황후궁'이라고 합니다.
存 ① 인간은 사회적 존재이다.
　② 상하기 쉬운 것은 냉장고에 넣어서 보존한다.
宇 ① 문득 본즉 숲속에 한 채의 당집이 있었다.
　② 우주여행은 인류의 꿈이었다.
宅 ① 농지를 밀어서 택지로 만든다.
　② 용의자가 붙잡혀 가택수색이 행해졌다.
机 ① 아무리 훌륭한 말을 하더라도 탁상공론이어서는 안된다.
　② 보조책상이 붙은 책상을 갖고 싶다.
灰 ① 큰 불로 읍은 잿더미로 변했다.
　② 화산재로 농작물에 피해가 났다.
至 ① 나는 매우 만족하고 있다.
　② 이번의 사건은 제가 부족했던 탓입니다.
乱 ① 얌전한 아이와 난폭한 아이.
　② 말의 쓰임새가 문란해지고 있다.
　③ 옆에서 끼어 들어 줄을 흩트리지마라.
[p.117]
卵 ① 가을이 되면 연어는 산란하기 위해 강(내)을 올라온(간)다.
　② 계란은 몸에 좋은 음식물입니다.
否 ① 나의 안(생각)은 결국 부결되어 버렸다.
　② 찬성인가 불찬성인가 투표로 정하자.
困 ① 갖가지 곤란을 극복해 나간다.
　② 남을 괴롭히는 짓을 하는 것은 좋지않다.
孝 ① 연로한 부모에게 효양(효도와 봉양)을 다한다.
　② 불효한 사람은 훌륭하게 될 수 없다.
　③ 저(그) 소년은 효행으로 유명하다.
忘 ① 비망록이란 '메모장'을 말합니다.
　② 잘 알고 있는 지명인데도 도무지 생각이 나지 않았습니다.
我 ① 그의 이야기는 언제나 아전인수격이다.
　② 정신을 차려보니(나로 돌아오니) 이미 어두워졌었다.
　③ 우리나라의 인구문제에 대해서 진술하라.
批 ① 그는 텔레비에 대해서 비판적인 의견을 지니고 있다.
　② 내각이 조약을 비준한다.
私 ① 형은 사비로 프랑스에 유학하고 있습니다.
　② 공공물건을 사물화해서는 안된다.
[p.118]
系 ① 좀 더 계통을 세워서 이야기하세요.
　② 우리 집의 가계를 거슬러 갔더니 옛날은 무가(무인집안)이었다.
並 ① 학습과 운동을 병행해 나갔다.
　② 이것은 보통 물품과는 제품(품질)이 다르다.
　③ 역 앞에는 가게가 즐비해 있다.
乳 ① 매일 아침 유산음료를 마시고 있습니다.
　② 모유가 아직 그리운 나이(또래)다.
　③ 칭얼거리는 젖먹이(아이)를 달랜다.
供 ① 선조의 혼령을 공양한다.
　② 부처님 전에 과일을 공양한다.
　③ 공원에서 아이와 함께 놀았다.
刻 ① 도장을 새기는 것을 '각인'이라고 한다.
　② 시계는 쉴새 없이 시각을 알리고 있습니다.
呼 ① 인간은 입과 코로 호흡합니다.
　② 학예회의 인기종목은 뭐니뭐니해도 우리들의 연극이다.
垂 ① 뢴트겐을 찍어봤더니 위하수임을 알게 되었다.
　② 아기가 침을 흘리고 있다.
宗 ① 에이헤이절은 선종의 사찰입니다(일본 후쿠이현 에이헤이정에 있는 가마쿠라 시대인 1244년 도겐선사가 창건한 조동종의 대본산이며 출가참선의 도장이다).
　② 오늘 회합은 춤(오도리) 종가끼리의 모임입니다.
[p.119]
宙 ① 무한히 광대한 우주.
　② 집 근처가 타고 있다는 알림(전갈)에 공중을 나는 듯 급히 집에 돌아왔다.
宝 ① 이 그림은 우리 집의 가보입니다.
　② 해적들은 보물섬에서 마침내 보물을 손에 넣었다.
届 ① 아기가 태어났기 때문에 출생계를 내었다.
　② 가려운 곳에 손이 닿지 않는다.
延 ① 큰 눈 때문에 열차가 연착했다.
　② 국회의 회기가 연장되어졌습니다.
　③ 작문의 마감날을 연장한다.
若 ① 그 단체에는 약간명의 위원이 있습니다.
　② 남녀노소의 구별없음.
　③ 내일은 흐림 또는 비겠지요.

忠 ① 하치공은 주인의 지시를 지키는 충실한 개였다(충견 하치공은 1923년생 아키타견으로 1924년부터 동경제대 우에노 히데사부로 교수가 기르다가 교수가 죽은 후 1925년 눈이 오는 날 돌아오지 않는 주인 교수를 기다리다가 시부야역에서 죽었는데 거기에 하치공의 동상과 비석이 세워져 있다).
　② 선생님의 충고에 귀를 기울인다.
拡 ① 공장의 부지를 확장한다.
　② 확성기를 사용해서 모두에게 들리도록 이야기한다.
担 ① 다친 사람을 들것으로 운반했습니다.
　② 커다란 짐을 어깨에 메고 걸었다.
　③ 일본의 장래를 짊어질(담당할) 젊은이들.

[p.120]

拝 ① 편지를 잘 받아보았습니다.
　② 이 책을 3일 정도 빌리겠습니다.
　③ 보물을 보여주시면 감사하겠습니다.
枚 ① 그런 작은 사건은 (너무 많아서) 일일이 열거할 짬이 없다.
　② 책상 위에 색종이가 3매(석장) 있습니다.
沿 ① 이 전차 연선(선로에 따른 땅)은 벚꽃의 명소로서 이름이 높다.
　② 골짜기를 흐르는 내를 따라서 산을 내려간다.
巻 ① 이것은 출품작 중에서 가장 뛰어난 작품입니다.
　② 나팔꽃의 덩굴이 울타리에 휘감는다.
　③ 박물관에서 겐지모노가타리(겐지이야기) 그림 두루마리를 보았다.
城 ① 중국에서는 옛날, 북쪽에서의 적을 막기 위하여 만리장성을 쌓았다.
　② 성터에 서서 옛날을 회상한다.
奏 ① 피아노 독주회를 들으려 갔다.
　② 이 방법이 주효(주공)했다.
　③ 그녀는 조용히 거문고를 타고 있습니다.
姿 ① 자태(몸매)가 갖추어진 아름다운 사람.
　② 기모노를 입은 자신의 모습을 체경에 비추어 본다.
宣 ① 범인은 사형을 선고받았다.
　② 선수선서의 목소리가 그라운드(운동장)에 울려퍼졌다.

[p.121]

専 ① 소금은 정부의 전매사업이다.
　② 내과의 전문의에게 진찰을 받아본다.
　③ 여름방학에는 오로지 명작을 읽어야지.
律 ① 법률을 제정하는 것은 국회업무의 하나입니다.
　② 그는 매우 착실한 사람이다.
映 ① 어제 어머니와 영화를 보러 갔었습니다.
　② 이 띠는 이 기모노에 잘 어울린다.
　③ 단풍이 든 산들이 석양에 빛난다.
染 ① 읍민이 질병에 감염된다.
　② 새치(흰머리)가 많아서 머리를 염색했다.
　③ 빗물이 스며들어 벽에 얼룩이 졌다.
段 ① 계단은 조용히 내리십시오(내리세요).
　② 목적을 위해서는 수단을 가리지않는다는 것은 좋지않다.
泉 ① 수술 후에는 온천에 들어가 조리를 한다.
　② 샘가의 나무그늘에서 쉬었다.
洗 ① 날씨가 좋기 때문에 세탁물이 잘 마른다.
　② 목욕을 하며 몸을 씻었다.
　③ 낯을 씻는 것을 '세수'라고 한다.
派 ① 파출소의 순경(경찰관)이 왔다.
　② 특파원이 사고의 정황을 보고해 옵니다.

[p.122]

皇 ① 우리들의 읍에 천황전하가 행차하셨습니다.
　② 황위를 황태자에게 양위하신다.
看 ① 남의 실수를 간과(예사로이 보아 넘김)한다.
　② 형무소의 간수 모르게(눈을 속이고) 수형자가 달아났다.
砂 ① 커피에 각설탕을 넣는다.
　② 비가 억수같이 쏟아질 것 같다.
　③ 연인들이 아름다운 모래사장을 산책한다.
紅 ① 진홍색의 우승기를 높이 치켜든다.
　② 홍화(잇꽃) 꽃에서 선홍색(홍색) 염료를 채취한다.
　③ 버드나무(수양버들)는 녹색, 꽃은 다홍색.
背 ① 할머니가 짐을 짊어졌다.
　② 친구와 키대보기를 했습니다.
　③ 아버지의 명령(분부)에 거역해서 꾸중들었다.
肺 ① 옛날, 탄광이나 제사공장에서는 폐질환에 걸리는 사람이 많았다.
　② 폐장(폐)은 호흡기관입니다.
革 ① 가죽으로 만든 벨트나 구두를 '피혁제품'이라고 한다.
　② 새 구두를 신고 갔습니다.
値 ① 이것은 읽을 가치가 있는 책이다.
　② 너무 비싸서 에누리해서 샀다.
　③ 그의 업적은 표창할 가치가 있다.

[p.123]

俳 ① 영화배우를 동경해서 상경한다.
　② 하이쿠는 5·7·5의 17음으로 이루어지는 짧

- 206 -

은 시입니다.
党 ① 여당과 야당의 당수가 서로 상의했다.
② 헤이케의 잔당이 살고 있었다고 하는 촌락이 있다.
射 ① 원자력발전소의 사고로 방사능을 쬐인 동물이 죽었다.
② 화살로 과녁을 맞혔습니다.
将 ① 대장·중장·소장을 합해서 장성급이라고 한다.
② 나는 야구부의 주장이 되었다.
展 ① 여러 가지 상품을 전시한다.
② 전망대에서의 전망은 실로 훌륭합니다.
座 ① 기무라군이 성내기 시작해서 갑자기 흥이 깨졌다.
② 사장의자에 앉아 보았습니다.
従 ① 아버지는 댐공사에 종사하고 있다.
② 장군은 의젓한 태도로 죽음에 임하였습니다.
③ 형의 말에 따르기(는 것으)로 했다.
降 ① 파라슈트(낙하산)로 하강하고 있다.
② 차의 타고 내림은 순서를 잘 지키자.
③ 차가운 비가 끊임없이 내린다.
[p.124]
除 ① 북쪽지방의 겨울은 제설작업이 한 가지(무척 힘드는) 일이다.
② 일요일에 온가족이 대청소를 했다.
③ 일요일을 제외하고 매일 출근합니다.
陛 ① 천황·황후 두 폐하는 함께 미국의 대통령부처를 친견하셨습니다.
朗 ① 누나가 시를 낭낭하게 읊조린다.
② 어머니의 병이 나아 모두 명랑해졌습니다.
株 ① 나무 그루(터기)에 앉아 쉬었다.
② 형은 주식회사를 설립하였습니다.
③ 그루터기의 나이테를 세어본다.
班 ① 통신반의 활약은 눈부시다.
② 옛날, 조정이 백성에게 내려준 논을 일컬어 '반전'이라고 했다.
秘 ① 서재에서 비밀문서를 발견했다.
② 이 기부금에 관해서는 숨겨진 아름다운 이야기가 있다.
純 ① 순백의 운동복이 잘 어울린다.
② 증류수는 불순물이 들어있지 않은 물입니다.
納 ① 헛간에서 쥐를 잡았습니다.
② 난도(의복·가재도구를 두는 방)에는 장롱이 들어 있다.
③ 세금을 납부하는 것을 '노우제이(납세)'라고 한다.
[p.125]
胸 ① 대단히 담력(배짱)이 센 사람입니다.
② 가슴을 크게 벌리(펴)고 심호흡을 한다.
③ 앞가슴에 팬던트(보석·메달이 달린 목걸이)가 빛난다.
蚕 ① 양잠은 일본과 중국에서 성합니다.
② 누에는 봄에 치는 것과 가을에 치는 것이 있다.
討 ① 한번 더 잘 검토하고 나서 발표한다.
② 추적자를 단번에 쫓아 버렸다.
③ 도망치는 적을 추격한다.
針 ① 시계의 단침은 시를, 장침은 분을 나타냅니다.
② 바늘 구멍에 실을 꿴다.
骨 ① 철봉에서 떨어져 골절했다.
② 피아노를 운반하는 것은 힘드는 일입니다.
域 ① 기예가 명인의 경지에 달했다.
② 이 언덕은 민족신을 받들어 모시는 성역이다.
密 ① 밀폐된 방에서는 환기에 주의할 것.
② 도시는 사람이 모여들어 과밀해졌다.
著 ① 이것은 저명한 작가의 일기입니다.
② 연구결과를 간추려 책으로 편다.
③ 전투는 우군에게 있어 현저하게 불리하다.
[p.126]
郷 ① 저 산 너머에는 이상향이 있답니다.
② 입향순속(다른 지방에 가거든 그 지방의 풍속을 좇아라).
郵 ① 기념우표를 사려고 우체국까지 갔다왔다.
② 퀴즈의 답은 우송해 주십시오.
捨 ① 목숨을 걸고서(버린 몸치고) 온갖 일에 맞닥뜨린다.
② 그는 재산의 절반을 가난한 사람에게 희사했다.
推 ① 나는 추리소설을 매우 좋아합니다.
② 정부는 이 계획을 내년에도 추진할 방침이다.
探 ① 어군탐지기를 써서 고기떼를 찾았다.
② 어두움 속을 (등불없이) 손으로 더듬어서 걷는다.
欲 ① 인간의 욕망에는 끝이 없다.
② 마음이 내키는 대로 행동한다.
③ 갖고 싶은 물건은 무엇이든지 드리겠습니다.
済 ① 구제못할 어리석은 놈.
※ ~がたい: ~하기 어렵다.
② 시험이 끝나서 한숨 놓았다.
③ 이것은 돈으로 해결될 문제가 아니다.
異 ① 산에서 (모양이) 이상한 동물을 보았다.
② 풍습은 지방에 따라서 아주 다르다.

[p.127]
盛 ① 누나는 성장(잘 차려 입음)하고 외출하였다.
　② 과일을 담은 바구니를 진열한다.
　③ 산의 벚꽃은 지금 한창입니다.
窓 ① 창밖의 경치를 사생(스케치)한다.
　② 옆집 사람과 창 너머로 이야기했다.
　③ 녹색창구(판매소)에서 차표를 샀습니다.
翌 ① 다음다음 해(저내년)는 윤년입니다.
　② 대금은 물건을 보내준 다음 달부터 받습니다.
脳 ① 훌륭(대단)한 두뇌의 소유자.
　② 사고로 머리를 부딪쳤기 때문에 뇌파검사를 받았다.
視 ① 함부로(마구잡이로) 사람을 적대시(적으로 여김)하는 것은 좋지 않습니다.
　② 시력이 갑자기 떨어졌다.
訪 ① 항구의 아침을 탐방한다.
　② 오래간만에 고향을 찾았다.
　③ 어제 친구 집을 방문했다.
訳 ① 형에게 영어를 번역해 받았다(형이 영어를 번역해 주었다).
　② 형은 통역업무를 맡(보)고 있습니다.
　③ 지각한 이유를 말하세요.
閉 ① 자료관은 오후 5시에 폐관(그날의 업무를 끝냄)합니다.
　② 눈을 감으니 눈물이 흘렀다.
　③ 우체국은 4시에 문을 닫습니다.

[p.128]
頂 ① 사람들의 분노는 정점(꼭대기)에 달했다.
　② 이 책은 고맙게 받겠습니다.
　③ 겨우(가까스로) 산의 꼭대기(정상)에 다달았습니다.
割 ① 시간이 없기 때문에 일부분을 생략(할애)한다.
　② 눈가리개를 하고 수박을 쪼갰다(일본인들의 놀이일종).
　③ 바쁜 시간을 할애해서 사람을 만난다.
創 ① 그는 새로운 작품 창작에 열중(몰두)하고 있다.
　② 텔레비 방송국이 창설되었다.
勤 ① 아침의 전차는 통근객으로 꽉 찬다.
　② 스님이 근행(부처 앞에서 불경을 읽거나 죽은 자의 명복을 비는 의식인 회향을 행함)에 힘쓴다.
　③ 아버지는 관공서에 근무하고 있습니다.
善 ① 이 읍의 사람은 모두 선량합니다.
　② 사물의 선악을 분별한다.
　③ 선행은 앞서서 (행)하자.
尊 ① 그는 언제나 거만한 태도를 취한다.
　② 아버지를 존경하고, 어머니를 경모한다.
　③ 전쟁은 귀중한 인명을 빼앗는다.
就 ① 형은 도쿄의 회사에 취직했다.
　② 오랜 동안의 소망이 성취되어 기뻤다.
　③ 화물 1개당 200엔의 수수료.
揮 ① 자신의 힘을 마음껏 발휘해서 우승했다.
　② 그는 합창단 지휘를 하고 있습니다.

[p.129]
敬 ① 그의 노력에는 탄복했습니다.
　② 9월 15일은 경노의 날입니다.
　③ 자식은 어버이를 공경하지 않으면 안된다.
晩 ① 할아버지는 만년을 향리에서 행복하게 보냈다.
　② 조만간 범인은 발각(발견)되겠지요.
棒 ① 큰 소리에 놀라서 말이 곧추서게 되었다.
　② 선생님은 철봉의 명수(달인)입니다.
痛 ① 그의 이야기는 실로 통쾌했었다.
　② 수업중에 배가 아파졌습니다.
　③ 철봉에서 떨어져 허리를 다쳤다.
筋 ① 이번 집은 철근콘크리트 건물입니다.
　② 이야기의 줄거리를 간단히 말한다.
策 ① 내일의 시합에 대비해서 계책을 짠다.
　② 문제를 어떻게 처리할것인가, 관계자가 대책을 세웠다.
衆 ① 공중(사회의 일반사람들)의 면전에서 창피를 당했다.
　② 부처님은 중생을 구하려고 하셨다.
裁 ① 오늘 재판의 판결이 내려진다.
　② 천을 재단하여 기모노를 만들었다.
　③ 법을 어긴 자는 엄하게 심판받는다.

[p.130]
装 ① 값비싼 장신구를 몸에 지니고 있다.
　② 눈부신 의상을 입고 춤춘다.
　③ 표면상으로는 냉정함을 가장한다.
補 ① 우기에 대비해서 제방을 보강한다.
　② 야마모토씨는 위원장에 입후보했다.
　③ 알바이트를 해서 학비를 보태고 있다.
詞 ① 교가의 가사를 왼다.
　② 나는 최근 작사에 흥미를 갖기 시작했다.
貴 ① 그는 귀족 집안(가문)에서 태어났다.
　② 진리를 귀히 여긴다(たっとぶ＝とうとぶ).
　③ 겨울산 등산에서 귀중한 체험을 했다.
傷 ① 교통사고로 중상을 입었다.

- 208 -

② 싸움을 해서 상대를 다치게 했다.
③ 책을 훼손하지 않도록 조심한다.

幕 ① 복잡한 사건치고는 어이없이 끝났다.
② 도쿠가와 막부는 265년간 이어졌다.

蒸 ① 양지(양달)의 물이 어느 사이엔가 증발해 버렸다.
② 매일 무더운 날이 이어지고 있다.

暖 ① 일본해류는 난류입니다.
② 아이가 노인을 돌보는 모습은 보고만 있어도 마음이 훈훈해진다.

[p.131]

源 ① 세상의 악은 근원부터 추방해야 한다.
② 사건의 근원(원인)은 돈이었다.

盟 ① 같은 생각을 바탕으로 굳은 약속을 맺은 벗(친구)을 '맹우'라고 합니다.
② 맹주(우두머리)는 다수결로 결정하자.

絹 ① 옛날, 비단은 귀중품이었다.
② 일본에서는 정식 기모노의 재료는 거의 명주입니다.

署 ① 출근하거든 각자의 부서에 임해(앉아) 주세요.
② 이 서류에 서명해 주세요.

聖 ① 그는 성인처럼 행실이 올바른 사람입니다.
② 성화대에 성화가 타고 있다.

腹 ① 우리들이 떠들었기 때문에 선생님이 역정(화)을 내셨다.
② 저녁식사를 배 부르게 먹었습니다.

裏 ① 불안이 뇌리(머릿속)를 스쳐갔다.
② 학교의 뒷문 가까이에 연못이 있다.
③ 우정을 배반하는 듯한 짓은 하지마라.

誠 ① 그는 성실한 사람입니다.
② 참으로 미안합니다만 담뱃불을 빌려주십시오.

[p.132]

賃 ① 임금인상을 요구해서 조합은 파업에 돌입했다.
② 오늘은 집세를 지불하는 날이다.

層 ① 태고(아주 먼 옛날)의 사람이 버린 조개껍질이 층을 이루어 화석이 되어 있다.
② 고층빌딩이 늘어선 새로운 읍.

障 ① 업무분야(일)에 지장이 생겼다.
② 그 사람의 이름을 공표하는 것은 (그에게) 폐를 끼칠 일이 있다.

暮 ① (평소에) 신세진 사람에게 연말선물(세의)을 보낸다.
② 서쪽 하늘이 붉게 물들고 조용히 날씨가 저문다.

模 ① 최근, 동생은 모형비행기를 만드는 데에 열중입니다.
② 규모가 큰 회사.

疑 ① 정기국회에서 예산에 관해서 질의응답이 행해졌다.
② 그가 범인이 아닐까 하고 의심한다.

磁 ① 토코노마(장식공간)에 청자 항아리가 장식으로 놓여 있습니다.
② 자석은 쇠를 끌어당긴다.

穀 ① 가을이 되면 여기 저기(이곳 저곳)에서 탈곡기를 돌리는 소리가 들린다.
② 잡곡을 섞어 밥을 지었다.

[p.133]

誤 ① 다섯명 밖에 모이지 않는다는 것은 뜻밖의 오산이었다.
② 문제를 잘못 보아서 답을 그르친다.

誌 ① 1학년 때부터 쭉 일지를 적고 있습니다.
② 매주, 주간지를 삽니다.

認 ① 회원 이외는 들어가지 못하는데 묵인해주었다.
② 여기에 도장을 찍어주세요.

閣 ① 총리대신이 내각을 짜는 것을 '조각'이라고 합니다.
② 대신을 소집해서 각의(내각회의)를 열었다.

劇 ① 연극은 크게 분류하면 비극과 희극으로 나누어집니다.
② 아버지는 극적인 일생을 보냈다(살았다).

蔵 ① 아버지의 서제는 장서(간직해둔 책)로 가득합니다.
② 재고(잔품)의 물품을 값싸게 파는 것을 '창고떨이(재고품정리)'라고 한다.

遺 ① 아버지의 유지(고인의 뜻)를 따라 의사가 된다.
② 올림피아의 유적을 탐방한다.
③ 유언을 남기시고 돌아가셨습니다.

權 ① 회사에서는 사장이 모든 권한을 갖습니다.
② 신의 화신(권화) 같은 사람.

[p.134]

潮 ① 간조(썰물, 干潮) 때는 건너 편의 바위까지 걸어서 건너갈 수 있다.
② 양식 물고기가 적조의 피해를 입었다.

熟 ① 계란을 반숙으로 해 주세요.
② 이 과일은 아직 덜 익었습니다.
③ 잘 익은 멜론을 먹고 싶다.

諸 ① 메이지의 초기에 일본은 서구제국에서 여러 가지의 것(문물)을 배웠습니다.

誕 ② 제군에게 한 마디 언급하고 싶다.
誕 ① 내일은 누이동생(의) 생일이어서 선물을 사러 갔다.
② 이 읍에 새로운 은행이 생겼다.
論 ① 두 작가의 논쟁은 1년이상이나 이어졌다.
② 그 문제에 관해서 논쟁이 분분합니다(한창입니다).
奮 ① 우승한 밤은 흥분해서 잠들지 못했다.
② 분발해서 동계(내한)수련에 참가해 주세요.
憲 ① 일본의 정치는 헌법을 바탕으로 해서 행해지는 입헌정치입니다.
② 그 행위는 위헌이다.
操 ① 매일아침 라디오체조를 하고 있습니다.
② 정치가로서의 지조를 지킨다.
③ 인형을 조종해 연극(시바이: 분라쿠)을 합니다.
[p.135]
樹 ① 과수원의 안에는 사과·배 등 여러 가지 나무가 있다.
② 눈 아래에 수해(밀림)가 펼쳐진다.
激 ① 전쟁이 격화해서 많은 사람이 죽었다.
② 세찬 모래광풍을 만나 한 발도 나가지 못하게 되었다.
糖 ① 이 과자는 당분이 적어서(적기 때문에) 담박한 맛이 난다.
② 설탕은 사탕수수로 만든다.
縦 ① 나는 비행기를 조종해서 외국여행을 하고 싶다.
② 이 편지지는 종서용(세로쓰기용)입니다.
鋼 ① 강철(코테쯔)이라는 것은 소량의 탄소를 함유한 단단한 쇠로 '하가네(강철)'라고도 한다.
② 철재를 사들여서 제강(시우쇠를 불려 강철을 만듦)한다.
優 ① 우아한 말씨(말투).
② 그는 마음이 온순한(상냥한) 사람입니다.
③ 이번 학기에 뛰어난 성적을 올렸다.
厳 ① 겨울방학은 엄동의 홋가이도에서 보낸다.
② 강당에는 장엄(경건하고 엄숙함)한 음악이 흐르고 있다.
③ 엄숙하게 식을 거행했습니다.
縮 ① 옷감을 물에 담궜더니 수축했다.
② 도면을 2분의 1 크기로 축소해서 그리세요.
[p.136]
覧 ① 옆집으로 회람판(전달사항을 보는 판)을 돌린다.
② 도서관에서 책을 읽는 방을 '열람실'이라 합니다.

簡 ① 아버지로부터 맡아둔 서간(편지)을 할아버지에게 전해드린다.
② 오늘 숙제는 간단했다.
臨 ① 임기응변(그때의 사정과 형편을 그 자리에서 처리함)의 조치를 취했습니다.
② 교장선생님은 병환임에도 불구하고 식에 임석하셨다.
難 ① 뜻밖의 재난을 만나 애를 먹었다.
② 그의 행위는 용서하기 어렵다.
③ 이 문제는 소(초등)학생에게는 어렵다.
臟 ① 심장수술에 성공했다.
② 육식동물은 잡은 사냥감의 내장부터 먼저 먹는다.
警 ① 여성(부인)경관을 '여경(부경)'이라고도 한다.
② 위험한 다리를 건너지 않도록 경고한다.
握 ① 문장의 요지를 파악한다.
② 경영권을 장악한다.
③ 그와 손을 잡고 사업에 착수한다.
請 ① 위험물(취급)의 허가를 신청한다.
② 남에게 조력(도움)을 청한다.
③ 단골처의 일을 맡는다.

# 本文用例文 독해를 위한 文法

## 1. 형용사 용법과 활용

- 「けいようし」(形容詞)는 문장 가운데 「事物」의 성질이나 상태 등을 나타내는 품사인데, 어미가 「い」로 끝나며, 어미가 활용한다.

    ・やさ(優)しい(상냥하다)　　　・おとな(大人)しい(온순하다)
    ・よわ(弱)い(약하다)　　　　　・なが(長)い(길다)
    ・みじか(短)い(짧다)　　　　　・あか(赤)い(빨갛다)
    ・ちい(小)さい(작다)　　　　　・おお(大)きい(크다)

(1) 「い」로 끝나는 형용사는 명사를 수식할 때에는 「おおきい―큰, あかい―빨간」이 되고, 보어로 쓰일 때에는 「おおきい―크다, あかい―빨갛다」가 된다.

    ・あかい はな(花)　　　　　　(빨간 꽃)　　… 명사수식
    ・花が あかい。　　　　　　　(꽃이 빨갛다) … 보어

(2) 형용사의 정중형은 형용사 원형에 「です」를 붙여주면 된다.

    ・おおきい → おおきいです。　(큽니다)
    ・あかい　 → あかいです。　　(빨갛습니다)

(3) 형용사를 부정할 때에는 어미 「い」를 「く」로 바꾸고 그 밑에 「ない, ないです, ありません」 등을 달아준다.

    ・あかい → あかく ┌ ない　　　　(빨갛지 않다)
    　　　　　　　　　│ ないです　　┐
    　　　　　　　　　└ ありません　┘ (빨갛지 않습니다)

(4) 형용사과거형 표현

- 형용사의 과거표현은 어미 「い」를 「かった」로 바꾸어 준다.

    ・ひろい(넓다)　　　　→ ひろかった(넓었다)
    ・せまい(좁다)　　　　→ せまかった(좁았다)
    ・あかい(붉다)　　　　→ あかかった(붉었다)
    ・あおい(푸르다)　　　→ あおかった(푸르렀다)
    ・すずしい(서늘하다)　→ すずしかった(서늘했다)

- 형용사 과거부정의 표현은 어미 「い」를 「く」로 바꾸고 「なかった」를 붙인다.

    ・あたらしい(새롭다)　→ あたらしくなかった(새롭지 않았다)
    ・おおきい(크다)　　　→ おおきくなかった(크지 않았다)

(5) 형용사의 활용

형용사의 활용이란 형용사의 기본형에 다른 말이 연결될 때 형용사의 어미(맨 끝자)

가 변화하는 것을 말하며, 어미의 윗 부분을 어간(변화하지 않는 부분)이라고 한다.

※ **うつくしい**(아름답다)…원형

| 활용형 | 어미변화 | 연결어 | |
|---|---|---|---|
| ① 미연형 | かろ | う(조동사) | 아름다울 것이다. |
| ② 연용형 | かっ | た(조동사) | 아름다웠다(과거) |
|  | く | なる(동사) | 아름다워지다 |
|  | く | て(접조사) | 아름다워서 |
| ③ 종지형 | い | 。 | 아름답다 |
| ④ 연체형 | い | とき(명사) | 아름다울 때 |
| ⑤ 가정형 | けれ | ば(접조사) | 아름답다면 |
| ⑥ 명령형 | × | × | × |

어간: うつくし

※② 연용형 : 어미「い」가「かっ・く」로 변하고,「**かっ**+た(たり)」,「**く**+て(ては・ない・ても・もなる・もありません」등에 접속된다.

③ 종지형 : 기본형(어미い)으로 종료되나, 연어・조사「そうだ・と・が・から」와 조동사「らしい」등에 접속된다.

④ 연체형 : 기본형(어미い)에 체언(명사)인「とき・こと」와 접조사「の・のが・のに・ので・ばかり」나 조동사「ようだ」등에 접속된다.

(6) 형용사의 명사화

형용사어미「い」를「さ・み・け」로 바꾸면 명사 구실을 한다.

| おおき<u>い</u>(크다) | さびし<u>い</u>(쓸쓸하다) | たのし<u>い</u>(즐겁다) |
|---|---|---|
| おおき<u>さ</u>(크기) | さびし<u>さ</u>(쓸쓸함) | たのし<u>さ</u>(즐거움) |
| つよ<u>い</u>(강하다) | おもしろ<u>い</u>(재미있다) | かる<u>い</u>(가볍다) |
| つよ<u>み</u>(강함) | おもしろ<u>み</u>(재미) | かる<u>み</u>(가벼움) |
| ねむ<u>い</u>(졸리다) | さむ<u>い</u>(춥다) | |
| ねむ<u>け</u>(졸음) | さむ<u>け</u>(한기) | |

## 2. 형용동사 용법

- 「형용동사」는 형용사와 마찬가지로 사물의 성질이나 상태를 나타내는 품사인데, 어미는「だ」로 끝나며, 어미가 활용한다.

  ・きれいだ　　　(깨끗하다)　　・しず(静)かだ　(조용하다)

・にぎ(賑)やかだ　(번화하다)　　・あわ(哀)れだ　(불쌍하다)
・しんせつ(親切)だ (친절하다)　・べんり(便利)だ (편리하다)

(1) 형용동사의 정중형 : 어미「だ」를「です」로 바꾸어준다.
　・りっぱ(立派)だ(훌륭하다)　→　立派です(훌륭합니다)
　・元気だ(건강하다)　　　　　→　元気です(건강합니다)

(2) 형용동사의 활용 : 형용동사의 기본형에 다른 말이 연결될 때 형용동사의 어미가 변화하는 것을 말하며, 변화하지 않는 부분을 어간이라 한다. 어간은 자체만으로 명사 구실을 하며, 주어와 술어 구실을 한다.
※ しょうじきが　だいいちだ。(정직이 최고다.)

※ **しょうじきだ**(정직하다)…원형

| 활용형 | 어미변화 | 연결어 | |
|---|---|---|---|
| ① 미연형 | だろ | う(조동사) | 정직할 것이다. |
| ② 연용형 | だっ / で / に | た(조동사) / ある(동사) / なる(동사) | 정직했다(과거) / 정직하다 / 정직해지다 |
| ③ 종지형 | だ | 。 | 정직하다 |
| ④ 연체형 | な | とき(명사) | 정직할 때 |
| ⑤ 가정형 | なら | ば(접조사) | 정직하다면 |
| ⑥ 명령형 | × | × | × |

※② 연용형 : 어미 だ가「だっ・で・に・で,」로 바뀌고, だった(과거, 정중형은 でした임)・である(긍정)・でない(부정)・になる(상태)・で,(중지) 등을 표현한다.
　・かれは　しょうじきで、きんべんな　ひとです。(中止法)
　(그는 정직하고, 부지런한 사람입니다.)
③ 종지형 : 기본형(だ)으로 종료되나,「そうだ・と・けれでも・が・から」등에 접속된다.
④ 연체형 : 기본형(だ)이「な로 바뀌고, 체언(명사)과「とき・こと」와 접조사「の・のに・ので」등에 접속된다.

# 3. 5단활용동사

● 동사는 술어로 주어의 동작과 작용을 나타내는 품사이다. 5단동사는 활용어미가「あ・い・う・え・お」의 5단에 걸쳐서 규칙적으로 활용하는 동사이다.

※ **よむ**(읽다)……동사원형

| 활용형 | 어미변화 | 연결어 |
|---|---|---|
| ① 미연형 | ま / も(5단) | ない (읽지않는다-부정) / う (읽자-의지·권유형) |
| ② 연용형 | み | ます (よんだ-과거형) |
| ③ 종지형 | む | 。 |
| ④ 연체형 | む | とき (읽을 때) |
| ⑤ 가정형 | め | ば (읽으면) |
| ⑥ 명령형 | め | 。 읽어라(명령어미로 종료) |

(가운데 よ 글자에서 각 어미로 화살표가 연결됨)

- 5단동사 판별법
(1) 동사원형의 활용어미가 「る」가 아닌 모든 동사
    (예) よむ・いく・とぶ・はなす・おもう … 등
(2) 「る」앞의 글자가 「あ・う・お」단인 모든 동사
    (예) かる・とる・のる・つる・あたる … 등
(3) 「る」앞의 글자가 「い・え」단인 상1단・하1단 동사 예외의 5단동사
    ① い段 : い(要)る・はい(入)る・まい(参)る・き(切)る・し(知)る・はし(走)る・ち(散)る・かぎ(限)る … 등
    ② え段 : かえ(帰)る・け(蹴)る・て(照)る・へ(減)る … 등

## 4. 동사의 활용형

일본어의 동사는 어간(語幹(ごかん))과 어미(語尾；ごび, 모두「**ウ段**」글자로 끝맺고 있음)로 나누어지는데 뒤에 연결되는 말에 따라 어미가 여러 가지로 변한다.

이러한 동사의 어미변화를「동사의 활용」(どうしの かつよう)이라고 한다. 단, 동사 중에는「くる・する」의 변격동사처럼 어간과 활용어미의 구별이 없고 전체가 변화하는 것도 있다.

5단동사의 활용형에는 다음과 같은 6가지 종류가 있으며, 다음에「き(聞)く : 듣다」를 예문으로 설명해 본다.

(1) 미연형(**未然形**:みぜんけい)은「ない・ぬ・せる・させる・れる・られる・う・よう」
    등에 접속해서, 부정・의지・권유 등을 나타낸다.
    ・耳で きかない。(귀로 듣지 않는다.)
    ・耳で きこう。(귀로 듣자.)
    단,「う」로 끝난 5단동사의 미연형에「ない」접속은「ワ」행에 접속한다.
    ・なら(習)う → ならわない

(2) 연용형(**連用形**:れんようけい)은 조동사「ます・たい」와 조사「て・た・たり・なが

ら」등에 접속된다.
   ・耳で ききます。(귀로 듣습니다.)

(3) 종지형(**終止形**:**しゅうしけい**)은 문장을 끝맺는데 동사원형과 같으며, 기본형에 조사「と・けれども・が・から」등과 조동사「らしい・そうだ」등에 접속된다.
   耳で きく。(귀로 듣는다.)

(4) 연체형(**連体形**:**れんたいけい**)은 명사「とき・こと・ひと」등의 체언(명사)과 조동사「ようだ」와 조사「の・ので・のに」등에 접속된다.
   ・耳で きくとき(귀로 들을 때)

(5) 가정형(**仮定形**:**かていけい**)은 가정형접속조사「ば」에 접속해서 가정의 뜻을 나타낸다.
   ・耳で きけば(귀로 들으면)

(6) 명령형(**命令形**:**めいれいけい**)은 命令의 뜻을 나타내며 문장을 끝맺는 형태로 쓰인다.
   ・耳で きけ。(귀로 들어라.)

## 5. 5단동사의 음편형

5단활용동사의 연용형이 조사「て・たり」와 조동사「た」등에 연결될 때 나타나는 현상인데 이것은 발음의 편의상 일어나는 현상이므로「음편」이라고 일컫는다.
5단동사의 음편형에는 어미가「い」로 변하는「い音便形」,「っ」로 변하는「促音便形」, 그리고「ん」으로 변하는「撥音便形」, 이 3가지가 있다.

(1) **い音便形** : 동사원형의 어미가「く・ぐ」(2가지)인 경우 →「い」
   (단, 行くは 예외 → 行き(ます)… 行って, 行った, 行ったり)

   か(書)く(쓰다) → 書き(ます)　　……　書いて
   　　　　　　　　　　　　　　　　　　　　書いた
   　　　　　　　　　　　　　　　　　　　　書いたり

   およ(泳)ぐ(헤엄치다) → 泳ぎ(ます)　……　泳いで
   　　　　　　　　　　　　　　　　　　　　泳いだ
   　　　　　　　　　　　　　　　　　　　　泳いだり

(2) **促音便形** : 동사원형의 어미가「う・つ・る」(3가지)인 경우 →「っ」

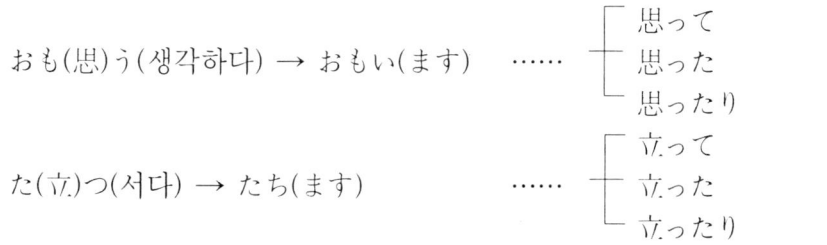

(3) **撥音便形**: 동사원형의 어미가 「む・ぶ・ぬ」(3가지)인 경우 → 「ん」

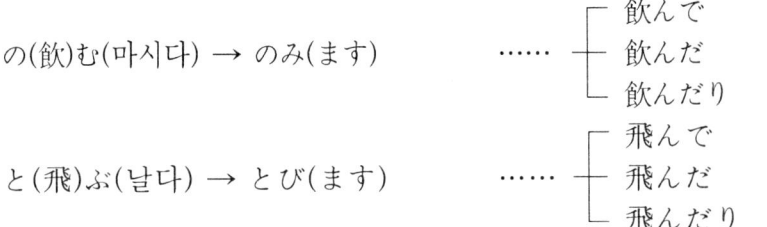

の(飲)む(마시다) → のみ(ます)   ……   飲んで / 飲んだ / 飲んだり

と(飛)ぶ(날다) → とび(ます)   ……   飛んで / 飛んだ / 飛んだり

## 6. 상1단동사・하1단동사・カ행변격동사・サ행변격동사 활용

(1) 상1단동사 활용례(見る: 보다)

| 기본형 | 어간 | 미연형 | 연용형 | 종지형 | 연체형 | 가정형 | 명령형 | 의지・권유형 |
|---|---|---|---|---|---|---|---|---|
| 見る | み | み | み | みる | みる | みれ | みろ/みよ | み |
| 접속되는 말 | | ない | ます/た/て/たり | 종료 | とき | ば | 종료 | よう |

(2) 하1단동사 활용례(食べる: 먹다)

| 기본형 | 어간 | 미연형 | 연용형 | 종지형 | 연체형 | 가정형 | 명령형 | 의지・권유형 |
|---|---|---|---|---|---|---|---|---|
| 食べる | た | たべ | たべ | たべる | たべる | たべれ | たべろ/たべよ | たべ |
| 접속되는 말 | | ない | ます/た/て/たり | 종료 | とき | ば | 종료 | よう |

(3) カ행변격동사 활용례(くる: 오다)

| 기본형 | 어간 | 미연형 | 연용형 | 종지형 | 연체형 | 가정형 | 명령형 | 의지・권유형 |
|---|---|---|---|---|---|---|---|---|
| 来る | ○ | こ | き | くる | くる | くれ | こい | こ |
| 접속되는 말 | | ない | ます/た/て/たり | 종료 | とき | ば | 종료 | よう |

(4) サ행변격동사 활용례(する: 하다)

| 기본형 | 어간 | 미연형 | 연용형 | 종지형 | 연체형 | 가정형 | 명령형 | 의지・권유형 |
|---|---|---|---|---|---|---|---|---|
| する | ○ | し/さ/せ | し | する | する | すれ | しろ/せよ | し |
| 접속되는 말 | | ない/せる/れる/ぬ | ます/た/て/たり | 종료 | とき | ば | 종료 | よう |

## 저자 약력

- 영남대학교 사범대학 일어교육학과(졸)
- 일본 동경 외국어대학 일본어학과 연구생(수료)
- 일본 동해대학교 대학원 일어일문과(수료)
- 前 일본 望星高校 韓国語 강사
- 前 강북고등학교 일본어 교사
- 현 대구과학대학 호텔관광과 교수

<저서>
- 일본어 입문 (배영출판사)
- 초급일본어(上) (배영출판사)
- 新編日本語文法 (학사원)
- 実際日本語会話 ①, ② (학사원)
- 재미있는 이솝이야기 日訳－イソップの物語 (학사원)
- 일본어문법정복 (학사원)
- 신일본어Ⅰ (학사원)

<논문>
- 「中・近世における"もっとも"の 叙述的 研究」 外 다수

---

# 기초일본어한자

2010년 8월 30일 초판인쇄
2010년 9월 5일 초판발행
2013년 4월 10일 증보발행

저 자 : 林　相　倍
펴낸이 : 張　世　珍
펴낸데 : 學　士　院

대구광역시 중구 서문로2가 38의 3
전화 : (053) 253-6967, 254-6758,
FAX : (053) 253-9420
등록 : 1975년 11월 17일 (라120호)

□무단복제를 금함　　　　　값 14,000원
ISBN 978-89-8223-075-2 93730